NIKLAUS KUSTER

Franziskus

NIKLAUS KUSTER

Franziskus

Rebell und Heiliger

HERDER

FREIBURG · BASEL · WIEN

Zum Autor

Niklaus Kuster, geb. 1962, Dr. theol.; Studium der Geschichte in Fribourg und der Theologie in Luzern sowie Spezialstudium franziskanischer Geschichte und Spiritualität in Assisi und Rom; Noviziat im Kapuzinerorden; Praxisjahr in der Zürcher Drogenszene und im Meditationskloster Arth; Provinzvikar der Schweizer Kapuziner; lebt heute im Kloster Olten (CH) und ist tätig als freischaffender Bildungsarbeiter in franziskanischen Orden, schreibt Forschungsartikel, nimmt Lehraufträge in Luzern, Münster, Venedig und Madrid wahr und begleitet spirituelle Reisen.

MIX
Papier aus verantwortungsvollen Quellen
FSC® C083411
FSC www.fsc.org

4. Auflage 2016

www.herder.de

Umschlaggestaltung: Finken & Bumiller
Umschlagmotiv: Archiv Herder
Bilder im Innenteil:
Niklaus Kuster
18, 32, 34, 71, 84, 95, 135, 203, 205
Archiv Herder
17, 25, 27, 29, 47, 52, 58, 63, 65, 89, 93, 140, 151, 180

Satz: Weiß-Freiburg GmbH – Graphik und Buchgestaltung
Herstellung: CPI books GmbH, Leck

Printed in Germany

ISBN 978-3-451-30153-7

INHALT

VORWORT *7*

I. LEBENSSKIZZE *9*

1 Leben in Assisi *9*
2 Vom Büßer zum Bruder *31*
3 Sendung bis an die Grenzen der Erde *55*
4 Der lebendige Heilige *82*

II. SPIRITUALITÄT *97*

5 Der eine Vater und seine geschwisterliche Welt *99*
6 Jesus Christus und eine menschliche Gesellschaft *125*
7 Der Geist Gottes und eine lebendige Kirche *145*

III. AKTUALITÄT *171*

8 Grenzüberschreitungen *174*
9 Prophetisches *192*

Chronologie *209*
Quellen *215*
Literaturauswahl *218*
Personenlexikon *226*
Glossar *238*

VORWORT

Franziskus fasziniert. Ein Aussteiger, der jedem Menschen als Bruder begegnete, berührt auch moderne Zeitgenossen, Nichtgläubige und Angehörige anderer Religionen. Er tut es noch mehr, seitdem sich ein erster Papst nach ihm benennt. Franziskus von Assisi: überraschend wird sein Name Programm für den Bischof von Rom. Auch Monate nach der Papstwahl verfolgen Medien weltweit die Schritte, Gesten und Worte des römischen Franziskus. Ein Heiliger und Rebell als Vorbild für die Kirchenleitung? Fragt *Le Monde* bereits im Frühsommer 2013, ob Franziskus von Rom „einen Stilwechsel oder eine echte Revolution" einleite, so titelt die *Süddeutsche Zeitung* im Spätherbst beeindruckt: „Revolution im Vatikan", und die *Neue Zürcher Zeitung* spricht im Dezember von einer „franziskanischen Wende" in der katholischen Kirche. Italiens linksliberale *La Repubblica* hofft Ende 2013, dass Franziskus von Rom weltweit „Verbündete" finde, auf dass der unerwartete „Frühling in der Kirche auch Frosteinbrüche überdauere". Seitdem selbst der Petrusnachfolger sich entschieden an Bruder Franziskus orientiert, fragen sich breitere Kreise, was denn das typisch Franziskanische ausmache. Was ist es, das den heiligen Rebellen an der Basis und der Spitze der Kirche, in der christlichen Welt und unter den Religionen zum modernen Propheten macht?

Dieses Buch antwortet auf solche Fragen, indem es zunächst die Lebensgeschichte von Bruder Franziskus nachzeichnet und dann aus den authentischen Quellen sein spirituelles Profil skizziert. Ausgewählte Franziskus-Geschichten werden in einem dritten Teil auf existenzielle Fragen der modernen Welt hin gedeutet.

Die Biografie des heiligen Rebellen führt uns ins italienische Mittelalter, in aufblühende Städte, deren selbstbewusste Zünfte den Adel entmachteten, und in die Zeit der Kreuzzüge. Nur scheinbar fern, erweist diese Zeit sich als die Morgenröte unserer eigenen Epoche. Ungeahnte Freiheit und blühender Handel, Reisefreude und Bildungsdurst, der Bau prächtiger Kathedralen und ausgelassene Feste treten in harten Kontrast zu sozialer Armut, grausamen Kriegen und einer weltfernen Kirche. Die bewegte Lebensgeschichte des Francesco di Pietro di Bernardone kommt über zwei Jahrzehnte ohne Gott aus. Lebensfreude und Karriereträume prägen den jungen Modefachmann, bis ihn eine existenzielle Sinnkrise auf eine jahrelange spirituelle Suche zwingt. Er findet schließlich zu einer befreienden Spiritualität, die Welt und Menschen mit geschwisterlichen Augen sieht. Als sich dem kirchlichen und sozialen Aussteiger erste Gefährten und bald auch Gefährtinnen anschließen, begegnen sie dem aufkommenden Frühkapitalismus kritisch, setzen sich gemeinsam für eine menschlichere Gesellschaft ein und beginnen, eine starre Kirche von unten zu erneuern.

Franziskus entdeckt mit seiner *fraternitas* eine neue Weltsicht und eine innere Freiheit, deren Kern sich als radikaler als die Französische Revolution erweist, die prophetisch in alle Kirchen spricht, den Dialog mit anderen Religionen inspiriert und heute Menschen aller Kulturen fasziniert. Im *fratello poverello* verbindet sich Gottsuche mit Weltliebe, Kirchentreue mit entschiedener Orientierung am Evangelium und überzeugtes Christsein mit der Offenheit für andere Religionen. Dadurch wird er Prophet der modernen Ökologie und einer globalen Solidarität. Die italienische Literaturgeschichte feiert ihn als ihren ersten Dichter. Reformatoren und Frühsozialisten erkennen in ihm einen Vorläufer. Für Ludwig Prinz ist er „ein religiöses Genie und der menschlichste unter den christlichen Heiligen", und die Weltreligionen finden in ihm eine gemeinsame Hoffnungsgestalt.

Mit seiner Liebe zur Welt, der Tiefe seiner Quellen und der Freiheit in seinem Leben wird Franziskus von Assisi nicht nur zur Herausforderung der Kirche, sondern auch zum spirituellen Begleiter postmoderner Menschen auf der Suche nach Tiefe und Weite.

Im Januar 2014, im ersten Amtsjahr von Papst Franziskus
Br. Niklaus Kuster

I. LEBENSSKIZZE

1. Leben in Assisi

Franziskus begegnet uns als Sohn einer reizvollen Kleinstadt und Spross eines selbstbewussten Bürgertums. Ehrgeizig und vom Leben verwöhnt, entdeckt er erst als erfolgreicher Kaufmann die Schattenseiten seiner Welt. Der Weg aus der Krise führt nach Jahren existenzieller Suche zum Bruch mit seiner Zunft und seiner Stadt. Zwei Einsiedlerjahre vor Assisis Mauern bringen ihn schließlich auf die Spur eines neuen Lebens. Wenn er fortan barfuß durch ganz Italien und den halben Mittelmeerraum zieht, bleibt er doch immer ein Sohn Assisis. Die umbrische Hügelstadt hat Franziskus geprägt. In jungen Jahren erlebt er das Erwachen der städtischen Kultur, trägt die bürgerliche Revolution mit und profitiert von jenem frühen Kapitalismus, der am Morgen der Moderne steht. Sein Ausstieg aus dem Kaufmannsleben führt nicht zur Verachtung dieser Welt, sondern eröffnet einen leidenschaftlichen Dialog mit ihr. Seine Karriere nach unten lässt ihn die Fußspuren des „armen Christus" entdecken. Er verkündigt dessen Evangelium nicht wie die Kirchenmänner seiner Zeit, sondern mit der Sprache der städtischen Piazza, die in den konkreten Alltag der Menschen spricht.

Eine erwachende Kleinstadt vor 1200

So klein Assisi im 12. Jahrhundert auch war, genoss es doch die Sympathie und die persönliche Sorge des Stauferkaisers. Friedrich I. Barbarossa privilegierte das alte Städtchen im Jahr 1160: An der Westgrenze seines Herzogtums Spoleto gelegen, fand es als staufische Grafschaft den direkten Schutz des Kaisers. Erst wenige Jahrzehnte zuvor war die antike Umbrierstadt neu aus dem Verfall erstanden, den Goten und Langobarden in der Völkerwanderung eingeleitet hatten und der schließlich durch die Raubzüge der Karolinger besiegelt worden war. Der Neubau der Kirche San Rufino kündigt im 11. Jahrhundert das Neuerwachen des einst blühenden Asisium an. Wie überall in Europa wächst auch die Bevölkerung Italiens infolge des wärmeren Klimas, der besseren Anbaumethoden und einer ausgewogeneren Ernährung. Dieser Wachstumsschub führt zur Wiedergeburt der städtischen Kultur. Inmitten der ländlich-feudalen Welt des Hochmittelalters entstehen vitale Kleinstädte, in denen ein neuer Geist weht. „Stadtluft macht frei", denn sie löst die Menschen aus Hörigkeit und Feudalbeziehungen, befreit sie von der Scholle oder aus engen Burgen und verbindet sie in einem neuen Sozialgebilde zu einer engen Schicksalsgemeinschaft. Gewerbe und handwerkliche Berufe, Märkte und Handel bringen die Geldwirtschaft zurück. Handelsreisen sowie Bildung erweitern den Horizont perspektivenreich und fördern den Austausch von Ideen. Im Zeichen seines wirtschaftlichen Aufschwungs drängt das entstehende Bürgertum immer drängender nach einer Beteiligung an der politischen Macht. Nach den großen Städten erringen in Mittelitalien gegen Ende des 12. Jahrunderts auch die kleinen Zentren die kommunale Selbstverwaltung. Adel und Bischöfe sehen ihre landesherrlichen Vorrechte von republikanischen Ideen bedrängt.

In dieser bewegten und spannenden Zeit des Umbruchs wird Franziskus geboren. Kurz vor seiner Geburt hatte das aufstrebende Städtchen Assisi bereits einen ersten Versuch unternommen, die deutsche Fremdherrschaft abzuschütteln. Daraufhin ließ Barbarossa im Jahre 1174 seinen Reichserzkanzler, den Mainzer Erzbischof Christian I. von Buch, gegen die kleine Subasiostadt ziehen. Mit viel Glück blieb ihr nach erfolgreicher Belagerung das Schicksal Spoletos erspart, das keine zwanzig Jahre zuvor, mit Feuer und Schwert verheert, unter kaiserliche Botmäßigkeit hatte zurückkehren müssen. Nach Rückschlägen Barbarossas in der Lombardei muss sein Sohn Heinrich VI. die Stadt Perugia im Jahr 1186 von neuem besetzen. Herzog Konrad I. von Spoleto, ein Gefolgsmann des Kaisers aus dem schwäbischen Urslingen (heute Irslingen bei Rottweil), hat als Graf von Assisi über eine zunehmend selbstbewusste Bürgerschaft zu wachen. Zeitweise residiert der Herzog sogar in der kaiserlichen Rocca über der klimatisch angenehmeren Subasiostadt. Die Verlagerung des wirtschaftlichen, sozialen und kulturellen Lebens vom Land in die Stadt zwingt auch den Adel der Umgebung dazu, von seinen feudalen Landsitzen in städtische Wohntürme zu ziehen. Aristokratische Clans bevölkern die kleine Oberstadt Assisis. Weil ihnen ihr Großgrundbesitz als Zeichen himmlischen Segens erscheint, nennen sie sich „boni homines" (gute Menschen), die sich als Maiores über die Bürger erheben. Diese hatten sich als Minores und „homines populi" (Leute des Volkes) auf die Unterstadt zu beschränken. „Ordnung muss sein" – und solange ein deutscher Graf über die Stadt wacht, wird Assisi zumindest politisch noch von den Adeligen dominiert.

Ein ehrgeiziger Kaufmannssohn

Franziskus kommt in der Unterstadt zur Welt. Seine Familie zählt zu den reichsten in Assisi. Der Vater gehört der Kaufmannszunft an. Durch die Produktion eigenen Wolltuches, den Handel mit Luxusstoffen und mit Geldverleih hat die Familie ein beachtliches Vermögen erwirtschaftet. Mindestens fünf Häuser sowie Grundbesitz in der Umgebung kann Pietro di Bernardone sein Eigen nennen. Dass seine Frau aus Südfrankreich stammen soll, wird erst in späteren Überlieferungen greifbar – und bleibt zweifelhaft, denn eine andere Tradition meint, dass Pietro sie in Lucca kennengelernt habe. Nachweisen lässt sich die Herkunft der Mutter Francescos ebenso wenig wie ihr erst spät bezeugter Name Pica. 1182 wird dem Paar ein erster Sohn geboren. Dass die Mutter dem kleinen Giovanni gleich nach der Geburt weder den Namen seines Vaters noch des Großvater Bernardone gibt, könnte auf den 24. Juni, den Johannestag, als Geburtsdatum hindeuten. Tatsächlich wird Franziskus später als Wanderprophet Johannes den Täufer in besonderer Art ehren. Vater Pietro ist gerade auf Geschäftsreise in Frankreich. Der Import kostbarer Stoffe aus Südfrankreich und deren Verkauf auf den Märkten des Spoletotals tragen wesentlich zum Erfolg des Handelshauses bei. Als der glückliche Vater zurückkehrt und sein Söhnchen zum ersten Mal in den Armen hält, benennt er es in Francesco um. „Panno francesco" ist ein begehrter französischer Modestoff. Der neue Name erinnert an kostbares Tuch und steht für Reichtum, Eleganz und erfolgreiche Geschäfte. „Französisch" sind damals aber auch die neue Poesie, höfische Kultur und Minnelieder, die von italienischen Kaufleuten bewundert werden. Der kleine Francesco wird von der sagenhaften Tafelrunde des Königs Artus hören und sich als Jugendlicher selbst in ritterlichem Verhalten üben. Selbst als er, nunmehr erwachsen geworden, mit der frühkapitalistischen Mentalität seiner Zunft bricht, nimmt er das Edel-Ritterliche und die Kunst der Troubadours mit in ein ganz anderes Leben. Doch bis dahin sind es noch viele sonnige und ereignisreiche Jahre.

Umsichtig bereitet Pietro seinen ersten Sohn auf den Kaufmannsberuf vor. In der Pfarrschule von San Giorgio erhält Francesco eine rudimentäre Grundbildung. Im Kreis einiger privilegierter Söhne lernt er Lesen, Schreiben und Rechnen, und er erwirbt Elementarkenntnisse in Latein. Die Notare schrieben damals lateinisch, und auch Geschäftsabschlüsse, Kauf- und Verkaufsverträge wurden in dieser Schriftsprache abgefasst. Mittellatein diente zudem der internationalen Verständigung. Vom Vater lernt der junge Franziskus wohl auch Provençalisch, die Sprache der wichtigsten Geschäftskontakte mit Südfrankreich. Die Bildung des Jungen war damit ganz auf die Bedürfnisse der führenden Bürgerschicht ausgerichtet. Sie lässt Franziskus nach seinen eigenen Worten dennoch einfältig und ungebildet bleiben: „idiota et ignorans" (Test, Ord) – ein Mann ohne höhere Bildung und mit der ungelenken Schrift eines Händlers.

Mit 14 Jahren wird der Kaufmannssohn volljährig. Somit muss er 1196 dem Adel Assisis und dem deutschen Grafen in der Rocca erstmals die Herrendienstpflicht schwören. Zugleich tritt er in die Zunft seines Vaters ein. Sie führt die Zünfte an, denn sie steht über den Handwerkszünften der Schuhmacher, Weber, Schneider, Schmiede, Steinmetze, Wagner, Bäcker und Metzger. In seiner Zunft entwickelt sich Franziskus zu einem gewandten Großkaufmann. Sein jüngerer Bruder Angelo ist wohl weniger tüchtig. Die Hoffnungen der Eltern ruhen auf dem Ältesten, der das florierende Handelshaus des Pietro di Bernardone talentiert weiterzuführen verspricht. Wahrscheinlich nimmt der Vater seinen Sohn nun auch auf Handelsreisen in die Zentren der südfranzösischen Textilproduktion mit. Die Freude, mit der Franziskus später immer wieder spontan „französisch" spricht oder wie ein Troubadour des Languedoc singt, erklärt sich am besten durch solch direkte Kontakte. Während der Junior im Geschäft erfolgreich und ehrgeizig dem Beispiel seines Vaters folgt, zeigt er sich in der Freizeit weit sinnenfreudiger und großzügiger als Pietro. Die mit dem Alltag in Assisi bestens vertrauten „Dreigefährten", eine der verlässlichsten Quellensammlungen, erinnern sich: „Dem Spiel und Sang ergeben, durchzog er bei Tag und Nacht mit Gleichgesinnten die Stadt Assisi. Dabei war er so freigebig, dass er alles, was er haben und verdienen konnte, für Gastmähler und andere Dinge ausgab" (Gef 2).

Die Eltern sehen die Großzügigkeit ihres Ältesten wohl nicht ungern: Extravagante Kleidung und eine elegante Erscheinung, höfische Sitten und der Verzicht auf Pöbelhaftes, ja auf jedes grobe Wort, *finesse* im Verhalten und Sprechen sowie Großherzigkeit gegen Kleine und Arme – all das verheißt ihm eine glanzvolle Zukunft in der kleinen Stadt. Der lebensfreudige und verschwenderische Sohn macht zunächst in der „Gemeinschaft der Tänzer" Karriere, die im Lauf des Jahres weltliche und religiöse Tanzspiele aufführt. Hierbei wird das Frühlingserwachen ebenso ausgelassen gefeiert wie später die Weinlese im Zeichen des Bacchus. Phantasie und Geld lassen Franziskus zum Anführer solcher Feste werden (Gef 7). Sein ganzes Leben wird er ein Tänzer, Dichter und Gaukler bleiben, der wie ein „Troubadour" auftritt, seine Botschaft leidenschaftlich gern inszeniert und schließlich auch zu seinen Predigten tanzt.

Mit 16 Jahren erlebt der junge Kaufmann ein erstes Schicksalsjahr seiner Heimatstadt mit, das sein ganzes Leben prägen wird. Kaiser Heinrich VI., Barbarossas Sohn, fällt Ende 1197 in Süditalien einer Seuche zum Opfer. Sein Söhnchen Friedrich ist erst drei Jahre alt. Assisi nutzt nun das entstehende Machtvakuum im Reich geschickt aus. Als der deutsche Herzog in Spoleto sich 1198 mit dem neu gewählten Papst Innozenz III. überwirft und dessen Druck weichen muss, stürmen die Bürger die Rocca noch vor Ankunft des päpstlichen Gesandten. Gewiss hat sich auch Franziskus an dieser Zerstörung beteiligt. Mit den Steinen der Stauferburg werden die Mauern des Städtchens erweitert und die Tore befestigt – ein klares Zeichen dafür, dass Assisi seine neu gewonnene Freiheit entschlossen verteidigen will. Im folgenden Jahr bricht innerhalb dieser Mauern der Bürgerkrieg aus: Die Spannungen zwischen Maiores und Minores eskalieren. Die Bürger, denen Assisi seine wirtschaftliche Blüte verdankt, setzen sich jetzt auch politisch durch und errichten eine demokratische Gemeindeordnung. Adelige, die sich nicht in die neue Comune einfügen, werden aus der Stadt vertrieben. In der Oberstadt gehen stolze Geschlechtertürme in Flammen auf, während die Bewohner auf ihre Landsitze fliehen müssen. Anfang 1200 wechseln einige aristokratische Sippen gar ins sichere Perugia, um von dort aus gegen Assisi zu agieren. Auch der Offreduccio-Clan, die Familie der kleinen Clara, gehört zu ihnen. Das eben erst sechsjährige Adelstöchterchen wird Franziskus erst viel später nach seinen Exilsjahren kennenlernen.

Ritterträume

Bald nach der bürgerlichen Revolution in Assisi eskaliert seine alte Rivalität zur weit größeren und mächtigeren Etruskerstadt Perugia. Franziskus nimmt als junger Mann an den ersten Volksversammlungen der Gemeinde teil. Er erlebt den begeisterten Aufbruch einer Kleinstadt, die künftig demokratische Entscheidungen fällt und sich durch jährlich gewählte Konsuln leiten lässt. Entschieden demokratisches Denken kennzeichnet später auch die franziskanische Bewegung der „Minderbrüder" in ihren Versammlungen, ihrer gemeinsamen Wegsuche und Ämterstruktur. Doch bleiben wir noch bei Assisi, dessen neues Lebenszentrum nun die Piazza del Comune wird. In deren unmittelbarem Umfeld verfügt Pietro di Bernardone über zwei Häuser. Die Familie setzt sich in der neuen Stadtmitte fest.

Die äußeren Spannungen, die der talentierte Sohn erlebt, schmälern weder seinen Ehrgeiz noch seine Lebenslust. Er lernt, auf den Volksversammlungen zu sprechen, profiliert sich als Kaufmann, tanzt abends mit Freunden durch die Gassen, reitet mit schönen Stoffen

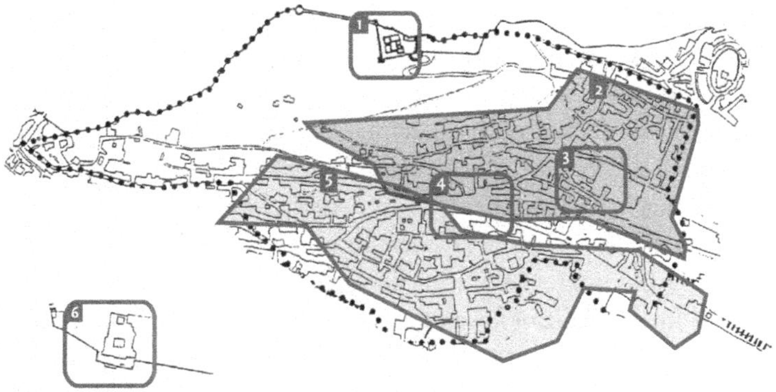

Assisi im 13. Jahrhundert: Die Stadt teilt sich in die adelige Ober- und die bürgerliche Unterstadt. Franziskus' Familie setzt sich an der Piazza del Comune fest, die nach dem kommunalen Umsturz ab 1198 zum eigentlichen Stadtzentrum wird.
1: Rocca der Staufer, 2: Oberstadt, 3: Piazza San Rufino, 4: Piazza del Comune, 5: Unterstadt, 6: Abtei San Pietro

auf den großen Markt von Foligno – und träumt kühn von einer glanzvollen Zukunft. Der Reichtum seines Hauses und der Einfluss seiner Familie sollen mit der kulturellen Eleganz des entmachteten Adels verbunden werden. Um in den Ritterstand aufzusteigen, hat der junge Kaufmann drei wesentliche Bedingungen zu erfüllen: Er muss sich Pferd und Rüstung leisten können, er muss sich in allem und insbesondere Bedürftigen gegenüber ritterlich verhalten, und schließlich soll er sich auch im Kampf auszeichnen. Die ersten beiden Bedingungen erfüllt der ehrgeizige Sohn Pietros bereits. Was noch fehlt, ist die furchtlose Bewährung im Krieg. Doch schon bald bietet sich eine Gelegenheit hierzu in der Städtefehde gegen Perugia. Vermutlich im Herbst 1202 kommt es zum blutigen Zusammenstoß zwischen Assisi und seiner Rivalin. Bei Collestrada am Tiber erlebt Franziskus die Niederlage Assisis als grauenhaftes Debakel. Er hat zu Pferd gekämpft und wandert nun mit den Söhnen Reicher und Vornehmer an gefallenen Freunden vorbei in Perugias Kerker. Über ein Jahr dauert die Kriegsgefangenschaft. Erst der Vertrag zwischen *boni homines* und *homines populi* vom 6. November 1203 ermöglicht die Heimkehr der Gefangenen und bringt Assisis Bürgern zugleich einen politischen Rückschlag ein. Seine Gefährten erinnern sich, dass

Franziskus die Dunkelheit, das Elend der Zusammengepferchten und den Psychoterror im Kerker erstaunlich gut ertragen hat (Gef 4). Nach seiner Rückkehr wird er allerdings von einer langwierigen Krankheit niedergestreckt, die dunkle Schatten über sein bislang so farbenfrohes Leben wirft. Der erste Biograf berichtet, wie Franziskus nach Monaten im Dunkeln ans Licht Assisis kommt: auf einen Stock gestützt, an dem er sich neue Kraft antrainieren muss (1 C 3).

Franziskus nimmt sein früheres Leben wieder auf, doch die Stadt scheint ihren Glanz verloren zu haben. Einige Monate später hört der junge Mann von einem legendären Söldnerführer, der im Auftrag des Papstes gegen die Anarchie im unruhigen Süden Italiens kämpft. Als ein Adeliger aus Assisi sich im Frühjahr 1205 diesem Apulienfeldzug anschließen will und dafür Begleiter sucht, rüstet sich Franziskus ein zweites Mal für den Krieg. Bereits im Vorfeld träumt er von einem herrschaftlichen Wohnturm voller Waffen (Gef 5). Ehrgeizig gesteigerte Träume verbinden sich mit ritterlichem Verhalten im Alltag. So soll der junge Kaufmann seine erste Ausrüstung einem anderen Adeligen geschenkt haben, der verarmt war und dem er so die Beteiligung am Kriegszug ermöglicht (Gef 6). Giotto hat den Traum vom Palast und die Begegnung mit dem Ritter in seinem biografischen Freskenzyklus verewigt.

Doch die kühnen Träume von Pferden, Sätteln, Schilden und Schwertern reichen nur zwei Tagesritte weit. Eine unruhige Nacht in Spoleto bewegt den Dreiundzwanzigjährigen zur Rückkehr: Im Halbschlaf soll ihn eine innere Stimme gefragt haben, warum er Knechten nachlaufe und nicht dem Herrn selbst diene (Gef 5, AP 4–7). Zu jener Zeit wird Spoletos Domfassade mit einem monumental-prachtvollen Giebelmosaik geschmückt, das Christus als „Pantokrator" auf einem Goldthron darstellt. Ist es dieser Herr, der Weltenherrscher, der in sein Innerstes spricht?

„… als ob es Christus nicht gäbe"

„Cum essem in peccatis": Mit diesen vier Worten bezeichnet der spätere Heilige im Jahr 1226 rückblickend sein bisheriges Leben. Der Historiker Raoul Manselli interpretiert diese Wendung im Sinne ei-

Franziskus und ein verarmter Ritter (Giottoschule, Basilica San Francesco in Assisi): Der Bürgersohn im Schnittpunkt zweier Welten: Er hat die florierende Stadtwelt in seinem Rücken und die ländliche Adelswelt mit ihren Burgen vor sich. Er schenkt den Mantel einem Ritter, der verarmt und bedürftig zu Fuß unterwegs ist, während der Kaufmann sich bereits das Pferd, Statussymbol des Adels, leisten kann.

nes Lebens ohne Gott. Gewiss hat Franziskus als Junge in der Pfarrschule mit dem Psalterbuch Lesen und Schreiben sowie Latein gelernt. Fraglos hat er sich am religiösen Brauchtum der Stadt beteiligt und hat sonntags auch mit der Familie den Gottesdienst besucht. Doch der ferne Gott der Romanik erreicht das Alltagsleben der Bürger nicht. Als Weltenherrscher, von Sonne und Mond bedient, zeigt ihn das Portal der neuen San Rufino-Kirche, hoch über Erde und Menschen thronend.

Wen wundert es, dass dieser König aller Könige und Herr aller Mächte unerreichbar bleibt und keinen Einfluss auf das Geschick geschäftiger Bürger nimmt? Tatsächlich reagiert Franziskus, wenn

Assisi, Dom San Rufino: Das Portaltympanon des neuen Domes stammt aus Franziskus' Zeit. Es zeigt den Weltenherrscher der Romanik zwischen Sonne und Mond thronend, umgeben von seiner Mutter, die ihren Sohn als Königin stillt, und vom Stadtpatron Rufin.

er im Geschäft herzlos handelt und einen armen Bettler hinauswirft, nicht auf die Ermahnungen kirchlicher Moral oder biblischer Gleichnisse. Es ist sein ritterliches Ideal, das Reue weckt, wenn *magna rusticitas* (bäuerische Grobheit) das Gebahren des Kaufmanns weit hinter höfisch-edlem Umgang *(curialitas, cortesia)* herhinken lässt. Von Spoleto nach Assisi zurückgekehrt, führt der junge Kaufmann sein gewohntes Leben weiter. Doch stellt er sich nun der Unruhe, die sein Innerstes seit den dunklen Erfahrungen von Krieg, Kerker und Krankheit bewegt. Weder Geschäft noch Besitz, weder Wissen noch Charme, weder Freunde noch Ärzte hatten verhindert, dass sein Leben in bodenlose Abgründe fiel. Stimmen aus jenem Dunkel verschaffen sich nun Gehör und finden keine Antwort. Was nützen modische Kleider, wenn du innerlich leer und nackt bleibst? Was sollen Feste mit Freunden, wenn sie deine Seele allein lassen mit schrecklichen Erinnerungen und bohrenden Fragen? Was haben Reichtum und politisches Geschick des Vaters denn geholfen, als die Krankheit ihn in den Abgrund führte? Franziskus tut einen wichtigen Schritt. Weil er spürt, dass er vor sich selbst davonläuft, stellt er sich seinen Fragen und beginnt mitten in seiner Realität zu suchen.

Er ringt um Antworten, um Werte und um ein Leben, das wirklich trägt. Er ahnt, dass kein Mensch es ihm zeigen kann – nur Gott allein, so fern er ihm auch erscheinen mag.

Wege hinauf und Wege hinunter

In seinem Hunger nach neuer Lebensfreude und nach einem tieferen Sinn wird Franziskus zunächst zu einem hilflos Suchenden. Ab und zu stiehlt er sich aus der Stadt hinaus. Vom Berghang des Subasio blickt er hinunter auf Assisi, auf seine Lebenswelt und seine Erfahrungen. Mit der Zeit entdeckt er in den Wäldern Höhlen, in die er sich zurückziehen kann. Ihr Halbdunkel entspricht wohl seiner inneren Welt (1 C 6). In dieser Zeit beginnt der Kaufmann vermutlich jenes Gebet zu sprechen, das erstmals waches Hören auf die kirchliche Verkündigung erkennen lässt und das ihn über Monate begleiten wird (GebKr):

Altissimo glorioso Dio,
illumina le tenebre de lo core mio
et da me fede dricta,
sperança certa e caritade perfecta,
senno et cognoscemento,
Signore, che faça
lo tuo santo e verace commandamento.
Amen.

Sinngemäß lassen sich die auf altumbrisch überlieferten Worte so übersetzen:

Höchster, lichtvoller Gott,
erleuchte die Finsternis in meinem Herzen:
gib mir einen Glauben, der weiterführt,
eine Hoffnung, die durch alles trägt,
und eine Liebe, die auf jeden Menschen zugeht.
Lass mich spüren, wer du, Herr, bist,
und erkennen, wie ich deinen Auftrag erfülle.
Amen.

Farnziskus' Wege hinauf in die Wälder und stille Stunden sind die eine Suchbewegung. Sie fragt nach dem „Altissimo e glorioso Dio" und erhofft sich Antwort vom romanischen Gott, der „lichtvoll über allem" thront. Die zweite Suchbewegung führt hinunter. Erst jetzt lernt Franziskus das andere Assisi kennen: die dunklen Gassen der Arbeiter und der Ausgenutzten, das Schicksal des neuen Proletariats, das Elend der Kranken, der Bettler und Gestrauchelten am Rande der Stadt. Die Gefährten erinnern sich an ungewöhnliche Begebenheiten im Leben des Kaufmanns, der sich nun immer öfter abseits der Piazza in der Schattenwelt der untersten Gassen herumtreibt. Eines Tages deckt er den Familientisch mit vielen Broten, die er dann den Bettlern bringt, um so auch den Armen kleine Feste zu bereiten (Gef 9).

Im Jahr 1205, bei der jährlichen Rom-Wallfahrt der Familie und der Freunde, kommt es in der Peterskirche zu einem Eklat. Menschen, die für sich selbst keinen Luxus scheuen, haben den Bettlern am Portal der alten Basilika nur die kleinsten Kupfermünzen hingeworfen. Franziskus schämt sich derart über diese Hartherzigkeit, dass er sein Reisegeld mit lautem Geklirr zum Grab des Apostelfürsten hinunter schleudert. Und nicht genug damit: Seine späteren Gefährten berichten, dass er danach die Kleider mit einem Bettler getauscht und sich für den Rest des Tages selbst in Lumpen unter die Armen gesetzt hat, um unerkannt „auf französisch" zu betteln (Gef 10). Bis vor kurzem noch ein gefeierter Festkönig, erscheint der Kaufmann seinen jungen Zunftgenossen nun zunächst wie ein Verliebter, dann aber wird er ihnen immer fremder. Seine Sinnsuche entfremdet ihn von Familie und Geschäft, führt ihn an einsam-stille Orte und zu den Hütten der Bettler. Das Leben im Stadtzentrum hat seine letzten Farben verloren. Franziskus stellt sich den dunklen Fragen seiner Seele und erlebt dabei – in den einsamen Höhlen und in der Erfahrung der Armen – Lichtstunden im Schattenreich.

Vier Jahre sind vergangen seit dem Krieg, drei seit dem Kerker, zwei seit seiner Krankheit und eines seit Spoleto. Wachsende Zerrissenheit zwischen Tuchladen und Unterstadt, zwischen Festgelagen und Bettlerkreis, farbenfroher Piazza und einsamer Höhle, familiärem Karriereplan und namenloser Sehnsucht drängen ihn zu einem Wechsel. Doch wie und wohin? Franziskus hält das Alte noch durch und tastet sich zugleich vor in eine neue Lebenswelt.

Umarmung eines Aussätzigen

Keine Stimme von oben, weder vom Himmel noch von Kanzeln, bringt Antwort in seine Sinnsuche. Doch Offenheit für Menschen und Mut zur Stille eröffnen ihm Brücken in bislang unerkannte Bereiche. Im Kontakt mit den Menschen am Rand und mit einem tiefen Geheimnis gewinnt Franziskus verlorene Lebensfreude zurück – und tastet sich weiter. Ein erster Durchbruch erfolgt in der überraschenden Begegnung mit einem Aussätzigen (Test).

In seinem Lebensrückblick bekennt der Heilige, wie er als Kaufmann widerlichen Abscheu vor Leprakranken empfunden hat. Er teilt diesen Ekel mit der gesamten mittelalterlichen Stadt. Der Aussatz hatte sich im Gefolge der Kreuzzüge auch in Europa verbreitet, wo die entsetzliche „Seuche" übersteigerte Ängste hervorrief. Bereits kleinste Anzeichen der Krankheit oder auch nur auffällige Hautveränderungen genügten, um Menschen jeden Alters mitten aus ihrer Familie und dem Berufsleben zu reißen. Stellte der Arzt den Verdacht auf Lepra fest, kam diese Diagnose einem sozialen Todesurteil gleich. Die Unglücklichen wurden in ein spezielles Bußgewand gekleidet und in einer Art Beerdigungsliturgie aus der Stadt verabschiedet. Sie hatten künftig draußen in Leprosenheimen oder Siechenhäusern zu leben und Buße für die Sünden zu tun, um deretwegen Gott sie angeblich so schwer bestraft hat. Reichten die Güter des Siechenhauses und die üblichen Almosen für ihren Lebensunterhalt nicht aus, konnten sie am Wegrand betteln. Jegliche Annäherung an Gesunde sollte dabei jedoch mit scharfen Auflagen und Sanktionen verhindert werden. Aussätzige hatten deshalb eine Klapper mit sich zu tragen, mit der sie Entgegenkommende warnten und auf Distanz hielten.

Als Franziskus eines Tages im Winter 1205/06 bei einem Ritt in der Ebene unverhofft auf einen Aussätzigen trifft und der schmale Weg ein Ausweichen nicht zulässt, kann er der kläglichen Gestalt nicht einfach ein Almosen zuwerfen und sich davonmachen. Die späteren Gefährten berichten: „Während er sonst gewohnt war, vor Aussätzigen großen Abscheu zu haben, überwand er sich, stieg vom Pferd, reichte dem Aussätzigen ein Geldstück und küsste ihm die Hand. Dieser dankte ihm mit dem Friedenskuss. Franziskus stieg wieder zu Pferd und setzte seinen Weg fort. ... Wenige Tage später nahm er eine große Summe Geldes und begab sich zum Aussätzigenhospital. Nachdem er sie alle zusammen versammelt hatte, schenkte er einem jeden eine Gabe und küsste allen die Hand. Als er wegging, war ihm die bittere Erfahrung, Aussätzige zu sehen, in innerste Freude verwandelt. Denn so widerwärtig war ihm zuvor der Kontakt mit Aussätzigen, dass er einen weiten Bogen um ihre Behausung machte, jede Begegnung mied und wenn er einmal einen sah, das Gesicht abwandte und mit den Händen die Nase zuhielt. ... Doch Gott fügte es, dass er ein Vertrauter und Freund der Aussätzigen wurde, so sehr, dass er später unter ihnen lebte und ihnen in aller Schlichtheit diente" (Gef 11).

Auch Franziskus selbst deutet seine ersten menschlich-nahen Begegnungen mit Aussätzigen als die entscheidende Wende in der Zeit seiner Sinnsuche. Im Rückblick auf sein Leben erkennt er, dass der „Höchste" selbst es war, der ihm diese Erfahrungen ganz unten ermöglicht hat (Test):

Ich lebte zwanzig Jahre lang,
als ob es Christus nicht gäbe.
Damals schien es mir widerlich und bitter,
Aussätzige zu sehen.
Doch Gott selber hat mich zu ihnen geführt,
und in der Begegnung mit ihnen
ist meine Liebe erwacht.
Da verwandelte sich in tiefstes Glück
(Süßigkeit) für Leib und Seele,
was mir bisher bitter erschien.
Kurze Zeit nur, und ich verließ die bürgerliche Welt.

Während die Erfahrungen in Assisis Schattenwelt ihm zu Lichtstunden werden und die Begegnungen mit den ganz Elenden neue Lebensfreude in ihm wecken, verblasst seine einstige Lebensweise im Mittelpunkt der Stadt immer mehr. Der Kaufmann will begreifen, wohin ihn seine seltsamen Schritte führen möchten. Er zieht sich weiterhin an einsame Orte und in Höhlen zurück, wo er sich vom Höchsten Antwort erhofft.

Mystische Begegnung in San Damiano

Wenige Wochen nach der ersten Umarmung eines Aussätzigen begibt Franziskus sich in eine kleine Landkirche, um das erfahrene Glück zu verstehen. Die geographische Lage von San Damiano ist bezeichnend. Es liegt am Rand der Ebene unterhalb Assisis und unweit des Leprosenhospitals. In seiner dunklen Armseligkeit erinnert das einsturzgefährdete Kirchlein an eine Höhle. Wieder ruft der Suchende den Weltenherrscher der Romanik an, den er lichtvoll über allem vermutet. Ihn bittet Franziskus, dass er ihm „die Finsternis im Herzen erleuchte und einen Glauben schenke, der weiterführt, eine Hoffnung, die durch alles trägt, und eine Liebe, die niemanden ausschließt". Durch die Erfahrungen der letzten Monate und Wochen seltsam und unerwartet mit tiefem Sinn erfüllt, sehnt sich sein Gebet nach Klarheit und einem neuen „Auftrag". Da geschieht ein zweiter Durchbruch. Die menschlichen Begegnungen haben den jungen Mann auf eine tief mystische Erfahrung vorbereitet. Als Franziskus im Halbdunkel von San Damiano zum „Höchsten, glorreichen Herrn" betet, fällt sein Blick auf ein ungewohntes Bild: ein Ikonenkreuz, das Christus nicht als Pantokrator in kaiserlicher Majestät auf einem Goldthron zeigt, sondern nackt am Kreuz. Der Höchste, zu dem er seit einem Jahr betet, zeigt sich hier schlicht und verachtet in menschlicher Armut. Nicht der Weltenherrscher, sondern der Menschgewordene, nicht der Erhabene, sondern der Solidarische erwartet ihn. Nicht der Herr der Herren, sondern der Freund der Kleinen, Gefallenen und Verstoßenen berührt ihn da liebevoll, so wie der Aussätzige ihn kurz zuvor umarmt hatte. Mystische Erfahrung auf Augenhöhe – durch menschliche Begegnungen erschlossen (Gef 13). Spätere Biografen deuten das Geschehen als Beauftragung: Eine Stimme vom Kreuz habe dem Kaufmann aufgetragen, die zerfallende Kirche wieder aufzubauen. Kritische Historiker wie Roberto Rusconi weisen zu Recht darauf hin, dass solche Interpretationen erst in den vierziger Jahren auftreten und von theologisch gebildeten Brüdern stammen. Ihre Retrospektive verführt dazu, Franziskus' weiteres Verhalten im Licht eines göttlichen Projekts zu sehen, das zur Erneuerung der reformbedürftigen Großkirche ruft. Demnach hätte der Suchende den Auftrag hierzu bereits in San

Damiano erhalten, ihn allerdings zunächst missverstanden und ihn in der eigenhändigen Restauration dieses zerfallenden Landkirchleins umgesetzt. Nach 1245 wird diese Beauftragungsgeschichte die Franziskaner dann darin bestärken, sich in einen weltweiten Reformorden von Seelsorgern und Volkspredigern zu verwandeln. Damit wird das Geschehen vom Frühjahr 1206 allerdings zu flach und zu funktional gedeutet. Dass Franziskus nämlich spontan sein Geld dem Priester gibt, damit künftig immer ein Licht vor diesem Kreuzbild brenne, wirkt wie die Antwort auf eine tiefe Begegnung – und ist ein sichtbares Glaubensbekenntnis. Hier hat der Suchende die Gegenwart Gottes erfahren, ergreifend und befreiend wie nie zuvor. Giotto deutet das Ereignis in seinem weltberühmten Freskenzyklus mit eindrücklicher Symbolik: Franziskus kniet im zerfallenden Landkirchlein und blickt ergriffen zu Christus, der sich ihm am Kreuz auf Augenhöhe zeigt. Während der Kaufmann gut betucht eingetreten ist, zeigt der Erlöser sich nackt. Während Franziskus von starken Mauern und einem sicheren Dach geschützt wird, hängt sein Herr schutzlos im Regen.

Nun kann es kein Zurück mehr geben: keine Rückkehr in eine Familie, die über mehrere Häuser im Stadtzentrum verfügt, die ihren Reichtum in französischen Stoffen zur Schau trägt und Gewinne auf Kosten ihrer Arbeiter anhäuft. Der Hoffnungsträger der Familie hat eine andere Spur gefunden: einen Herrn, dessen Haus außerhalb der Stadt zerfällt und der – vergessen und aus dem bürgerlichen Leben ausgeschlossen – ihn da erwartet hat, wo die Opfer des städtischen Wohlstands arm und ausgeschlossen um ihre nackte Existenz kämpfen. Der Standortwechsel, den der reiche junge Mann nun vornimmt, lässt sich kaum mit einem Auftrag, sondern vielmehr mit Liebe erklären – mit einer neu geweckten Liebe zu Menschen und zum Menschensohn am Rand dieser Stadt.

Ein neuer Vater

Nach seiner Erfahrung in San Damiano „erhob sich Franziskus voll Freude, … bestieg sein Pferd, nahm Tuch verschiedenster Farbe mit und kam in die Stadt, die Foligno heißt. Dort verkaufte

Franziskus findet Christus in San Damiano auf Augenhöhe.
(Giottoschule, Basilica San Francesco in Assisi)

er das Pferd und alles, was er mit sich geführt hatte, und kehrte zur Kirche San Damiano zurück" (Gef 16). Der schlichte Bericht der späteren Gefährten schildert den letzten Ritt des Kaufmanns. Im Spoletotal erwachen die ersten Zeichen des Frühlings 1206. Nachdem Franziskus sich von seinem Pferd getrennt hat, nimmt er die siebzehn Kilometer vom großen Marktort über Spello und dem Subasio entlang unter die eigenen Füße. Doch tritt er nicht mehr durch die Tore seiner Heimatstadt. Für damalige Verhältnisse hat er ein Vermögen ausgegeben. Das Geld soll für den Wiederaufbau des Kirchleins verwendet werden. Aus Furcht vor Pietro di Bernardone nimmt der zuständige Priester es allerdings nicht an. Er gewährt dem Sohn jedoch die Bitte, in San Damiano leben zu dürfen. Der Vater reagiert heftig. Längst hat das seltsame Verhalten seines Sohnes ihn verunsichert und verärgert. Nun eskaliert der Konflikt. Pietro sammelt Freunde um sich und rückt mit ihnen gegen San Damiano aus. Franziskus weicht „dem väterlichen Zorn aus und sucht eine verborgene Höhle auf, die er sich zu diesem Zweck hergerichtet hatte. Dort hält er sich einen Monat lang verborgen" (Gef 16). Dieses Versteck liegt vermutlich am Fuß des Monte Subasio im engeren Umfeld von San Damiano. Franziskus braucht Zeit, um sich auf die neue Situation einzustellen. Nur zu gut weiß er, wie hartnäckig der Vater seine Ziele verfolgt – und mit allen Mitteln auch zu erreichen sucht. In seinem Innern wirkt die Christus-Erfahrung von San Damiano nach, als Begegnung mit Gottes Sohn, der sich freiwillig menschlicher Gewalt ausliefert und in seiner Gewaltlosigkeit zugleich machtlos wird. Das Bildprogramm der Kreuzikone bleibt allerdings nicht bei der Passion stehen. Franziskus wird das kunstvolle Bild in diesen Wochen genau betrachten. Es erzählt den letzten Weg Jesu vom Verrat des Petrus bis zur Himmelfahrt.

Unterhalb des einen Knies Jesu erinnert ein kleiner Hahn an die Nacht seiner Verhaftung und das Verhör am Morgen. Die Tafel über dem Kreuz begründet das Todesurteil des Pilatus. Unter dem Gekreuzigten stehen seine engsten Gefährtinnen, die sich gegenseitig stützen: seine Mutter und Johannes, Maria von Magdala und Maria, die Mutter des Jakobus. Ihnen ist der Hauptmann beigesellt, der die Hinrichtung beaufsichtigt und in dem Gekreuzigten Gottes Sohn erkennt. Über dessen Schulter sind all jene dargestellt, die ebenfalls in den Kreis der Glaubenden finden werden. Ganz klein erkennt man links einen römischen Soldaten: Longinus, der dem Verstorbenen eine Lanze in die Seite stößt. Da er anders als der Hauptmann im sterbenden Jesus nicht Gottes Sohn sieht, deuten Haltung und Format symbolisch darauf hin, dass er noch blind und klein im Glauben ist. Ihm gegenüber steht ebenso klein ein Jude: Auch er ist noch blind für den Messias und steht doch im Lichtkreis des Herrn, der seine Arme weit öffnet. Trotz der blutenden Wunden strahlt die Haltung Jesu Ruhe und Frieden aus. Würdevoll und mit offenen

Kreuzikone von San Damiano, syrisch-römische Bildtradition, 12. Jahrhundert

Augen scheint er in seiner betenden Haltung bereits erstanden. Der Querbalken des Kreuzes entpuppt sich beim näheren Hinsehen als das leere Grab. Zwei Engel deuten auf die Stelle, wo der Tote gelegen hat. Andere Engel sprechen mit bewegten Gesten über das Geschehen. Über der Passion ist der Auferstandene dargestellt, der mit wehendem Gewand den Himmel betritt, wo Engel ihn freudig begrüßen. Über dem ganzen Geschehen zeigt sich schließlich die segnende Hand des Vaters, der auch dieses größte Drama der Heilsgeschichte zum Guten wendet.

Ein Drama steht auch Franziskus bevor. Einen Monat lang nimmt er sich in seinem Schlupfwinkel Zeit, um sich auf den familiären Konflikt vorzubereiten. In der Stille bestätigt sich der Entschluss, seine bürgerliche „Welt zu verlassen" *(exire de saeculo)*. Das Tafelkreuz von San Damiano hält ihm Jesu Umgang mit menschlichem Wüten vor Augen: nackt und gewaltlos, voller Liebe und mit einem guten Vater über sich. Auf diesen Vater setzt auch Franziskus sein ganzes Vertrauen, wie der öffentliche Zusammenstoß mit dem leiblichen Vater bald zeigen wird.

Prozess vor dem Bischof

Die späteren Gefährten, selbst Bürger von Assisi, schildern, wie der davongelaufene Sohn des Pietro di Bernardone nach den langen Wochen seiner Abwesenheit in der Stadt empfangen wird: „Bei seinem Anblick machten ihm jene, die ihn früher gekannt hatten, erbärmlich harte Vorwürfe, schimpften ihn einen Narren und Verrückten und bewarfen ihn mit Straßenkot oder Steinen. ... Das Gerede über die Rückkehr des Verrückten durcheilte Straßen und Gassen der Stadt und gelangte endlich zum Vater. Ohne jede Selbstbeherrschung ... schleppte er ihn in sein Haus, sperrte ihn dort mehrere Tage in einen Keller und suchte ihn mit Worten und Gewalt umzustimmen" (Gef 17). Die Mutter aber nutzt eine Abwesenheit Pietros aus und lässt den Sohn frei. Dieser geht wieder nach San Damiano. Als der Vater zurückkehrt, „überschüttete er seine Frau mit Vorwürfen. Hierauf lief er zum Sitz der städtischen Gemeinde und klagte seinen Sohn vor den Konsuln der Stadt an." Franziskus wird von einem städtischen Ausrufer zum Palazzo dei Consoli nahe des neuen Doms in der Via di Santa Maria delle Rose zitiert. Er folgt der Vorladung jedoch nicht und gibt als Begründung an, „er sei frei geworden und unterstehe nicht mehr den Konsuln, weil er einzig und allein Diener des höchsten Gottes sei" (Gef 19). Dies wiederum veranlasst

Franziskus enterbt sich im Prozess vor Bischof Guido. Der junge Kaufmann wechselt die Seite von der Bürgerschaft zur Kirche. Direkt über Vater Pietro zeigt sich die Hand des himmlischen Vaters. (Giottoschule, Basilica San Francesco in Assisi)

die Stadtbehörde, den zornigen Kaufmann mit seiner dramatischen Familienangelegenheit an den Bischof weiter zu verweisen. Bischof Guido I. war ein kluger Mann und ein entschiedener Verteidiger der kirchlichen Freiheit. Durch einen Boten lässt er Franziskus von San Damiano herbeirufen, einem Kirchlein, das ihm selbst direkt untersteht. Daraufhin kommt es zu einer öffentlichen Gerichtssitzung vor oder in dem Bischofspalais in der Unterstadt. Guido erweist sich als informiert, und er zeigt erstaunliches Verständnis für den Sohn. Zugleich redet er dem zornigen Vater, der alles Geld aus dem letzten Marktritt zurückfordert, zumindest indirekt ins Gewissen. Vor der ganzen Versammlung gibt er Franziskus den folgenden Rat: „Dein

Vater ist gegen dich in schwere Aufregung geraten und sehr verärgert. Wenn du also Gott dienen willst, so gib ihm das Geld zurück, das du hast! Da es vielleicht auf unrechte Weise erworben ist, will Gott der Sünde deines Vaters wegen nicht, dass du es zum Bau der Kirche ausgibst. Seine Wut wird sich legen, sobald er es zurückerhält. ... Gott selbst wird ... dir das Nötige verschaffen." Daraufhin inszeniert Franziskus ein radikales Zeichen. Er verschwindet kurz in einem Raum des Palais, tritt dann nackt vor Bischof, Versammlung und Vater und spricht die folgenreichen Worte: „Hört alle und versteht! Bis jetzt habe ich den Petrus Bernardonis meinen Vater genannt. Weil ich mich nun aber entschlossen in den Dienst Gottes stellen will, gebe ich jenem das Geld zurück, das ihn so in Unruhe bringt, und alle Kleider, die ich aus seiner Habe besessen habe. Von nun an werde ich sagen: ‚Vater unser im Himmel' – nicht mehr Vater Pietro di Bernardone." Während der irdische Vater mit den Kleidern und dem Geld erschüttert von dannen zieht und das Volk weint, schließt Bischof Guido I. den Enterbten in seine Arme und bedeckt seine Nacktheit mit dem eigenen Mantel (Gef 20).

2. Vom Büßer zum Bruder

Beim bischöflichen Prozess tritt erstmals die Amtskirche bedeutsam in Erscheinung. Franziskus ist 24 Jahre alt. Bei allem Verständnis des Bischofs und seiner einfühlsamen Geste – der neue Büßer Gottes wird seinen Weg allein weitersuchen müssen. Auch für die nächsten beiden Jahre, wohl die schwierigsten seines Lebens, gilt das spätere Bekenntnis im Testament: „Niemand zeigte mir, was ich tun soll. Der Höchste selbst hat mir den Weg gezeigt." Und die ersten Schritte führen ihn, so die offizielle Biografie von 1228, aus der Geburtsstadt weg.

Umweg über Gubbio

Ein Armer geworden, wandert der freiwillige Büßer nun nordwärts. Nach einem Tag erreicht er eine kleine Benediktinerabtei, die San Verecondo geweiht war und heute Vallingegno heißt. Die Mönche nehmen den Mittellosen als Küchenjungen auf (1 C 16). Vom Hügel des Klosters aus kann Franziskus über einer zauberhaft schönen Frühlingslandschaft den heimatlichen Subasio sehen.

Als die Mönche dem entlaufenen Kaufmann das Leben schwer machen, wandert er einige Wochen später eine knappe Tagesstrecke weiter in die Stadt Gubbio. Der befreundete Kaufmann Federico Spadalunga schenkt ihm dort ein Büßerkleid, und Franziskus zieht ins örtliche Leprosenheim, um Aussätzige zu pflegen (1 C 17). Erst im Sommer kehrt er dann entschlossen nach Assisi zurück, wo er sich als Einsiedler bei San Damiano niederlässt. An dieser Stelle ist die spätere Überlieferung vom Auftrag zum Kirchenbau, die der franziskanischen Bewegung überaus lieb wurde, noch einmal kritisch zu befragen: Muss es nicht überraschen, dass Franziskus erst nach einem weiten Umweg hierher zurückkehrt? Dass er zunächst Mönchen dient, danach Aussätzige pflegt und erst dann Steine schleppt? Dass er in seinen Schriften nie vom Aufbauen oder Erneuern der Kirche spricht – auch nicht im übertragenen Sinn? Theologen sprechen

Das ehemalige Benediktinerkloster San Verecondo
von Vallingegno, elf Kilometer südlich von Gubbio.

erst in den Vierzigerjahren von der Urberufung zum Kirchenbau, der geistig zu verstehen sei. In derselben Zeit wenden sie auch den angeblichen Traum Innozenz' III. vom Stützen der Lateranbasilika, der zunächst von Dominikus überliefert ist, auf den Poverello an. Beides geschieht in einer Zeit, die Dominikaner wie Franziskaner als tragende Reformkräfte der Kirche sieht, vom Papst gezielt gefördert und vom Weltklerus zunehmend bekämpft.

Raoul Manselli hat die neue Lebenssituation des Enterbten ohne theologische Vereinnahmung treffend charakterisiert: Franziskus sucht in San Damiano weiter nach seinem Auftrag – da, wo er Christus überraschend und ergreifend nahe erfahren hat. Dort führt er ein Leben an der Seite derer, die nichts haben und nichts sind. Er wird mit Christus arm unter Armen und gering unter Geringen. Die Gefährten erinnern sich, dass Randständige mit Franziskus am Kirchlein des armen Christus bauen (Gef 24). Der Suchende schließt sich keiner Gruppe der damals verbreiteten Armutsbewegung an, die oft harte Kritik an Reichen und am Lebenswandel der Kleriker übte. Zu beißender Kirchenkritik hat auch die „Valle umbra" etwa den Katharern, die vor 1200 ins Umfeld Perugias einwandern, reichen Anlass gegeben: Viele Priester waren hier wie anderswo ungebildet und pastoral nachlässig. Kirchenleute machten durch Luxus, Geldgier, Wohlstand, Simonie und Konkubinat von sich reden. Wen wundert es, wenn sie Franziskus nicht weiterhelfen konnten. Er muss seinen Auftrag auf sich selbst gestellt suchen, und er tut es zunächst halberemitisch.

Einsiedlerjahre

Ein sesshafter und zurückgezogener Lebensstil in Reichweite der Ärmsten, das Einsiedlerkleid, die radikale Ausrichtung auf Gott und der Aufbau eines armen Kirchleins markieren die nächste Etappe seiner jahrelangen Suche. Sie wird fern jeder Idylle zu einer herausfordernden und harten Reifezeit. Täglich steigt der Büßer in rauer Kutte und Schuhen, mit Stock und Doppelsack nach Assisi hinauf, wo er um Steine und Baumaterialien für die Kirchenrestaurierung bettelt. Er erntet Spott, wird als Verrückter verlacht, vom leiblichen Vater verflucht und von seinem jüngeren Bruder Angelo verhöhnt. Die späteren Gefährten sind als Bürger Assisis mit den zwei schwierigsten Jahren seiner Biografie gut vertraut. Eindrücklich schildern sie, welche Verachtung und welches Elend der einst gefeierte Festkönig nun in den Gassen seiner sonnigen Jugend erlebt (Gef 21–23). Zunächst lässt der Einsiedler sich noch vom Priester Pietro ernähren, dessen Kirchlein er in San Damiano restauriert. Doch bald zieht er auch da eine radikale Konsequenz aus seinem Vorhaben, „freiwillig arm zu leben um der Liebe dessen willen, der arm geboren wurde, ganz arm in dieser Welt gelebt hat, nackt und arm am Kreuz gestorben und in fremdem Grabe bestattet worden ist". Die Erinnerungen der Gefährten zeigen, für wen Franziskus das Landkirchlein eigenhändig erneuert: für Christus, der ihm seine Liebe am Tafelkreuz tatsächlich arm und nackt vor Augen hält. Das Bauprojekt unterhalb und vor den Toren der Stadt hat stillschweigend etwas Provokatives an sich: Zur gleichen Zeit baut Assisi an seinem Prachtdom und ziert dessen Portal mit dem Bild des Weltenherrschers, der mächtig zwischen Sonne und Mond thront. Franziskus bekennt mit seinem Tun, dass er Christus anderswo erfährt: draußen, in einer vergessenen Landkapelle, auf Augenhöhe mit den Ausgegrenzten.

An seinem mächtigen Dom hat Assisi 130 Jahre gebaut. Die romanische Kathedrale vertritt in Architektur und Bildprogramm ein herrschaftliches Gottesbild. Franziskus findet den „armen Christus" draußen vor der Stadt in einer Kirchenruine.

„Als Franziskus unermüdlich am Bau dieser Kirche arbeitete, wünschte er, dass die Lämpchen in der Kirche ständig brennen. So ging er in die Stadt, um Öl zu betteln. Er kam dort an die Türe eines Hauses, in dem Menschen ausgelassen spielten und feierten. Doch die Scham, vor so vieler Augen um etwas zu bitten, hinderte ihn einzutreten. Als er aber zur Besinnung gekommen war, lief er an den Ort zurück ... und bekannte sich vor allen offen zu seiner Scham. Und feurigen Geistes bat er auf französisch um der Liebe Gottes willen um Öl für die Lampen von San Damiano" (Gef 24). Aus Liebe zu Christus, „der ganz arm gelebt hat in dieser Welt", erbettelt der Büßer auch den Lebensunterhalt „wie ein Armer von Tür zu Tür. ... Er nahm ein Schüsselchen, betrat die Stadt und erbat sich Almosen von Haus zu Haus. Zur Verwunderung der Leute, die wussten, wie verwöhnt er gelebt hatte, legte er die verschiedensten Speisen in dieselbe Schale, ... selbst wenn dieses Durcheinander ihn beim Essen grauste" (Gef 22).

Aus dieser frühen Eremitenzeit ist ein prophetisches Wort überliefert, das den Gelehrten bis heute Kopfzerbrechen bereitet und das dennoch interessante Rückschlüsse auf die Hoffnungen des jungen Kirchenbauers zulässt: „Mit noch anderen arbeitete er an dem erwähnten Bauwerk. Den da Wohnenden und den Vorbeiziehenden rief er mit heller Stimme in der Freude des Geistes zu: ‚Kommt und helft mir beim Bau der Kirche von San Damiano! Hier wird bald ein Kloster von Frauen sein, die unseren himmlischen Vater verherrlichen werden'" (Gef 24). Auch wenn diese Worte erst in den vierziger Jahren auf Pergament finden und dabei die noch junge klösterliche Entwicklung des Ortes einbeziehen, sind doch zwei inhaltliche Beobachtungen bemerkenswert: Zum einen verkündet Franziskus, der 1206/07 draußen vor der Stadt mit der Unterstützung anderer Randständiger eine Kirche restauriert, den Vater Jesu als Vater aller Menschen und als „unseren himmlischen Vater". Zweitens denkt der Büßer, noch bevor er überhaupt erste Gefährten erhält, bereits an eine Schwesterngemeinschaft, wie auch seine spätere Gefährtin Clara nachdrücklich festhält (KlTest). Auch in der Umgebung Assisis gab es damals erste Gruppen von Waldschwestern, die sich um Landkirchlein sammelten, um gemeinsam ein religiöses Leben zu führen. Die Semireligiosen des nahen Sant'Angelo di Panzo etwa, die eine halbe Gehstunde von San Damiano entfernt lebten, hat Franziskus persönlich gekannt. So unwahrscheinlich, wie Werner Maleczek die „Prophetie" einstuft, klingt sie nicht. Warum sollte sich in einer wiederhergestellten Landkirche des Bischofs nicht eine weitere

Frauengemeinschaft sammeln können? Dass Franziskus allerdings selbst einmal an ihrer Gründung beteiligt sein würde, erscheint ihm damals wohl noch ebenso undenkbar wie die Aussicht, Brüder zu bekommen. Tatsächlich zieht sich die Zeit der einsamen Suche nach seinem eigenen Lebensauftrag in die Länge.

Im folgenden Jahr beginnt der Büßer mit der Restaurierung einer zweiten Landkirche, der heute nicht mehr erhaltenen Kapelle San Pietro della Spina (1 C 21). Diesem Projekt folgt noch ein drittes: Auch das Kirchlein Santa Maria degli Angeli – auf einem kleinen Landstück („Portiuncula") der Benediktiner in der Nähe des Leprosenheims gelegen und vernachlässigt – erfordert den Einsatz des freiwilligen Restaurators. Seit dem spektakulären Bruch vor dem Bischof zieht mittlerweile bereits der dritte Vorfrühling ins Land.

Das Leben der Apostel

Die unscheinbare Bautätigkeit des Eremiten steht in den Jahren zwischen 1206 und 1208 in symbolträchtigem Kontrast zu städtischen und monastischen Großprojekten. So ließen die Benediktiner von Sassovivo, eine reich begüterte Abtei am Berghang über Foligno, damals einen kunstvoll-verspielten Kreuzgang ausgestalten, der Besucher bis heute fasziniert. Und die ebenso reiche wie stolze Stadt Assisi baute seit acht Jahrzehnten am neuen Dom San Rufino, der sich prachtvoll über ihren Dächern erheben sollte. Schon aus der Ferne erkennen Reisende den mächtigen Turm und die Kuppel. Franziskus kann die neue Kathedrale Assisis von seinem ärmlichen Landkirchlein in der Portiuncula aus mühelos sehen – ein Jahrhundertbau, der erst 1253 vollendet sein wird. Der Ex-Kaufmann erfährt seinen Gott jedoch weder in einem reichen Kloster noch in einer städtischen Prachtkathedrale, die den Weltenherrscher ehrt und zugleich menschlich-irdischen Reichtum demonstriert. Dem armen Christus von San Damiano verpflichtet, hofft der Büßer in verlassenen kleinen Kirchen und in der Nähe von Leprosenhospizen geduldig darauf, die Spur seines Lebens zu finden.

Tatsächlich erfolgt der definitive Durchbruch nicht in der Stadt, sondern unten in der Ebene und in seiner dritten Landkirche, die

Maria und den Aposteln geweiht ist. In diesem Portiuncula-Kirchlein wird an einem Apostelfest die Messe gefeiert. Zur Datierung jenes Gottesdienstes bietet sich im Frühjahr einzig das Fest des hl. Matthias an, das im Jahr 1208 vom 1. Fastensonntag auf Montag den 25. Februar verlegt wurde. Mit wachem Geist nimmt Franziskus an der Liturgie teil. Das Evangelium schildert Jesu Sendungsauftrag an die Apostel. Der Einsiedler hört, wie der Rabbi seine Freunde mit leeren Händen aussendet, um die gute Botschaft in die Städte und Häuser zu tragen, Menschen aus ihren Nöten zu befreien und Frieden zu bringen. Die späteren Gefährten schildern seine Entdeckung der *vita evangelica* mit den folgenden Worten: „Franziskus trug noch das Kleid eines Einsiedlers. Er ging einher mit einem Stab in der Hand, mit Schuhen an den Füßen und mit einem Riemen gegürtet. Eines Tages aber hörte er bei der Feier der Messe jene Worte, die Christus im Evangelium zu den Jüngern sprach, als er sie zum Predigen aussandte: dass sie weder Gold noch Silber, weder eine Tasche noch Brot oder einen Stab auf den Weg mitnehmen und weder Schuhe noch ein zweites Gewand haben sollen. Als er dies hierauf mit Hilfe des Priesters noch deutlicher verstand, wurde er von unsagbarer Freude erfüllt und sprach: ‚Das ist es, was ich mit allen Kräften zu erfüllen wünsche!' ... Ohne Zaudern machte er sich ein sehr schmuckloses Gewand, warf den Riemen weg und nahm als Gürtel einen Strick" (Gef 25, 1 C 22).

Sechs Jahre sind inzwischen vergangen seit der Schlacht von Collestrada, welche die ersten dunklen Schatten auf ein sonniges junges Leben geworfen hat. Eine lange und mühevolle Suche nach tieferem Sinn und einem erfüllenden Weg findet endlich ihre Antwort. Franziskus wird dabei von derselben Schriftstelle ergriffen, die bereits andere prominente Aufbrüche in der zeitgenössischen Armutsbewegung inspiriert hatte. So hatte sich der einstige bretonische Dorfpriester Robert von Arbrissel (1045–1116), vom gleichen Evangelium getroffen, gegen Ende des 11. Jh. arm, barfuß und im rauen Bußkleid aufgemacht, um wie ein neuer Apostel durch Nordfrankreich zu ziehen. Scharen von Laien waren ihm gefolgt, unter ihnen viele Frauen und Prostituierte, die sein Wanderleben teilten. Der Lebensstil der Gruppe und Roberts Kritik an Adel und Klerus zwangen den umherziehenden Asketen dann aber, für seine Gruppe im Jahr 1101 in den

Wäldern bei Fontevraud ein Doppelkloster zu gründen. Dort schufen seine „Pauperes Christi" auch Lebensraum für Aussätzige. Ein zweites Beispiel: Vom Gründer der Prämonstratenser, dem Kanoniker und kaiserlichen Hofkaplan Norbert von Xanten (1082–1134), erzählt der offizielle Biograf: „Glücklich über seine Begleiter durchzog Norbert die Burgen, Dörfer und Städte. Er predigte, versöhnte die Zwieträchtigen und wandelte alt eingewurzelte Fehden unter Feinden in Frieden. ... Brachte man ihm aber Gaben, verschenkte er sie an Arme und Aussätzige. Er vertraute unbesorgt darauf, dass er von Gottes Gnade alles Lebensnotwendige erhalten werde. ... Seine Art zu leben war neu und erregte Staunen. ... Nach der Vorschrift des Evangeliums trug er weder Reisetasche noch Schuhe, auch kein zweites Kleid. Ihm genügten ein paar Bücher und das Messgewand im Gepäck" (Vita 6). Auch Norbert, der als heimatloser Wanderprediger Männer wie Frauen begeisterte, sollte bald Klöster gründen und sesshaft werden.

Erste Laien, die derselben Apostelsendung radikal folgten, werden Jahrzehnte später verketzert, exkommuniziert und verfolgt. Der bekannteste unter ihnen ist Valdes, ein reicher Kaufmann aus Lyon und damit dem Sohn des Bernardone vergleichbar. Als auch er sich „in der Art der Apostel" aufmachte, durchs Land zog, als Laie predigte und als sich ihm Männer wie Frauen anschlossen, ließen Konflikte mit der Amtskirche nicht lange auf sich warten. Im Geburtsjahr des Franziskus wurden die neuen „Armen Christi" auf Betreiben des Erzbischofs aus Lyon ausgewiesen. In den Tagen, da Franziskus in der Portiuncula seine neue Lebensaufgabe findet, schießen Mörder im südfranzösischen „Ketzergebiet" den päpstlichen Legaten Pierre de Castelnau vom hohen Pferd. Die römische Kurie bereitet daraufhin einen vernichtenden Kreuzzug gegen die „Ketzer" und „Irrlehrer" im Languedoc vor. Der „Albigenserkrieg" sucht in päpstlichem Auftrag 1209–1229 Katharer und Waldenser mit grausamster Gewalt von der Erde auszurotten. Ob Franziskus beim Kleidwechsel in der Portiuncula ahnt, wie gefährlich ein Leben „in der Art der Apostel" für Laien werden kann?

Erste Gefährten

Im neuen Kleid der äußersten Armut, das die ungefärbte Wolle der Bettler und Bauern verwendet und in seiner Form an die Kleidung der Apostel Jesu erinnert, kehrt Franziskus im Frühjahr 1208 als Bußprediger nach Assisi zurück. Seine „evangelische Erweckung“ hat die bereits gelebte Armut und das Leben an der Seite der Armen bestätigt, stellt dies alles nun aber in den Dienst einer Mission. Die Dreigefährten erinnern sich, dass der Poverello „in schlichten Worten auf Gassen und Plätzen zur Umkehr aufrief. ... Seine Worte berührten, von der Kraft des Heiligen Geistes erfüllt, die Zuhörenden im Tiefsten ... Seine Verkündigung suchte allerorts den Frieden“ (Gef 25–26). Dieselben Dreigefährten erinnern sich später an einen Vorläufer, der mit dem Ruf „Pax et bonum“ durch die sozial noch immer zerrissene Stadt ging. Franziskus nimmt seinen Wunsch – das heute beliebte „pace e bene“ – nicht auf, sondern wünscht den Menschen wie die Apostel „Friede“ oder mit Paulus „Friede und Lebensfülle“ (*pax et salus*) oder „Friede und Liebe“ (*pax et caritas*).

Zwei Monate später treibt persönliche Betroffenheit einen ersten Bürger von Assisi zu Franziskus, welcher tags in der Stadt weilt und die Nächte weiterhin unten in der Ebene bei der Portiuncula verbringt. Bernardo da Quintavalle ist ein reicher und angesehener Notar aus einer vornehmen Familie. Er schließt sich Franziskus am 16. April 1208 zusammen mit dem Juristen Pietro Cattani an. Auch dieser gehört einer reich begüterten Familie Assisis an. Der Wunsch der beiden, seinen neuen Lebensentwurf zu übernehmen, überrascht den Bruder. In jahrelanger Suche sind ihm der eigene Weg und sein persönlicher Auftrag offenbar geworden. Doch lässt sich all dies auch auf andere übertragen? Das Testament des Heiligen spiegelt seine Ratlosigkeit angesichts der ersten Gefährten: „Nachdem mir der Herr Brüder gegeben hatte, zeigte mir niemand, was ich tun soll. Der Höchste selbst hat mir offenbart, dass ich nach der Form des heiligen Evangeliums leben sollte. ... Und jene, die kamen, Leben zu empfangen, gaben alles, was sie haben mochten, den Armen“ (Test). Die Gefährten erinnern sich später noch gut an jene Tage im April 1208. Franziskus begibt sich mit Bernardo und Pietro in die Stadt und betritt die kleine Kirche „San Nicolò de plathea", die zwischen einem Bernardone-Haus und dem Hauptplatz im Zentrum Assisis liegt. Wie das Evangelium ihm selbst den Weg gewiesen hat, soll es auch den beiden radikal Umkehrwilligen Klarheit vermitteln. In der kleinen Kirche am Marktplatz finden die drei ein Evangeliar. Sie beten vor dem Altar um Gottes Weisung und schlagen das Buch dreimal auf (AP 10–11, Gef 27–30). Diese volkstümliche Praxis, nach dem Willen Gottes zu fragen, war von der offiziellen Kirche nicht gern gesehen. Was an ein Buchorakel erinnert, erklärt sich aus dem Laiencharakter der entstehenden *fraternitas*. Das Evangelium weist den dreien eine überraschend klare Spur: Eine erste Matthäusstelle gibt den Rat Jesu an den reichen Mann wieder: „… wenn du vollkommen sein willst, geh und verkaufe alles, was du hast, und gib es den Armen … und dann komm mit mir" (Mt 19,21). Die zweite Befragung trifft auf das Evangelium nach Lukas: „Nehmt nichts mit auf den Weg, weder Stab noch Tasche, noch Brot oder Geld" (Lk 9,3). Und auch das dritte Aufschlagen des Evangeliums fällt auf ein Nachfolgewort, in dem Jesus die Jünger aufruft, eigene Wünsche aufzugeben, um „mir auf meinem Weg zu folgen" (Mt 16, 24).

Franziskus findet seine eigene Lebenswahl in dieser gemeinsamen Spurensuche bestätigt. Sie wird sich nicht am Ideal der Urgemeinde von Jerusalem orientieren, sondern den „Fußspuren" Jesu folgen und sein galiläisches Wanderleben mit den Aposteln in die eigene Zeit umsetzen. Die entstehende Bruderschaft nennt ihr Ideal „vivere secundum formam sancti Evangelii" – nach dem Modell des Evangeliums leben. Reformaufbrüche von Mönchen und Kanonikern, aber auch von Humiliaten in Norditalien greifen dagegen mit der „ecclesiae primitivae forma" das „Modell der Urkirche" auf. Als die beiden angesehenen und reichen Bürger daraufhin ihre Güter verkaufen, das Geld den Armen geben und sich wie Franziskus kleiden, reagiert die Bevölkerung gespalten. Während das Geschehen die einen tief beeindruckt, zeigen andere sich verständnislos und entsetzt. Wenige Tage später macht sich dann ein dritter Mann auf und begibt sich zur Portiuncula, wo die kleine Gruppe sich inzwischen kleine Hütten errichtet hat. Egidio stammt wohl aus einfachsten Verhältnissen und ist Handwerker. Am 23. April 1208 wird auch er in die *fraternitas* aufgenommen.

Den Auftrag der Apostel wörtlich nehmend, teilen sie sich kurz darauf, um „zu zweit" in „Städte und Dörfer zu ziehen". Bernardo macht sich mit Pietro auf den Weg nach Westen, Franziskus wandert mit Egidio über den östlichen Apennin in die Mark Ancona. Der Poverello tritt dabei als Troubadour Gottes auf: „Er sang mit hoher heller Stimme auf französisch die Loblieder des Herrn, pries und lobte die Güte des Allerhöchsten. Die beiden waren von solcher Freude erfüllt, als hätten sie einen großen Schatz gefunden. ... Der Mann Gottes predigte dem Volke zwar nicht, ermahnte jedoch, wenn er Städte und Dörfer durchzog, alle, Gott zu lieben und ihr Leben nach ihm auszurichten" (Gef 33). Als die vier einige Wochen später wieder ins sommerliche Spoletotal zurückkehren, schließen sich ihnen drei weitere Mitbürger an. Die Stimmung in Assisi aber schlägt in Ablehnung um. Wenn die Büßer „in der Stadt bettelten, gab ihnen kaum jemand etwas. ... So litten sie sehr große Not. Sogar ihre Eltern und Verwandten begegneten ihnen feindselig; andere Bürger verlachten sie als Dummköpfe und Narren, weil in jener Zeit niemand sein Eigentum aufgab, um sich dann von Tür zu Tür Nahrung zu erbetteln" (Gef 35). Tatsächlich ernährt sich die Gruppe durch Gelegenheitsarbeit, ohne dafür allerdings Geld anzunehmen. Erhalten sie für ihre Dienste zuwenig, um leben zu können, nehmen sie bettelnd Zuflucht zum „Tisch des Herrn" (Test).

Gefährliches Neuland

Im folgenden Herbst ziehen die „Büßer", die sich selbst noch als *viri poenitentiales* aus Assisi bezeichnen, aus der ihnen zunehmend feindselig gesonnenen Heimatstadt weg. Damit verlassen sie auch den kirchlichen Schutzbereich, den sie unter ihrem Bischof genießen. Guido I. begegnet dem radikalen Büßer mit erstaunlicher Sympathie. Er begleitet die junge Bruderschaft mit seinem Rat und sorgt sich zugleich über die Härte ihrer Armut (Gef 35). Die siebenköpfige Gruppe wandert also durchs Spoletotal nach Süden und findet über Terni ins liebliche Tal von Rieti. In Sichtweite der Hügelstadt Poggio Bustone richten sie sich in einer ehemaligen Benediktinereinsiedelei ein. Das östlichste Tal Umbriens wird zu ihrer zweiten Heimat (Gef 36). An wunderschönen Berghängen entstehen in den nächsten Jahren weitere Eremitagen wie San Fabiano bei La Foresta, Fontecolombo und Greccio, die bedeutsam für die franziskanische Geschichte werden. Bis heute heißt das Rietital daher „Valle santa".

Von hier aus brechen die sieben Brüder im Spätherbst 1208 erneut zu zweit oder zu dritt auf, um das Evangelium in nahe und ferne Städte zu tragen. Die Aufnahme ist sehr unterschiedlich. Einige hören ihnen gerne zu, andere halten sie für Waldmenschen oder vertreiben sie als vermeintliche Betrüger und Narren. „Deshalb übernachteten sie in Vorhallen von Kirchen und Häusern" (Gef 38). Die Dreigefährten erzählen beispielhaft, wie Bernardo da Quintavalle nach Florenz kommt und eine kalte Nacht bei einem privaten Backhäuschen verbringen möchte. Der Hausherr verweigert den beiden „Landstreichern" eine Decke. „Nachdem sie in jener Nacht bis zur Morgenfrühe neben dem Backofen geruht hatten, mäßig schlafend allein durch innere Glut und die Decke der edlen Frau Armut geschützt, gingen sie in die nächste Kirche, um am Frühgottesdienst teilzunehmen". Die Wintermonate muten den unbekannten Büßern mancherorts schwere Tage zu. Während einige Beobachter sich von ihrer Friedfertigkeit beeindrucken lassen, verhöhnen sie andere, nehmen ihnen das einzige Kleid weg, bewerfen sie mit Kot und „misshandeln sie nach Belieben". Zur sozialen Ablehnung kommen „Hunger, Durst, Kälte und Blöße" (Gef 40). Dennoch schließen sich den Büßern auf dieser Predigtreise ein paar Kandidaten an. „Mit ihnen, die sie unterwegs aufgenommen hatten, kehrten sie alle zum festgesetzten Zeitpunkt nach Santa Maria von Portiuncula zurück." Da feiern sie ihr Wiedersehen, tauschen ihre Erfahrungen aus, ernähren sich wieder von Handarbeit und verbringen die Nächte in der Stille (Gef 41).

Ihr ungeschütztes Wanderleben lässt die kleine Schar nicht nur Unverständnis und Ablehnung erfahren, sondern setzt sie in einer kirchlich schwierigen Situation noch weit ernsteren Gefährdungen aus. In Südfrankreich bereitet Graf Simon von Montfort gerade den Krieg gegen die Ketzer vor. Die zeitgenössische „Historia Albigensis" schildert unter den Feinden der Kirche die Waldenser, deren

Franziskanische Orte in Mittelitalien – das Rietital nordöstlich Roms wird jenes Gebiet, das die größte Dichte urfranziskanischer Einsiedeleien aufweist

verdächtiger Lebensstil auch den Büßern von Assisi gefährlich werden könnte: „Es gibt noch andere Häretiker, die nach einem gewissen Waldo, einem Bürger von Lyon, ‚Waldenser' genannt werden. Diese sind zwar schlecht, aber im Vergleich zu den anderen Häretikern bei weitem nicht so verderbt: in vielen Dingen stimmen sie nämlich mit uns überein, in einigen wenigen weichen sie von uns ab. Vor allem in vier Punkten ... besteht ihr Irrtum: im Tragen der Sandalen nach der Art der Apostel und darin, dass sie sagen, unter keinen Umständen einen Eid leisten oder töten zu dürfen, und außerdem darin, dass sie behaupten, jeder von ihnen könne im Notfall, sofern er Sandalen trage, den Leib Christi spenden, ohne vom Bischof zum Priester geweiht sein zu müssen." Ihre apostelgleiche Kleidung, ihr Wanderleben und die Laienpredigt setzen die Büßer aus Assisi Verdächtigungen aus, die sie im Frühjahr 1209 zu einem mutigen Schritt bewegen. Sie ziehen nach Rom, um ihr Leben und ihr Wirken vom Papst segnen zu lassen.

Die Reise nach Rom

Der Wiener Historiker Werner Maleczek hat die Romreise der ersten Brüder definitiv in die Zeit vor Mitte Mai 1209 datiert. Ihre Begegnung mit Kardinälen und dann auch mit Papst Innozenz III. muss kurz vor der Verlegung der Kurie nach Viterbo stattgefunden haben. Als der Papst im Herbst wieder in den Lateran zurückkehrt, um am 4. Oktober den Welfen Otto IV. zum Kaiser zu krönen, lebt die *fraternitas* bereits in Rivotorto. Franziskus macht sich zu einem höchst sensiblen und zugleich günstigen Zeitpunkt zum Papst auf. Innozenz III. hat einige Monate davor zum Ketzerkreuzzug aufgerufen, der im Sommer mit aller Härte einsetzt. Zugleich unternimmt der Oberhirte sein Möglichstes, um versöhnungswillige Waldenser wieder in den „Schoß der Kirche" zurückzuführen. Im Dezember hat Innozenz III. eine Waldensergruppe um Durandus Huesca mit der Kirche ausgesöhnt. Am 3. April 1209 weist er den Mailänder Erzbischof Umberto da Pirovano an, bekehrungswillige Waldenser nach dem Vorbild der Durandus-Gruppe in die Kirche aufzunehmen und diesen *Pauperes catholici* in Mailand einen Versammlungsort zu überlassen. Am 5. Juli 1209 ergehen Briefe an die Bischöfe in den Erzdiözesen von Tarragona und Narbonne, in denen die Rechtgläubigkeit der *Pauperes catholici* um Durandus bekräftigt wird. Die Kurie ist demnach sensibel für das Phänomen neuartiger Gruppen, die ein apostelgleiches Leben und radikale Nachfolge des Evangeliums suchen.

Allerdings wird das strikte Verbot der Laienpredigt aufrechterhalten. Versöhnten Humiliaten und Waldensern wird zunächst nicht die Predigt, sondern nur eine *exhortatio* (Ermahnung) im eigenen Kreis zugestanden. Durands Gruppe wird dann eine öffentliche Verkündigung erlaubt, jedoch nur gegen Häretiker und unter strikter Kontrolle der Ortsbischöfe, welche selbst die Gemeindeversammlung zu beaufsichtigen haben. Auftrag und Freiheit zur Predigt bleiben für Innozenz III. klar an das kirchliche Amt gebunden. Diese Politik bestätigt sich im folgenden Jahr bei der Rekonziliation einer weiteren Waldensergruppe, deren Glaubenbekenntnis und *propositum conversationis* Bernhard Prim im Frühjahr 1210 der Kurie vorlegt. Dessen Approbation schließt lediglich die Erlaubnis zur *exhortatio* und einer *admonitio* gegen Häretiker ein – also Ermahnungen und Ermunterungen unter Kontrolle der kirchlichen Hierarchie.

Franziskus kommt nun allerdings nicht mit wieder gewonnenen Häretikern, sondern mit einer unbelasteten Pönitentengruppe nach Rom, die zudem aus dem *Patrimonium Petri* stammt. Es sind jedoch lauter Laien, die sich überdies als Wanderprediger nicht an einzelne Ortsbischöfe binden lassen. Die mittlerweile zwölf Brüder vertreten sowohl vornehme als auch einfache Schichten ihrer Heimatstadt und deren Umgebung: Bernardo da Quintavalle ist Beamter und stammt aus einer angesehenen, reich begüterten Familie Assisis; Pietro ist als Jurist ein gelehrter „Kenner beider Rechte"; Ägidius könnte Handwerker oder Bauer gewesen sein; über Sabbatinus, Johannes de Cappella und Moricus, die zu den vier Gefährten stoßen, wissen wir nur, dass sie ebenfalls aus Assisi stammen. Moricus gehört wohl einem inzwischen verarmten städtischen Adelsgeschlecht an, nennt ihn eine Quelle doch „parvulus". Der großgewachsene Philippus Longus kommt vermutlich aus den Abruzzen und weitet den Kreis der Gefährten über Assisi hinaus. Johannes de Sancto Constantio dürfte der Sohn eines Vogtes der Gemeinde Assisi gewesen sein. Über Barbarus und Bernardus Vigilantis wissen wir nichts Näheres, während vom letzten Gefährten, Angelus Tancredi, feststeht, dass er ein Ritter ist. Franziskus hat ihn selbst von seiner Missionsreise aus Rieti mitgebracht. Die Liste zeigt, dass wohl alle Stände und Schichten im ersten Kreis der Brüder vertreten sind, wenn sich auch überwiegend Söhne aus der reichen Bürgerschicht und Adelige zur radikalen Armut bekehren. Ob es genau zwölf Brüder gewesen sind, die sich im Frühling 1209 aufgemacht haben, um auf der alten Via Flaminia dem Tiber entlang romwärts zu wandern? Möglicherweise haben die Dreigefährten die Gruppe im Rückblick absichtlich auf die apostolische Symbolzahl gerundet. Ihr Bericht bewahrt allerdings eine aufschlussreiche Erinnerung. Franziskus beugt hierarchischem Denken geschickt vor, indem er selbst auf die Leitung der Gruppe verzichtet und ihr vor dem Weg nach Rom die Wahl eines eigenen „Stellvertreters Christi" vorschlägt. Darauf wählen die Gefährten mit Freude Bernardo da Quintavalle zum „quasi vicarius Jesu Christi" (Gef 46).

Begegnung mit Innozenz III.

Über den Aufenthalt der kleinen Bußbruderschaft in Rom sind leider keine Quellen seitens der Kurie erhalten. Aus der Vielfalt franziskanischer Berichte, aus interessanten Notizen indirekter Zeugen und aus späteren Papstbriefen lässt sich folgendes Szenario rekonstruieren.

In der Ewigen Stadt trifft Franziskus mit den elf Gefährten auf seinen Ortsbischof Guido I. Mehreren Zeugnissen zufolge freut sich dieser über das Kommen der Gruppe (Gef 47, AP 32), ja er weilt offenbar auch ihretwegen in Rom. Er weiß um die kirchenpolitische Brisanz wandernder Laienprediger, die über seinen Schutzbereich hinaus bereits durch die Mark Ancona, das Rietital und bis Florenz gezogen sind. Der Bischof lässt seine Beziehungen spielen. Zwei verlässliche Zeugen berichten vom Scheitern eines ersten Begegnungsversuches mit dem mächtigen und schwer zugänglichen Papst. So überliefert der Kardinaldiakon Riccardo Annibaldi, ein Neffe Innozenz' III., der Poverello sei im Audienzsaal des Lateranpalastes zunächst als Unbekannter *(tamquam ignotus)* zurückgewiesen worden. Der damals in Rom anwesende Roger von Wendover erzählt gar, der Papst hätte „jenen Bruder in seltsamer Kutte, von verächtlichem Aussehen, langem Bart und ungepflegten Haaren gemustert", um dann „dessen unmögliches Begehren zu lesen" und zu bemerken: „Geh zu deinen Schweinen und wälze dich mit ihnen im Schlamm. Ihnen kannst du deine Regel und deine Predigt unterbreiten" (Wend). Erzählungen über einen Traum des Papstes, der den einsturzgefährdeten Lateran von einem armen Bruder gestützt sieht, werden erst 30 Jahre nach dem Geschehen greifbar – und sind zugleich auch für den Ordensgründer Dominikus bezeugt.

Was immer vorausgegangen sein mag: Bischof Guido I. ist es wohl, der den Kontakt zu Kardinal Giovanni vom Kloster San Paolo fuori le Mura herstellt. Dieser hat 1200/01 als päpstlicher Legat im Häretikergebiet Südfrankreichs gewirkt. Die Büßer finden Sympathie bei dem erfahrenen Kardinal, der ihnen allerdings als Benediktiner zunächst bereits bewährte Lebensformen, konkret die Alternative zwischen klösterlichem oder eremitischem Leben, schmackhaft machen will. Franziskus weist beides zurück. Die evangelische Radikalität,

Traum Innozenz' III.: Franziskus stützt die wankende Laterankirche.
(Giottoschule, Basilica San Francesco in Assisi)

verbunden mit einem ausdrücklichen Ja zur römischen Kirche und ihrer Autorität muss den Kardinal derart beeindruckt haben, dass er selbst das Anliegen der Bußbrüder dem Papst vorlegt. Sie erhoffen sich die Approbation eines *propositum*: einer gemeinsamen, nah am Evangelium orientierten Lebensform sowie die Erlaubnis, über das Tun hinaus auch mit schlichten Worten in den Alltag der Menschen zu predigen.

Es gelingt Kardinal Giovanni, Innozenz III. von der Bedeutung der Angelegenheit zu überzeugen. Aller Wahrscheinlichkeit nach liegt aber kein ausgearbeitetes *propositum* vor, wie die „Pauperes catholici" es im Dezember zuvor vorgelegt und dafür eine schriftliche Bestätigung erhalten hatten. Franziskus selbst schreibt im Rückblick denn auch schlicht, er habe das „Leben nach der Form des Evangeliums … mit wenigen Worten und in Einfalt schreiben lassen, und der Herr Papst hat es mir bestätigt" (Test). Werner Maleczek, ein exzellenter Kenner der damaligen Kurie, schließt eine schriftliche Bestätigung der einfachen „Urregel" nicht nur aus inhaltlichen Gründen aus. Eine solche hätte sich zweifellos auch in einem kurialen Dokument erhalten oder zumindest in einem Registereintrag bemerkbar gemacht. „Höchst wahrscheinlich" – schließt der Kurienexperte – „erteilte Innozenz III. also eine *approbatio* in rechtlich unverbindlicher Weise. Viel mehr als wohlwollende Worte bei einer abschließenden Audienz werden es nicht gewesen sein." Die Zukunft der zwölfköpfigen Gruppe lässt sich tatsächlich noch nicht absehen, und Bedenken sind angebracht. „Es zeigt jedoch die hohe religiöse Sensibilität Innozenz' III. und sein Sensorium für aufbrechende religiöse Bewegungen, dass er das Anliegen des kleinen Grüppchens nicht als Phantasterei abtat, sondern ihm eine Chance einräumte." Ihr zweites Anliegen dagegen sehen die Bußbrüder von Assisi erfüllt. Die ausführlicheren Quellen stimmen allesamt darin überein, dass ihnen die Erlaubnis zur lebenspraktischen Predigt erteilt wird (1 C 33; AP 36, Gef 51). Der Papst sieht allerdings Sicherungen vor, um die erweiterte Laienpredigt vor einem Abgleiten in die Häresie zu bewahren: Franziskus gelobt gegenüber der römischen Kirche Loyalität und Unterordnung, verpflichtet seine Brüder zum Gehorsam ihm gegenüber und lässt der Gruppe die Tonsur schneiden, womit sie sich den Ortsbischöfen unterstellt. Treffen die Erinnerungen der Dreigefährten zu, nach denen der Papst die Predigterlaubnis 1209 „*in consistorio* approbiert habe" (Gef 52), dann wählt Innozenz III. hierbei die feierlichste Form der Öffentlichkeit, die ihm für die Verkündigung von Gerichtsurteilen oder wichtiger Beratungsergebnisse zur Verfügung steht.

Zehn Jahre vergehen, bis Papst Honorius III. erstmals in einem offiziellen Schreiben die Minderbrüder als approbierten Orden bezeichnet. Mit Blick auf eine Bewegung, die inzwischen Tausende von Brüdern zählt, lässt sich aus jener ersten wohlwollenden und unverbindlichen mündlichen Bestätigung also bereits 1219 eine definitive Anerkennung ableiten. Damit umgehen sowohl der Papst als auch die Brüder Probleme mit jener Konstitution des Laterankonzils, die vier Jahre zuvor neue religiöse Lebensweisen in der Kirche untersagt hatte, wenn diese sich nicht auf approbierte Regeln stützen können. Der mehrtägige Aufenthalt in Rom endet mit einem Besuch in der alten Peterskirche jenseits des Tibers. Wo Franziskus sich vier Jahre zuvor erstmals unter die Bettler gesetzt hat, dankt er nun – so der Biograf – mit elf Gefährten „dem Allmächtigen, der die Demütigen erhöht und die Stolzen erniedrigt" (1 C 34).

„Fratres Minores"

Auf dem Rückweg von Rom lässt die kleine Schar sich nach zwei bis drei Tagesetappen vorübergehend im frühlingshaften Tibertal nieder. Die Büßer nennen sich nunmehr „fratres minores" – *kleinere Brüder*. Als solche denken sie in der Umgebung von Orte über ihre Sendung nach. Als im September 1209 dann Otto von Braunschweig auf dem Weg zur Kaiserkrönung in Assisi vorbeikommt, haben die Brüder sich unten in der Ebene bei Rivotorto eingerichtet. Hier leben sie in der leeren Scheune eines Bauern unter einfachsten Bedingungen. Vor Wintereinbruch wird dieses Dach jedoch anderweitig gebraucht, weshalb die kleine Bruderschaft wieder zur Portiuncula wechselt. Franziskus erreicht bei den Besitzern, dem Benediktinerkloster San Benedetto am Subasio, dass die Kapelle und ihr Umfeld seiner *fraternitas* nun dauernd zur Verfügung gestellt wird. Die Brüder werden dem Abt dafür jährlich einen Korb Fische bringen. Um die Kapelle entstehen Hütten aus Weiden und Rinden, die zur improvisierten Heimat der schnell wachsenden Wanderbewegung werden.

Der päpstliche Segen und die Erlaubnis, *urbi et orbi* mit einfachen Worten predigen zu dürfen, bringt der Bruderschaft nicht nur neuen, sondern auch ganz anderen Zuwachs. Ab 1210 bitten Priester um Aufnahme in ihren Kreis. Die ersten, von denen die Quellen uns sichere Kenntnisse vermitteln, sind Silvester, ein Kanoniker der Rufinokirche von Assisi, den der Güterverkauf der ersten Gefährten nach dem Rat Jesu bekehrt hat, sowie Leo, der dann einer der treuesten Gefährten, Sekretär und Beichtvater von Franziskus wird. Auch einzelne Adelige aus hoch angesehenen Familien verlassen nun ihre Wohntürme und schließen sich den Brüdern an. Im November 1210 haben sich die Bürgerkriegsparteien in Assisi definitiv ausgesöhnt und einen Friedensvertrag geschlossen, der die Rechte der Bürger festigt. Während sich die beiden obersten sozialen Schichten in Assisi neu finden, überwinden die Brüder jeden Standesunterschied in ihrer *fraternitas*. Diese situiert sich bewusst ganz unten in der Ebene: um eine stille Landkirche in der Nähe eines Aussätzigenhospitals, keine Wegstunde von der Stadt entfernt. Von hier aus „arbeiten alle mit den Händen" und leisten Menschen aller Schichten alltägliche Dienste (Test). Gleich welcher Herkunft einer auch ist und welche Bildung er auch mitbringt, jeder Eintretende verkauft seinen ganzen Besitz, wählt die Nähe zu den Armen am Rand der Gesellschaft, teilt das einfache, strenge und heitere Leben der Brüder, arbeitet tags in der Stadt und zieht sich abends in die Stille zurück. Raoul Manselli hat festgestellt, dass auch die Priester, die sich der *fraternitas* anschließen, auf ihre sozialen und kirchlichen Vorrechte verzichten, um wie alle anderen schlicht *fratres minores* zu sein: die Kleinsten in der Gesellschaft, allen Menschen „dienstbar" und Freunde der Bettler, der Armen und Aussätzigen.

Geld und bürgerliches Karrieredenken haben in der Bruderschaft keinen Platz. Wenn Adeliges und Höfisches in ihr Raum findet, dann in der Art des Franziskus, der bisweilen als *ioculator Domini* (Hofnarr Gottes) auftritt, als Herold des höchsten und einzigen Königs provenzalische Lieder singt, seine Brüder „Ritter der edlen Dame Armut" nennt oder Werten wie der Caritas (Nächstenliebe), der Sapientia (Weisheit) und der Laetitia (Freude) im Stil der Minnelyrik mit Wort und Tat zu gefallen sucht.

Schwester Clara

Einer der Adeligen, welche die Stadt und das edle Leben verlassen, um die Armut der „kleinen Brüder" zu teilen, ist Rufino degli Offreduccio. Auch seine Cousine Clara sucht den Ausstieg. Die Tochter des Favarone di Offreduccio hat schon als Mädchen im Frauengemach des Hauses ein religiös und sozial sensibles Leben geführt. Nun widersetzt sie sich den Eheprojekten ihrer Sippe und tritt in Kontakt zu den Brüdern. Ihre beste Freundin berichtet, sie hätte im

Auftrag Claras „Geld zu den Arbeitern bei der Portiuncula" gebracht, „damit diese sich Fleisch davon kaufen könnten" (ProKl 17, 7). Dieses Zeugnis datiert in die Zeit nach Herbst 1209, als die Brüder von der Portiuncula aus in die Stadt kommen, um sich hier ihren Lebensunterhalt zu verdienen, Dienste anzubieten und zu predigen. Clara ist mit deren Lebensweise allerdings noch nicht vertraut, sonst wüsste sie, dass Franziskus kein Geld und nur Naturalien annimmt. In der Folgezeit bemühen sich dann beide Seiten um direkte Gespräche. Im Winter 1210/11 kommt es zu heimlichen Treffen zwischen der Adelstochter und dem Poverello. Die erwähnte Freundin Bona de Guelfuccio begleitet Clara, während Franziskus den Bruder Filippo Longo mitnimmt. Der Wunsch einer Frau, sich der *fraternitas* anzuschließen, muss – so erfreulich er ist – ernste Fragen aufwerfen: Ist einer Frau das Leben am Rand der Stadt mit seinen Härten und in völliger Schutzlosigkeit überhaupt zumutbar? Im Spoletotal gibt es zudem seit zehn Jahren eine Diözese der Katharer, welche Frauen und Männer gemeinsam umherziehen lassen. Setzt die Bruderschaft sich durch die Aufnahme von Frauen da nicht dem Verdacht aus, sich noch mehr dem Leben der Häretiker anzunähern? Clara bleibt entschlossen bei ihrem mutigen Vorhaben, und Franziskus sucht mit ihr Wege, es umzusetzen. Bei den gemeinsamen Treffen reift ein konkreter Fluchtplan. Als die achtzehnjährige Adelstochter im Frühjahr ihre gesamte Mitgift verkaufen lässt, um das Geld den Armen zu geben, und ihre Familie vor den Kopf stößt, bereitet sie sich auf einen sozialen Absturz vor, der den des Franziskus und der Bürgersöhne noch weit übertrifft. Clara und die Brüder legen das gewagte Unternehmen symbolträchtig auf den Palmsonntag 1211. Am Morgen des 27. März feiert die junge Frau ein letztes Mal die Festliturgie im nahen Dom San Rufino mit. Wie Jesus nach dem feierlichen Einzug in Jerusalem in die schwersten Tage seines Lebens geht, wagt die junge Frau sich in der folgenden Nacht entschlossen in ihre persönliche Karwoche. Es gelingt ihr, unbemerkt durch eine verrammelte Nebentür aus dem elterlichen Wohnhaus und dann auch aus der verschlossenen Stadt zu gelangen. An der Stadtmauer wird sie von Brüdern erwartet, die sie durch die Dunkelheit zur Portiuncula-Kapelle begleiten. Dort hat die Bruderschaft eine spezielle Feier vorbereitet. Clara lässt sich von Franziskus die Haare schneiden

Szene aus dem Tafelbild der hl. Klara (Basilica Santa Chiara in Assisi, 1283): Klara feiert mit den Brüdern in der Portiunculakapelle den Beginn ihrer „vita evangelica" in radikaler Armut. Nach dieser Palmsonntagnacht 1211 begleiten Franziskus, Bernardo da Quintavalle und Filippo Longo (Trio links im Bild) ihre neue Schwester in die Nonnenabtei San Paolo, die drei Kilometer westlich am Tesciofluss liegt.

und ebenfalls ins Büßergewand kleiden. In Erwartung einer heftigen Reaktion der Adelsclans wechselt sie am frühen Morgen ins nahe Benediktinerinnenkloster San Paolo delle Abbadesse.

Die nächsten Schritte entsprechen auffallend den ersten Stationen nach Franziskus' eigenem Bruch mit der Familie. Wie er, so dient auch Clara zunächst in einem Kloster als Magd. In San Paolo widersteht auch sie dem gewaltsamen Versuch ihrer Sippe, die Entlaufene nach Hause zurückzuschaffen. Nach wenigen Tagen begleitet Franziskus mit zwei Brüdern die junge Büßerin an Assisi vorbei zur kleinen Kirche von Sant' Angelo di Panzo, die sich unterhalb der Carceri am Fuß des Subasio im Wald verbirgt (LebKl 10). Hier leben semireligiose Frauen halberemitisch im Dienst der Menschen. Claras zweite Etappe entspricht – bei aller Kürze – Franziskus' Einsiedlerleben zusammen mit Armen und Randständigen in San Damiano. Als sich ihr am 12. April die eigene Schwester Caterina anschließt, eskaliert der Konflikt mit dem Clan des Offreduccio. Dessen Führer Monaldo rückt mit einer Schar Ritter aus, um seine zweite Nichte unter wüsten Drohungen nach Hause zu bringen. Doch selbst roheste Gewalt vermag sie nicht zu zwingen. Franziskus, der beim zweiten Zusammenstoß mit dem Clan erneut abwesend ist, schneidet darauf auch Caterina die Haare. Sie nennt sich fortan Schwester Agnes und wird Claras erste Weggefährtin. Der Poverello ist beeindruckt von der inneren Stärke dieser Frauen, denen sich auch ihre Freundin Pacifica de Guelfuccio anschließt (ProKl 1,3). Ihre Ausdauer in allen Konflikten und in der Nachfolge des armen Christus überwindet offenbar seine letzten Zweifel (KlReg 6). Anfang Mai siedeln die drei Schwestern nach San Damiano über. Das Kirchlein untersteht direkt Bischof Guido I., der seine Hand offensichtlich auch schützend über die entstehende Frauengemeinschaft hält. Diese lebt zunächst im Haus des früheren Priesters, das an das Kirchlein angebaut ist. Als weitere Adelstöchter aus Assisi und aus Claras Exilszeit in Perugia hinzustoßen, bauen sich die Schwestern mit brüderlicher Hilfe und mit der Sondererlaubnis des Bischofs einen Schlafsaal über den Kirchenraum. Dass Clara hier sesshaft lebt, erklärt sich nicht nur in Abgrenzung zu den Waldensern und Katharern. Die meisten Schwestern sind wie sie adeliger Herkunft und haben ihr ganzes bisheriges Leben meist eingeschlossen in ihren Wohngemächern verbracht. Ein Wanderleben ist ihnen fremd. Der Forscher Stefano Brufani spricht denn auch von einer adeligen „clausura domestica", welche die römische Kurie bald einmal allen religiösen Frauengemeinschaften als „clausura monastica" auferlegen wird. Keine Urkunde nennt allerdings San Damiano zu Lebzeiten des Heiligen „monasterium", und weder Clara noch Franziskus sprechen von „Klausur". Franziskus wird seine erste Schwester vielmehr ermutigen, unbeirrt an jener evangelischen Armut festzuhalten, welche strenge monastische Klausur und Weltabgeschiedenheit ausschließt.

San Damiano entwickelt sich als Gemeinschaft der minoritischen Bewegung eigenständig. Von den Brüdern mit „liebevoller Sorge und besonderer Aufmerksamkeit" begleitet (FormKl), leben die Schwestern stadtverbunden und offen für die Menschen wie Pilgerinnen um das Kirchlein, in welchem das Tafelkreuz des Mensch gewordenen Gottessohnes hängt.

Die Brüder haben ihr schlichtes Zentrum eine halbe Stunde weiter draußen in der Ebene – in Sichtweite von San Damiano. Von der Portiuncula aus durchziehen sie mittlerweile ganz Italien. Ab 1212 treffen sich die Brüder zweimal jährlich in der Portiuncula zu einer Vollversammlung, die später „Generalkapitel" heißen wird. Künftig bemüht sich jede Gruppe, jeweils zu Pfingsten und zum Fest des Erzengels Michael (29. September) nach Assisi zurückzukommen. Die regelmäßigen Kapitelsversammlungen ermöglichen den Erfahrungsaustausch und die Entwicklung der wachsenden Bewegung. Brüder aus allen Gegenden kommen zusammen, feiern ein freudiges Wiedersehen, bringen Kandidaten zur Neuaufnahme mit, beraten praktische und spirituelle Fragen ihrer Lebensform und fassen neue Horizonte ihres Wirkens ins Auge.

Im Sommer, als Clara sich in San Damiano einlebt, unternimmt Franziskus einen ersten Versuch, nach Syrien zu gelangen. Scharen von Pilgern, die seit Juni aus Deutschland nach Italien strömen und von einem friedlichen Kreuzzug träumen, mögen seinen Blick auf den nahen Osten gelenkt haben. Ein Seesturm verschlägt das Schiff aber nach Dalmatien. So kehrt der Poverello mit seinen Gefährten im Herbst 1212 nach Italien zurück.

3. Sendung bis an die Grenzen der Erde

Das erste Zeugnis eines aufmerksamen Beobachters, das die franziskanische Bewegung von außen beschreibt, entstand 1216 im Hafen von Genua. Der französische Kanoniker Jacques de Vitry, der, eben zum Bischof geweiht, auf die Überfahrt in seine Diözese Akkon wartet, beschreibt in einem Brief an Freunde erfreuliche und unerfreuliche Eindrücke seiner Italienreise. Ernüchternd und abstoßend hat er die Zustände an der päpstlichen Kurie empfunden, die er in Perugia unmittelbar nach dem Tod des großen Innozenz III. erreicht hat. Nach dessen Beerdigung und der Wahl Honorius' III. zum Papst bleibt Jacques de Vitry bis zur eigenen Weihe und zur Vorbereitung seines Syrieneinsatzes weitere Wochen in Perugia. Dabei lernt der Prediger gegen die Albigenser und Freund der Begine Marie d'Oignies auch die noch junge Bewegung um Franziskus kennen. Sein Zeugnis ist so wertvoll, dass dessen Kern im Wortlaut wiedergegeben werden soll.

Ein interessanter Reisebericht

Nach einigen Zeilen über das Leben am päpstlichen Hof, das ihn nicht wenig angewidert hat, schreibt Jacques de Vitry in seinem Reisebericht: „Einen einzigen Trost habe ich in jener Gegend immerhin gefunden; unzählige Männer und Frauen, Reiche und Weltleute, haben nämlich um Christi willen alles verlassen und das weltliche Leben aufgegeben. Sie nennen sich „kleine Brüder" (*fratres minores*) und „kleine Schwestern" (*sorores minores*). Vom Herrn Papst und von den Kardinälen werden sie in hohen Ehren gehalten. Diese nun sorgen sich in der Tat nicht um zeitliche Güter, sondern bemühen sich mit glühender Leidenschaft und brennendem Eifer um das Heil der Seelen. … Am Tag kommen sie in die Städte und Dörfer, sprechen den Menschen zu Herzen und gehen der Arbeit nach; nachts kehren sie dann an einsame Orte zurück, wo sie sich dem Gebet hingeben. Die Frauen jedoch leben in ‚hospitia' (Herbergen) zusammen wie Pilgerinnen; sie nehmen nichts an, sondern leben von ihrer Hände Arbeit. … Die Männer versammeln sich alle jährlich einmal an einem bestimmten Ort, um sich miteinander im Herrn zu freuen, Mahl zu halten und mit dem Rat erfahrener Männer ihr Leben zu regeln. Danach gehen sie auseinander für das ganze Jahr und wandern durch die Lombardei, die Toskana, Apulien und Sizilien. Bruder Nikolaus, ein heiliger Mann aus der Provinz des Papstes, hat die Kurie verlassen und sich ihnen angeschlossen; weil der Papst ihn aber nötig brauchte, hat er ihn zurückgerufen" (1 Vitry).

Die Beobachtungen des französischen Neubischofs sind in mancher Hinsicht aufschlussreich: Es gibt im Sommer 1216 bereits mehrere Schwesterngemeinschaften, die mit den Minderbrüdern verbunden sind. Ihre Lebensweise scheint sesshaft gewesen zu sein, trägt jedoch offensichtlich keine klösterlichen Züge. Mit einem fachhistorischen Begriff nennen wir sie „semireligios". Diese „kleinen Schwestern" wohnen in einer Art von Herbergen in der Nähe mehrerer Städte. Im Unterschied zu den Benediktinerinnen und anderen klassischen Frauenklöstern leben sie äußerlich betrachtet wie Pilgerinnen – ohne strikte Klausur. Von den Nonnen unterscheiden sie sich auch durch ihre Armut und den Lebenserwerb mittels eigener Handarbeit. Wir werden beim Blick in die letzten Jahre des Poverello mehrere Arten von „sorores minores" unterscheiden lernen: Ein paar wenige Gemeinschaften, die mit San Damiano eng verbunden sind, sowie andere, die in Mittel- und Norditalien von den „fratres minores" gefördert werden, ohne Clara zu kennen. Die meisten von diesen werden von der römischen Kurie in den zwanziger und dreißiger Jahren mit weiteren Gründungen „armer Frauen" (dominae pauperes) zu einem neuen Nonnenorden vereinigt, der die Schwestern hinter Klausurmauern verschwinden lässt. Eine dritte Art von „sorores minores" nimmt sich offenbar das Wanderleben der Brüder zum Vorbild, weshalb sie in den vierziger und fünfziger Jahren im päpstlichen Auftrag von den Bischöfen Norditaliens, Frankreichs, Englands und Spaniens unerbittlich verfolgt werden. Doch weder Jacques de Vitry noch Franziskus und Clara sehen im Herbst 1216 solche Probleme kommen.

Streit in San Damiano

Clara hat „im dritten Jahr ihrer Gründung" einen heftigen Konflikt mit Franziskus erlebt, von dem mehrere Schwestern noch 1253 am Heiligsprechungsprozess berichten. Seit Jahrzehnten wiederholt die Forschung die These, der Bruder habe seine Schwester gezwungen, formal den Äbtissinnentitel anzunehmen. Dazu mussten moderne Biografen den Konflikt ins Umfeld des Laterankonzils von Ende 1215 umdatieren, weil dieses für die kirchenoffizielle Approbation einer neuen Gemeinschaft die Annahme einer bewährten Regel voraussetzt. Faktisch bieten sich dazu nur die Benedikts- oder die Augustinusregel an. Während Dominikus seinen Frauenklöstern die letztere zugrunde legt, womit die Dominikanerinnen einem männlichen Kaplan unterstellt werden, hätte Franziskus – so die allgemeine Meinung – die Regel Benedikts vorgezogen und Clara realpolitisch unter Druck gesetzt. Von Clara tatsächlich erst nach 1228 und auf päpstlichen Druck hin formal angenommen, garantiert die Benediktsregel rechtlich die größtmögliche Verantwortung und Freiheit, um das Leben einer religiösen Gemeinschaft eigenständig zu gestalten. Neueste Forschungsergebnisse zeigen, dass die Schwestern den Konflikt präzise datieren, und dass es Clara und Franziskus um etwas ganz anderes ging. Der Zusammenstoß fällt bereits in das Jahr 1214, und Anlass ist weder die Konzilspolitik noch eine Klosterregel. Es geht um die Leitung in San Damiano (ProKl 1,6). Bisher galt der Poverello als eigentlicher Verantwortlicher der „poverelle", wie er die Schwestern liebevoll nennt (MahnKl). Vor seiner Abreise nach Spanien mit Ziel Marokko drängt er Clara, selbst die volle Verantwortung ihrer Gemeinschaft zu übernehmen. Die umbrische Originalquelle spricht vom „reggimento et governo delle sore".

San Damiano zählt im dritten Jahr schon über ein Dutzend Schwestern, von denen wir neben Clara namentlich Agnes, Pacifica, Philippa, Benvenuta, Balvina, Cristiana und Cecilia näher kennen. Clara ist mit zwanzig Jahren eine der Jüngsten. Beim Konflikt, der spätestens in den Frühling 1214 fällt, geht es den Schwestern um weit mehr als die Leitungsfrage: Sie müssen Franziskus nach dem Pfingstkapitel auf eine Reise ziehen lassen, deren Ziel das islamische Nordafrika ist und von der er im schlimmsten Fall nicht zurückkeh-

Szene aus dem Tafelbild der hl. Klara (Basilica Santa Chiara in Assisi, 1283): Klara und ihre Schwestern leben in engem Kontakt mit Assisi. Sie essen Brot aus der Stadt und teilen Sorgen und Freuden der Menschen von nah und fern. Das Bild zeigt Klara links in einer Notlage beim Segnen des letzten Brotes, Cecilia hält es, schneidet es dann in Stücke (Mitte vorne) und verteilt diese an die versammelten Schwestern (rechts).

ren wird. Damit würde Clara einen Verbündeten verlieren, der die Einheit von Schwestern und Brüdern in der einen *fraternitas* garantiert (FormKl, 2 C 204).

Zur Erleichterung der Schwestern trifft Franziskus, in Spanien erkrankt, ein Jahr später wieder in Assisi ein. Er wird Clara, die ihre Gemeinschaft als junge „Mutter, Schwester und Dienerin" leiten gelernt hat, tatkräftig unterstützen: vermutlich zusammen mit dem neuen Ortsbischof Guido II. politisch wohl bereits bei der ebenso genialen wie überraschenden Aktion der Schwester, die vom alternden Innozenz III. die Originalität ihrer Gemeinschaft 1215/16 mit einem Armutsprivileg gesichert bekommt (1 PrivP). Die Schwestern, die am Rande Assisis arm und offen für die Armen leben, werden tatsächlich bald einmal um ihre Armut und ihre Stadtverbundenheit kämpfen müssen – worin Franziskus sie ab 1220 entschlossen unterstützt.

Die Brüder um 1216

Vom Poverello ist bezeugt, dass er im Sommer 1216 wie Jacques de Vitry in Perugia gewesen ist, wo die römische Kurie residierte. Der zuverlässige Chronist Thomas of Eccleston berichtet nämlich, beim Tod Innozenz' III. sei der Bruder zugegen gewesen. Von seinem Gefährten Mansueto wird die Aussage überliefert, dass kein Bettler und kein anderer Mensch wohl so elend sterbe wie ein Papst (Eccl 121). Auch den für die Brüder folgenreichen Wechsel auf dem Petrusstuhl beschreibt der Neubischof aus Vitry in seinem Reisebericht: „Mailand verlassend, gelangte ich schließlich nach Perugia. Ich traf hier Papst Innozenz nicht mehr am Leben, aber noch nicht begraben. In der vorausgehenden Nacht hatten Räuber seinen Leichnam entkleidet und all seiner kostbaren Kleider beraubt. Ich traf ihn in der Kathedrale aufgebahrt, fast nackt und bereits übel riechend, und erkannte in erschütternder Deutlichkeit, wie vergänglich der trügerische Reichtum dieser Welt ist. Am Tag nach der Beerdigung wählten die Kardinäle Honorius zum Papst, einen schon bejahrten Mann, Gott suchend, schlicht und sehr mild, der früher einmal fast all seinen Besitz an die Armen verteilt hatte" (1 Vitry). Dass im Juli 1216 ein Mann, von dem man solches berichtet, auf den großen Innozenz III. folgt, wird Franziskus ermutigt haben. Tatsächlich bestätigt Honorius III. kurz darauf nicht nur den neuen Dominikanerorden, sondern wird bald auch die Minderbrüder öffentlich empfehlen und fördern. Unter Umgehung des Laterankonzils wird er dem größeren Bettelorden sogar eine neuartige Regel bestätigen, welche die Echtheit einer Berufung am Güterverzicht zugunsten der Armen, an radikaler gemeinsamer Armut und an der Nähe zu den Geringsten erkennt.

Im Sommer 1216 sind die Brüder bereits über die ganze italienische Halbinsel verbreitet. Jacques de Vitry erfährt, dass sie von Assisi bis in die Lombardei, nach Apulien und auf die Insel Sizilien wandern. Die Faszination ihres Lebens trägt ihnen nicht nur Bewunderung bis in die päpstliche Kurie ein, sondern lässt selbst unentbehrliche Mitarbeiter des Papstes nach der armen Kutte verlangen. Die Lebensweise der Minderbrüder ähnelt offenbar mancherorts dem ursprünglichen Modell der Portiuncula. Der französische Reisebericht sieht sie tagsüber in mehreren Dörfern und Städten wirken, um abends dann jeweils an einsame Orte zu gehen. Die ersten bekannten Einsiedeleien der Bewegung liegen tatsächlich alle still in Reichweite größerer Dörfer oder kleinerer Städte. Neben den bereits erwähnten Orten im Rietital lässt sich dies auch für Montecasale ob San Sepolcro, La Verna ob Chiusi und Cerbaiolo ob Pieve Santo Stefano sagen, die alle im oberen Tibertal liegen. Dasselbe trifft für die Celle bei Cortona, Monteripido vor den Toren Perugias, die Carceri ob Assisi, den Monteluco ob Spoleto und den Speco bei Sant'Urbano hinter Narni zu. Jahre später schreibt Franziskus für diese Einsiedeleien eine eigene kleine Lebensordnung, die zeigt, dass diese Orte keine festen Gemeinschaften kennen. Der Poverello spricht nämlich zu Brüdern, die sich „eine Zeitlang" miteinander zurückziehen, um in der Stille „Gott verbunden zu leben" (REins).

Franziskus selbst schöpft aus stillen Zeiten Kraft für sein unermüdliches Wanderleben. Dieses schließt auch große Missionen ein: So bricht der Poverello nach der gescheiterten Syrienreise zunächst 1214 in Richtung Marokko auf. Er kommt zu Fuß nur bis Spanien, wo er krank wird. Einzelne Traditionen sind der Meinung, dass er Santiago de Compostela besucht habe, das drittgrößte mittelalterliche Pilgerziel nach Rom und Jerusalem. Dann kehrt er nach Italien zurück. Sicher ist, dass er im Frühling 1215 zum Pfingstkapitel wieder in Umbrien eintrifft. Am Kapitel nimmt er mit Tommaso, dem gebildeten Sohn des Grafen von Celano, seinen späteren Biografen in die Bruderschaft auf und kleidet mit diesem auch eine Anzahl anderer „Gebildeter und Adeliger" in die graubraune Kutte ein (1 C 57).

Während die Leidenschaft der Brüder für das Evangelium zu Wanderungen quer durch Südeuropa führt, entdeckt ihre Liebe zur Stille auch Einsiedeleien von ausgesprochener Schönheit. Sie bestehen meist aus natürlichen Höhlen um ein altes Oratorium, die einen weiten Blick in die Welt eröffnen.

Nicht näher prüfbare Traditionen berichten, Graf Orlando da Chiusi habe Franziskus im Mai 1213 La Verna, einen hohen bewaldeten Bergrücken zwischen dem oberen Tiber- und dem Arnotal, zur Verfügung gestellt. Der Poverello selbst soll sich 1214, also kurz vor seiner Spanienreise, erstmals dorthin zurückgezogen haben. Weitere Aufenthalte folgen dann zwischen 1215 und 1217 jährlich.

Bereits 1212 sollen die Kamaldulenser ihm ihr ebenfalls im oberen Tibertal gelegenes Hospiz Montecasale bei San Sepolcro übergeben haben. Beide Einsiedeleien bewahren wertvolle Erinnerungen an außergewöhnliche Gotteserfahrungen und die ebenso außergewöhnliche Menschenliebe des Poverello: seine Christusbegegnung, die sich in Wundmalen auswirkt, und seine Liebe zu Räubern.

Provinzen und neue Länder

Die ausgreifenden Wanderbewegungen der Brüder und das schnelle Wachstum ihrer *fraternitas* rufen im Frühling 1217 erstmals nach einer tiefgreifenden organisatorischen Neuerung. Das Pfingstkapitel beschließt, Italien in sechs Provinzen einzuteilen: ganz Norditalien in die „Lombardia", Mittelitalien westlich des Apennin in die „Tuscia" und östlich in die „Marken", den südlichen Stiefel in die „Terra del Lavoro" und in „Apulien" sowie den Stiefelspitz mit Sizilien in die Provinz „Calabria". Jeder der mittlerweile über tausend Brüder soll fortan einem dieser Gebiete zugeteilt werden und hier einem Provinzialminister unterstehen. Das neue „Amt" wird bewusst „Dienst" genannt und soll mütterlich verstanden werden: als Sorge für Leib und Leben der anvertrauten Brüder. Zugleich sucht man mit dieser geographischen Unterteilung offensichtlich den durch die unkontrollierte Expansion der Bewegung verlorenen Überblick über die Wege und das Wirken der Brüder zurückzugewinnen. Das gleiche Generalkapitel, das sich am 14. Mai 1217 kurz nach dem farbenfrohen Frühlingsfest Assisis versammelt, geht mit einer zweiten Entscheidung in die Geschichte ein. Sie eröffnet mutige Horizonte über die italienische Halbinsel hinaus. Die Versammlung will gezielt große Gruppen von Brüdern zu anderen Völkern senden, damit sie in deren Kulturen Fuß fassen. Bald darauf bricht eine Gruppe nach Spanien auf, eine andere nach Frankreich und eine weitere nach Ungarn. Eine vierte setzt mit Bruder Elia nach Palästina über, wo die Kustodie des Heiligen Landes entsteht. Gleichzeitig wagen Missionare sich mit Bruder Egidio nach Marokko, und auch für die deutschsprachigen Gebiete melden sich sechzig Brüder. Viel Eifer und wenig Vorbereitung provozieren allerdings ein klägliches Scheitern der ungarischen und der deutschen Expedition. Ohne Sprachkenntnis, mit leeren Händen und reichlich naiv, werden die Brüder für italienische Irrlehrer gehalten. Der Chronist Giordano da Giano berichtet, wie „sie auf die Frage, ob sie etwa Häretiker seien und Deutschland ebenso verseuchen wollten, wie sie die Lombardei verführt hätten, auch mit ‚ja' antworteten". Darauf hätten die Deutschen „einige geschlagen, einige eingekerkert, andere entkleidet und nackt vor die Schultheißen geführt. ... So kehrten die Brüder erfolglos nach Italien zurück" (Jord 5). Dass die bettelarmen Wanderbrüder auch in Frankreich Widerstände wecken und gefährdet sind, erscheint im Bann des Albigenserkreuzzuges nur allzu verständlich.

Nach den Beschlüssen des Pfingstkapitels von 1217 entscheidet Franziskus sich dafür, mit der französischen Expedition ins Traumland der höfischen Epen und ins westliche Sorgenland der römischen Kirche zu ziehen. Auf dem Weg kommt er in die Stadt Arezzo, die sich am Rande eines Bürgerkriegs befindet. Es gelingt ihm und Bruder Silvestro jedoch, die Geister der Zwietracht zu vertreiben (Per 81/CA 108). Gefährtenberichte lassen in solchen Schilderungen aufscheinen, wie sehr dieses Wanderleben dem großen Vorbild in Galiläa nacheifert: Der Poverello lässt sich wie sein Meister von größeren und kleineren Nöten der Menschen am Weg herausfordern. Giotto hat diesen Einsatz für Arezzo im Freskenzyklus der Grabeskirche verewigt.

Franziskus und Silvestro vor der Stadt Arezzo (Giottoschule, Basilica San Francesco in Assisi): Der Poverello betet vor der Kathedrale außerhalb der Stadt, während sein Gefährte die Zwietracht aktiv aus den Häusern Arezzos vertreibt. Die tiefe soziale Zerrissenheit der boomenden Stadt mit ihren hohen Wohntürmen zeigt sich symbolisch im zerspaltenen Erdboden, der sie trägt. Der Adelige (links) und der Leibeigene (rechts) nehmen unterschiedliche Stadttore.

In Florenz trifft Franziskus dann auf Kardinal Ugolino dei Segni, der hier als päpstlicher Legat für den beginnenden Kreuzzug wirbt und zerstrittene Städte zu versöhnen sucht. Der nahe Verwandte Innozenz' III. ist der zweitmächtigste Mann an der römischen Kurie. Sein waches Auge für religiöse Bewegungen erkennt, dass der Poverello im Kernland seiner ausufernden Bruderschaft gefordert ist. Ugolino spricht auch von Gegnern an der römischen Kurie. Die neuen Lebensformen der Prediger und der Minderbrüder wecken zudem unter Bischöfen und den alten Orden zunehmend Missbehagen. Der Segnikardinal bringt den kleinen Bruder aus Assisi denn auch dazu, die französische Gruppe Bruder Pacifico anzuvertrauen und selbst nach Umbrien zurückzukehren. Der Rat und die Vermittlungsdienste Ugolinos machen sich in der Folge noch öfters bemerkbar. Wenige Tage nach dem Pfingstkapitel von 1219 erlässt Papst Honorius III. die Bulle „Cum dilecti filii", das erste öffentliche Empfehlungsschreiben für die Minderbrüder an die Prälaten der Kirche. Damit reagiert der Papst offenkundig auf den Erfahrungsaustausch der Brüder und auf ihre Probleme in neuen Gebieten und außerhalb der italienischen Halbinsel. Ihre Mission soll künftig mit päpstlicher Rückenstärkung offenere Türen finden.

Ein bewegtes Jahr in Ägypten und Palästina

An einer der mutigsten neuen Expeditionen nimmt Franziskus selbst teil. Sie greift über den Machtbereich des Papstes hinaus ins Land der verhassten Moslems. Im Anschluss an das Pfingstkapitel vom 26. Mai 1219 beschließt Franziskus ein drittes Mal, sich an einer Missionsexpedition unter den Sarazenen zu beteiligen. Er wählt dieses Mal Ägypten aus, wo sich der neueste Kreuzzug direkt gegen Sultan al-Kâmil Muhammad al-Malik richtet. Tausende von Kreuzrittern sammeln sich im Kernland des Sultans, um dessen militärische Stärke in Palästina zu schwächen. Franziskus begibt sich mit mehreren Gefährten, unter ihnen Pietro Cattani, Illuminato und Leonardo sowie Barbaro, in den heißen Junitagen zu Fuß nach Ancona. Von dort gelangen sie auf einem Nachschubschiff zunächst nach Syrien. Während einige Gefährten im Heiligen Land bleiben, drängt es den Poverello, ins Nildelta weiterzuziehen, wo sich die Heere der Christen und der Moslems bei der belagerten Festungsstadt Damiette gegenüberstehen. Hier versucht der kleine Bruder vergeblich, seine kampfbegierigen Glaubensgenossen an das Evangelium zu erinnern. Vom päpstlichen Legaten Kardinal Pelagius Galvani, der das Kreuzfahrerheer führt, erhält er die Erlaubnis, sich auf eigenes Risiko zum Sultan aufzumachen. Wahrscheinlich nutzen Franziskus und Illuminato die längere Waffenruhe im September 1219 aus. Sie setzen in einem Boot über den Nil, um sich am gegnerischen Ufer gefangen nehmen und gefesselt zum Sultan führen zu lassen. Dass

Franziskus vor Sultan al-Kâmil in Ägypten. (Szene des Tafelbildes in der Bardikapelle von Santa Croce in Florenz, um 1250)

ihnen dies gelungen ist, mag wesentlich daran gelegen haben, dass die beiden Bettelbrüder in Kleidung und Verhalten islamischen Sufis ähnelten, die in ihrer Armut und mystischen Tiefe auch bei al-Kâmil große Achtung genossen. Tatsächlich berichten Gefährten, al-Kâmil sei „berührt gewesen" von Franziskus' „Armut und Losgelöstheit von irdischen Dingen" (LM 9, 8, Fior 24, 1 C 57).

Mehrere christliche Zeugnisse berichten von der ungewöhnlichen Begegnung. Der Mediävist Raoul Manselli hat in seiner Studie „Franziskus und der Islam" auf die beachtliche Neuheit dieses Unternehmens aufmerksam gemacht: „Weder als Pilger noch als Kreuzfahrer begibt Franziskus sich in den Orient. Seine Absicht ist Verkündigung in Wort und Tat" unter den so genannten Ungläubigen. Der mehrtägige Aufenthalt im Lager des Sultans steht nach Mansellis Auswertung der Quellen im Zeichen „verständnisvoller Toleranz oder gar überraschender Neugierde von Seiten al-Kâmils für diesen kleinen Italiener, der sich ihm vorstellt mit dem Wunsch, die Botschaft Jesu bringen zu dürfen". Arabische Quellen bestätigen den außergewöhnlichen Charakter dieser Begegnung. Fakhr ad-din al-Fàrisi etwa, ein angesehener Berater des Sultans, lässt auf seinen Grabstein schreiben, dass er bei der Diskussion mit einem christlichen Mönch zugegen war. Pacifico Stella hat kürzlich aufgezeigt, dass es Franziskus in Ägypten weder um das Martyrium noch um einen Bekehrungsversuch ging, sondern um eine Friedensmission: Gewährt al-Kâmil freien Zugang nach Jerusalem für jeden friedfertigen Gläubigen, verliert der Kreuzzug seine Berechtigung. Auf die ebenso leise wie kühne Hoffnung, dass sich der Führer der Moslems vielleicht sogar für Christus gewinnen ließe, werden wir unten noch eingehend zu sprechen kommen.

Oberflächlich betrachtet hat Franziskus in Ägypten einen dreifachen Misserfolg erzielt, denn er konnte weder den freien Zugang zu Jerusalem aushandeln noch den Sultan für den christlichen Glauben gewinnen und schließlich auch den Kreuzfahrern ein selbstverschuldetes Blutbad bei einem weiteren Angriff auf Damiette nicht ersparen. Der beispielhafte Versuch, der mitten in einem grausamen Religionskrieg den Andersgläubigen größere Offenheit und Friedensliebe zutraute als den eigenen Glaubensgenossen, seine entschlossene Friedfertigkeit und die dabei erfahrene Toleranz wirken jedoch bis in die heutigen Friedensgebetstreffen der Weltreligionen in Assisi nach. Franziskus lässt sich überdies vom fünfmaligen täglichen Gebet der Moslems beeindrucken. Nach Italien zurückgekehrt, wird er Briefe an die „Lenker der Völker" schreiben und Ähnliches auch im christlichen Westeuropa vorschlagen. Die Regel erhält schließlich ein eigenes Kapitel für „Brüder, die zu den Sarazenen gehen". Es ist das erste Missionsstatut in einer kirchlich approbierten Ordensregel und gründet den interreligiösen Dialog auf das geschwisterliche Zusammenleben mit Andersgläubigen.

Von Ägypten kehren die Brüder nach Palästina zurück, wo Bruder Elia die „Kustodie vom Heiligen Land" aufbaut. Jacques de Vitry, der nun schon drei Jahre als Bischof in Akkon wirkt, beschreibt die Anziehungskraft der Minderbrüder bis in sein engstes Umfeld. Zugleich äußert sein Brief vom Frühjahr 1220 Sorgen über die allzu unkontrollierte Bewegung: „Rainer, der Prior der Michaelskirche von Akkon, ist in den Orden der Minderbrüder eingetreten. Diese nehmen in der ganzen Welt zahlenmäßig stark zu. Der Grund liegt darin, dass sie die Lebensform der Urkirche klar und deutlich aufnehmen und das Leben der Apostel in allem nachahmen. Dennoch scheint uns diese religiöse Bewegung eine überaus ernste Gefahr in sich zu bergen. Sie lässt ihre Leute nämlich zu zweit durch die ganze Welt ziehen, und sendet dazu nicht nur die Vollkommenen, sondern auch junge und unreife aus, die zuerst noch unter Kontrolle gehalten und eine Zeitlang unter klösterlicher Zucht erprobt werden müssten. ... Zu dieser Gemeinschaft sind übergegangen unser Kleriker Collin der Engländer und zwei weitere meiner Mitarbeiter, Magister Michael und der Herr Matthäus, dem ich die Kreuzkirche anvertraut hatte. Nur mit Mühe halte ich unseren Cantor Jean de Cambrai, den Seneschall Henri und einige andere davon ab" (2 Vitry).

Im Heiligen Land stößt auch der erste prominente Deutsche zu den Minderbrüdern: Cäsar von Speyer, ein hochgelehrter Prediger, der nach seinem Studium in Paris nun Kreuzritter in den Orient begleitet hat. Er wird Gefährte des Franziskus und begleitet ihn im folgenden Sommer nach Italien zurück. Zunächst lernt der Poverello aber die Stätten aus dem Leben Jesu kennen. Die Grabeskirche in Assisi bewahrt ein elfenbeinernes Horn, mit dem der Sultan Franziskus persönlich freien Zugang zum ganzen Heiligen Land gesichert haben soll. Tatsächlich berichten nichtoffizielle Quellen, Mâlik al-Kâmil habe Franziskus hierzu ermuntert und ihn von den Tributzahlungen befreit. Damit entfällt auch das Motiv, aus dem Honorius III. im Juli 1217 Besuche der heiligen Stätten mit der Exkommunikation belegt hat. Die Orte der irdischen Lebenswelt Jesu haben Franziskus zweifellos tief bewegt, erzählen sie doch von „den Fußspuren des Herrn", denen er so leidenschaftlich folgt und die seinen Brüdern „Leben und Regel" geworden sind. Jäh unterbrochen wird sein Pilgern jedoch im Frühling 1220 durch einen Bruder aus Italien, der sich in den Orient durchgeschlagen hat und dessen Nachrichten die sofortige Rückkehr des Poverello veranlassen (Jord 12).

Wachstumskrise und Rücktritt aus der Leitung

Franziskus hat vor seiner Abreise nach Ägypten zwei Vikare eingesetzt, welche die schnell expandierende Bewegung gemeinsam leiten sollen. Gregorio di Napoli reist dazu von Provinz zu Provinz, um die Brüder zu besuchen, und Matteo di Narni lebt in der zentralen Gemeinschaft der Portiuncula, wo er auch neue Kandidaten in die Gemeinschaft aufnimmt. Diese beiden gelehrten Männer sind sich der Dringlichkeit einer klareren Organisation des entstehenden Ordens bewusster als der Poverello. Sie nutzen denn auch seine Abwesenheit, um griffigere Normen für das Leben der Brüder zu suchen. So versammelten sie möglicherweise schon im Herbst 1219, doch spätestens zum Pfingstkapitel vom 17. Mai 1220 die erfahrensten Brüder Italiens. Diese „fratres seniores" erließen u. a. Fasten- und Abstinenzregeln, die genau vorgeben, wann Fleisch und wann auch Milchspeisen verboten sind (Jord 11). Es scheint, dass sie mit den Brüdern nicht hinter den alt und gemächlich gewordenen Orden zurückbleiben wollten: Was für Mönche die Norm, das müsste für die Minderbrüder Mindestmaß sein.

Franziskus erschrickt im Orient über solche Nachrichten: Gewiss liebt er die Armut, radikaler als alle, doch sie ist für ihn kein asketisches Tun und keine Leistung, die den Verzicht in Gramm aufwiegen oder im Abgesparten messen könnte. Seine spontane Reaktion auf den Boten Stefano di Narni ist dann auch ebenso aufschlussreich wie befreiend. Seine Gefährten, die irgendwo zu Gast sind und ratlos vor ihren Tellern mit Fleisch sitzen, verweist er gelassen auf den Herrn. Der habe seinen Jüngern empfohlen, als er sie durch dieses Land sandte, „zu essen, was die Menschen euch anbieten" (Lk 10). „Regel und Leben der Brüder" ist „das Evangelium", wird Franziskus darauf ins Grunddokument seines Ordens schreiben (BR 1, NbR 1). Dass allein die Schrift – *sola scriptura* – Maßstab und Norm christlichen Heils und Handelns ist, wird 300 Jahre später ein Augustiner in Wittenberg wiederholen. Zweifellos suchen die beiden Stellvertreter 1219/20 aus derselben Sorge, die Jacques de Vitry damals als außen stehender Beobachter ausdrückt, einen Institutionalisierungsprozess einzuleiten. Die Bewegung der Minderbrüder stand in Gefahr, sich durch ihr unbändiges Wachstum und durch das Fehlen griffiger Strukturen selber zu gefährden. Franziskus fürchtet jedoch eine Anlehnung an monastische Lebensweisen, welche die Freiheit des Geistes und des Evangeliums einengt. Auf der Rückreise lässt er sich weitere negative Nachrichten erläutern, für die ausgerechnet zwei seiner ersten Gefährten sorgen. Giovanni de Compella strebe nach der Gründung eines Leprosenordens, und Filippo Longo hätte von der römischen

Kurie schützende Privilegien für die Schwestern erwirkt. Franziskus muss froh sein, dass ihn ein Jurist wie Pietro Cattani, der organisatorisch begabte Elia di Assisi und der theologisch gebildete Cäsar von Speyer zurück nach Umbrien begleiten. Die Gruppe betritt, so will es die Lokaltradition, in Venedig wieder italienischen Boden. Franziskus wandert mit den Gefährten nach Süden, setzt sich unterwegs ins Bild und wendet sich darauf an die päpstliche Kurie, um die neuen Normen und Beschlüsse aufheben zu lassen. Er trifft die Kurie in Orvieto an, wird vom Papst empfangen und erbittet sich von Honorius III. den mächtigen Segni-Kardinal Ugolino zum Protektor seiner Bewegung (Jord 14). Damit regt er die Schaffung eines neuen Amtes an: Kardinalprotektoren werden künftig auch anderen Orden zugeteilt. Die Kurie wird sich fortan in der Person des glänzenden Juristen und Diplomaten zunehmend um die Regulierung der Minderbrüder bemühen. Der neu ernannte Kardinalprotektor Ugolino hebt die Anordnungen der Vikare auf und vermittelt bald darauf wohl auch die päpstliche Bulle „Cum secundum consilium" vom 22. September 1220. Sie führt ein Probejahr für Kandidaten ein, schreibt Gehorsam gegen die Minister vor und schärft die Armut ein. Damit werden der Bewegung in ihrer Wachstumskrise erste juristische Stützen eingepasst und klare Schritte auf einen stabileren Orden hin getan.

Kurz nach diesen Maßnahmen überrascht Franziskus das Herbstkapitel am Michaelsfest mit seinem Rücktritt. Fortan soll sein zweiter Gefährte Pietro Cattani als „Kenner beider Rechte" den werdenden Orden juristisch leiten. Franziskus selbst zieht sich über den Winter mit Cäsar von Speyer zurück. Er hat sich beauftragen lassen, die ursprüngliche Lebensform mit all dem, was die Erfahrungen der letzten Jahre und die Beschlüsse der Kapitel an praktischen Ergänzungen hinzugefügt haben, zu einer abgerundeten und approbierbaren Ordensregel auszugestalten. Cäsars Bibelkenntnisse erlauben es, alle wichtigen Anliegen ihrer Lebensform und die flankierenden Maßnahmen mit Schriftstellen zu verbinden (Jord 15). Die 23 Kapitel umfassende Regel von 1221 besteht zu etwa einem Drittel aus Bibeltext und unterstreicht damit, was sie im Einleitungsvers programmatisch ausdrückt: „Die Regel und das Leben der Brüder" besteht darin, „der Lehre und den Fußspuren unseres Herrn Jesus Christus zu folgen" (NbR 1).

Das „Mattenkapitel" von 1221

Während Franziskus in einer Einsiedelei die große Fastenzeit verbringt, stirbt am 10. März überraschend Pietro Cattani, der den Orden seit fünf Monaten geleitet hat. Er wird bei der Portiunculakapelle beerdigt. Noch heute übersehen die meisten Besuchergruppen den denkbar schlichten Grabstein, der an der rechten Außenmauer der Kapelle an „Petrus Cathanii" erinnert.

Das Pfingstkapitel vom 30. Mai übergibt die Leitung der Gemeinschaft jenem Bruder Elia d'Assisi, der sich bereits als Kustos in Syrien bewährt hat. Er steht dem letzten allgemeinen Generalkapitel vor, das nach dem Augenzeugen Giordano da Giano über 3000, nach zwei anderen Quellen gar 5000 Brüder in der Ebene von Assisi vereint. Die römische Kurie ist mit Kardinal Raniero Capocci vertreten, der das 1220 päpstlich gewordene Herzogtum Spoleto mit Assisi, Nocera und Gubbio leitet. Auch andere Bischöfe reisen zu diesem Ereignis an. Die unzählbare Brüderschar vereint erfahrene Gefährten mit den jüngsten Novizen. Sie lagert wie seit je improvisiert unter dem frühsommerlichen Himmel Umbriens. Ihre selbst gefertigten Liege- und Schutzmatten haben der letzten großen Versammlung den Namen „Mattenkapitel" verliehen. Auch die Stadt hat sich auf das Ereignis eingestellt und Vorbereitungen getroffen. Bruder Giordano aus dem nahen Hügeldorf Giano berichtet: „Die Bevölkerung der Umgebung nahm sich der Brüder an, die hier ohne Dach über dem Kopf auf den Feldern lagerten. Am Mattenkapitel des Jahres 1221 brachten die Leute mehr als genug Brot und Wein herbei, so freuten sie sich an dieser Versammlung der Brüder und an der Rückkehr des Poverello. ... Nach sieben Tagen sahen sich die Brüder schließlich gezwungen, niemanden mehr zuzulassen, der ihnen Speisen brachte, und sie brauchten noch zwei weitere Tage, um all die Gaben aufzuessen, mit welchen die Bevölkerung sie überhäuft hatte" (Jord 16).

Giordanos Bericht gibt einen ersten Hinweis darauf, dass Franziskus mittlerweile Diakon geworden ist, trägt er doch bei der feierlichen Messe eines Gastbischofs das Evangelium vor. Bernhard Holter hat eine Diakonatsweihe in der Zeit um 1217 vermutet und dem Bischof von Assisi in die Hände gelegt. Das kanonische Recht unterschied damals streng „zwei Arten von Christgläubigen", nämlich

Der Grabstein, der an der Außenwand der Portiunculakapelle an den ersten Nachfolger des Franziskus in der Ordensleitung erinnert, zeugt schlicht, schmucklos und doch hoffnungsfroh vom Geist der frühen Bruderschaft. Der kurze Text lautet:

Anñ. Dñi MCC
XXI VI Id` Martii cõ
p' frîs P. Catanii q-
hî requiescit migv
ad Dñm aîâ c' bñdi
cat Dñs. Amen.

„Im Jahre des Herrn 1221 ist am 10. März unser Bruder Petrus Catanii, dessen Leib hier ruht, zu Gott gewandert. Christus segne seine Seele. Amen."

Kleriker und Laien. Erstere seien „Könige“ und hätten „sich und die anderen im Tugendleben zu leiten“ (Gratian). Dass ein Nichtkleriker Verantwortung über Priester trägt, lässt sich in diesem Denken schwerlich akzeptieren. Angesichts seiner Stellung als Leiter einer zunehmend gemischten Bruderschaft drängt vermutlich eher Ugolino als neuer Kardinalprotektor den Laien Franziskus zur Annahme der Diakonatsweihe. Diese dürfte in die Zeit nach der Rückkehr aus dem Orient fallen, weshalb der neue Diakon denn auch an diesem Mattenkapitel erstmals liturgisch auffällt. Franziskus muss in dieser niederen Weihe jedoch keinen Kompromiss sehen, sondern vielmehr eine Vertiefung seines Ideals. Als Diakon kann er nämlich in Wortverkündigung und Eucharistie auch liturgisch ausüben, was er im ganzen Dasein anstrebt: ein schlichter Diener („diakonos“) seiner Brüder und aller Menschen zu werden.

Die mehrtägige Kapitelsversammlung von 1221 fällt bedeutungsvolle Beschlüsse: Die ausgearbeitete Regelvorlage wird als noch unausgereift erachtet, findet aber in dieser vorläufigen Fassung Verbreitung. Um dem Papst zur Approbation unterbreitet werden zu können, muss sie in einer Überarbeitung knapper und juristisch griffiger gefasst werden. Die Leitung des Ordens soll künftig gestaffelt und regionalisiert stattfinden, ohne die Zentralinstitutionen – Generalkapitel und Generalminister – zu schwächen. Vorgesehen werden jährliche Provinzkapitel, Herbstkapitel der italienischen Provinziale und verkleinerte Generalkapitel mit Delegierten aller Provinzen. Schließlich regt Franziskus selbst an, nach den schlechten Erfahrungen der ersten Deutschland-Expedition eine große Gruppe mutiger Brüder über die Alpen zu senden. Dieses Unternehmen wird Cäsar von Speyer anvertraut, der es auch zum Erfolg führen wird.

Erste Häuser und Studien

Franziskus war mit einer erschütterten Gesundheit aus dem Nahen Osten zurückgekehrt. Bereits zuvor hatten das schutzlose Leben im Freien und übertriebenes Fasten an dem kleinen Mann genagt, der seit seiner Kerkerzeit in Perugia stets kränklich war. Im Nildelta und in Palästina kommen zu seinem bereits angegriffenen Verdauungstrakt noch ein schweres Augenleiden und Malaria hinzu. Doch der Sänger Christi lässt sich von seinen Gebrechen nicht an weiteren ausgedehnten Predigtreisen hindern, die ihn nach dem Mattenkapitel anderthalb Jahre lang quer durch ganz Italien führen. Im Herbst 1221 kommt der Poverello von Verona her in die Nähe Bolognas. Dort hört er, dass die Brüder in der Stadt ein neu erbautes Haus erhalten haben. Daraufhin weigert sich Franziskus, Bologna zu betreten und ordnet an, dass das Haus sogleich verlassen wird. Thomas von Celano berichtet, dass „selbst die Kranken mit den anderen ausziehen mussten" (2 C 58). Allerdings zeigt Kardinal Ugolino, der erneut als Legat in Oberitalien weilt und im August Dominikus in Bologna beerdigt hat, Verständnis für die Brüder, die sich in der Universitätsstadt einrichten möchten. Er nimmt die „domus fratrum minorum" Ende Oktober in seinen Besitz und schenkt ihr 20 Pfund für den Lebensunterhalt. Franziskus findet sich mit dem künftigen Studienhaus ab. Keine zwei Jahre später wird er einen zweiten wichtigen Schritt vollziehen und den ersten Bruder zur Lehre der Theologie ermutigen. Die Karriere des Antonius steht in diesen Jahren markant für den Wandel, der den gesamten Orden erfasst hat.

Der gebildete Portugiese Antonius war 1221 nach einer gescheiterten Marokkoreise an das Generalkapitel nach Assisi gekommen. Der Provinzial der Romagna hatte den damals noch unbekannten Portugiesen angesichts des herrschenden Priestermangels für eine seiner Gemeinschaften erbeten. Antonius lebte seitdem mit sechs Laienbrüdern in der Einsiedelei Montepaolo bei Forlí. Hier ist er als Beichtpriester willkommen, kann aber mangels Altar in der abgelegenen Eremitage keine Messe feiern. Die Brüder ziehen an Sonn- und Festtagen in eine nahe Pfarrkirche hinunter und nehmen am Gottesdienst der Gemeinde teil. So lebt Antonius ein kontemplatives Leben nach der Zusatzregel, die Franziskus zwischen 1217 und 1221 verfasst hat. Er verrichtet das Stundengebet mit den Brüdern, meditiert in der Verborgenheit seiner Grotte, zieht auf Bettelgang und verrichtet einfachste Handarbeiten wie Holzsammeln, Geschirrwaschen und Putzen. Als glanzvoller Prediger fällt Antonius erst nach Monaten auf, und das auch nur zufällig anlässlich einer Priesterweihe, an der er mangels anderer Redner sprechen muss. Einmal entdeckt, wird der Gelehrte ab Herbst 1222 sogleich als

Wanderprediger eingesetzt. Er tritt vor Synoden auf und wird als „Ketzerhammer" bekannt. 1223/24 lehrt er als erster Minderbruder Theologie im neu errichteten Ordensstudium von Bologna, 1224 bis 1227 wirkt er in Südfrankreich, wo er erneut Theologie unterrichtet und das Amt eines Kustoden bekleidet. Qualifizierte Predigt in der Liturgie, vor Synoden, gegen Ketzer und selbst an der päpstlichen Kurie und die Sorge für eine theologische Ausbildung der Ordensjugend markieren eine Entwicklung in der minoritischen Bewegung, die Franziskus selbst gutheißt. Der Ende 1223 verfasste Brief an „den Bruder Antonius, meinen Bischof", legt ein deutliches Zeugnis davon ab. Für das Studium sollen keine anderen Kriterien gelten als die Regel für die Handarbeit festhält, und „es gefällt" Franziskus, dass der gelehrte Prediger „den Brüdern die Theologie vorträgt" (Ant).

Ein Jahr nach seiner Protestaktion in Bologna weigert sich der Poverello nicht mehr, in die Stadt und das „Haus der Brüder" zu kommen. Am 15. August 1222 predigt der kleine Bruder auf dem großen Rathausplatz zum Marienfest. Der spätere Geschichtsschreiber Thomas von Spalato erlebt den Massenauflauf als Student mit. Sein Zeugnis berichtet nicht nur, wie die Scharen den lebendigen „Heiligen" bedrängen, sondern schildert auch dessen Predigtweise: Franziskus spricht nicht wie kirchliche Prediger, sondern wie ein Redner an einer städtischen Bürgerversammlung. Lebensnah spricht er Erfahrungen, Gefühle und Phantasie der Zuhörenden an, verkündet das Evangelium alltagsbezogen und bewirkt zwischenmenschliche Versöhnungen. Worte und Szenisches werden durch das Kleid unterstrichen, das in seiner schlichten Rauheit zur Besinnung ruft (Split).

Leidenschaftlichen Widerstand gegen Bauten zeigt der Poverello wiederum, als die Stadt Assisi im Zentrum seiner Bewegung ein Steinhaus errichtet. Nachdem er die Leitung des Ordens niedergelegt hat, sucht er durch sein charismatisches Beispiel, seine Interventionen an den Kapiteln und das modellhafte Leben der Brüder in der Portiuncula an das ursprüngliche Ideal zu erinnern (Per 11/CA 56, 2 C). Die radikale Armut der Apostel und ein tiefes Vertrauen in Gottes Sorge drohen von bürgerlicher Logik und städtischer Vorsorge eingemauert zu werden. Die Protestaktion lässt sich in das Frühjahr 1223 datieren. Gefährten schildern, wie die Stadt vor dem Kapitel „in großer Eile und in wenigen Tagen ein großes Steinhaus" als Tagungsort errichten lässt. Die Ordensversammlung selbst bestätigt dann offenbar Befürchtungen des Poverello, „die Brüder könnten wieder aufbrechen und in ihren jetzigen oder künftigen Niederlassungen ähnliche Häuser errichten lassen". Am zweitletzten Kapitelstag schließlich schreitet er zur prophetischen Handlung: „Er stieg auf das Dach jenes Hauses, rief die Brüder zu sich und begann mit ihnen die Ziegel hinunterzuwerfen mit der Absicht, das ganze Haus zu zerstören." Die Portiuncula – ein armes Landkirchlein und Holzhütten der Brüder – darf nicht mit großen, massiven und stabilen Bauten erweitert werden. Wie können Brüder, die den Fußspuren des armen und demütigen Rabbi folgen, sich auf eigene Häuser einlassen? Wie können Brüder, die in den Dienst aller treten, sich mit Steinhäusern über die Hütten der Bettler stellen? Wie könnten die Freunde der Ärmsten in großartigen Bauten über eine geschwisterliche Welt diskutieren? Doch „einige Ritter und Bürger Assisis, welche die Stadt zum Ordnungsdienst ans Kapitel delegiert hatte, geboten dem Heiligen Einhalt: ‚Bruder, dieses Haus ist Eigentum der Stadt Assisi, als deren Vertretung wir da sind. Wir befehlen dir daher, deine Hand von unserem Haus zu lassen'". Franziskus reagiert nach der Klärung der Besitzverhältnisse als *minor* als kleiner Bruder im Dienste aller. Zerstörung fremden Eigentums liegt ihm ebenso fern wie die Annahme von eigenem. Die demonstrative Abbruchaktion wird jedoch gleichsam Teil des endenden Kapitels und sollte Signalfunktion haben: „... denn die Portiuncula war Modell und Vorbild der ganzen Bruderschaft", und nirgendwo sollen Brüder dann sagen: ‚Auch wir dürfen so bauen, weil wir über keine angemessene Bleibe verfügen'" (LP 11–12/CA 56). Nach Franziskus' Tod wird allerdings der bürgerliche Geist Bolognas und Assisis die Zukunft des Ordens mitbestimmen: Rechtliche Fiktionen erklären Güter des Ordens zum Eigentum des Papstes und binden die Brüder zugleich mit Konventen strukturell in die Städte ein. Die Minderbrüder wandeln sich dadurch zum größten Predigerorden nach dem Modell der Dominikaner. Dabei bezahlen sie ihre städtische Seelsorge mit der Entfremdung von den Armen und mit einer Aufspaltung ihrer Gemeinschaften in zwei Klassen. Franziskus jedoch hat, bei allen prophetischen Zeichen, nicht den Fehler seines Zeitgenossen Giovanni Bono gemacht. Sein Zunftkollege aus Mantua illustriert, wo unnachgiebige Treue zum Anfang endet: Als Kaufmann und lebensfreudiger Hofnarr ebenfalls durch die Krise einer Krankheit bekehrt, hat auch der „gute Johannes" als Laie 1208 ein Eremitenleben begonnen und bald schon erste Gefährten gefunden, mit denen er bei Armut, Handarbeit und regionaler Wanderpredigt das Evangelium lebt. Auch seine *fraternitas* zieht schon bald Kleriker an, die Pastoral und Bildung mit der einfachen Lebensweise verbinden und ab 1225 mit römischer Unterstützung auf die Bedürfnisse des urbanen Bürgertums eingehen wollen. Das Nein des Giovanni und seiner Gefährten zu Studien, städtischen Gemeinschaften und priesterlicher Seelsorge spaltet den jungen Orden der Johannboniten. Der breite Strom der klerikalen Konvente wird von der Kurie später mit den Augustiner-Eremiten zum dritten Bettelorden verschmolzen. Die Brüder vergessen ihren Gründer, und Johannes Bonus verschwindet mit seinen Getreuen von der Bühne der Geschichte. Dank seiner Offenheit für die Zeichen der Zeit bleibt Franziskus das charismatische Vorbild und die lebendige Regel seiner Bewegung – Jahrhunderte über seinen Tod hinaus.

Minderbrüder nördlich der Alpen

Für den jungen Orden des Franziskus werden seit 1221 wichtige Weichen in den neuen Provinzen nördlich der Alpen gestellt. Auf seine persönliche Initiative hin stößt das Mattenkapitel die zweite Deutschland-Expedition an. Arg geschwächt und krank, sitzt der Poverello in der großen Pfingstversammlung von 1221 zu Füßen des Bruders Elia, der für ihn spricht. Um der begreiflichen Angst vor den „Barbaren" entgegenzuwirken, erinnert er an die friedlichen Pilger aus dem Norden. Selbst in der größten Siestahitze seien diese im Schweiße ihres Angesicht unterwegs: „Brüder, es gibt eine Weltgegend deutscher Sprache, wo fromme Christenmenschen leben. Wie ihr wisst, durchqueren sie unser Land mit langen Wanderstäben und dicken Kerzen in Schweiß und Sonnenglut, singen dabei Gott und den Heiligen Loblieder und suchen hoffnungsvoll die heiligen Orte auf. Weil aber die zu ihnen gesandten Brüder zurückgekehrt sind, nachdem man sie misshandelt hat, sei keiner gezwungen, zu ihnen zu gehen. Wer aber, vom Eifer für Gott und die Seelen begeistert, gehen will, soll noch reicher gesegnet sein als jene, die übers Meer zu den Sarazenen gereist sind." Der Aufruf hat ungeahnten Erfolg: „Da erhoben sich etwa neunzig Brüder, voll inneren Feuers, todesmutig und bereit, selbst das Martyrium zu erleiden" (Jord 17).

Die zweite Expedition nach Deutschland wird durch Cäsar von Speyer so gut vorbereitet, dass sich die schlimmen Ereignisse der ersten Aussendung nicht wiederholen. Der Gefährte des Poverello wählt 27 Brüder aus, unter ihnen vier deutsche, und sendet sie in die Lombardei voraus. Mitte September sammeln sie sich und wandern in kleinen Gruppen nach Trient. Dort bewegen ihr Leben und Cäsars Predigt einen reichen Bürger so sehr, dass er die Brüder mit einer doppelten Kutte für die kälteren Gegenden ausrüstet, all seinen Besitz verkauft und sich der Expedition anschließt. Um die Alpen vor möglichen Schneefällen zu überqueren, lässt Cäsar seine Schar sogleich in Zweier- und Dreiergruppen weiterziehen. Über Bozen und Brixen erreichen sie ausgehungert den waldigen Brennerpass und gelangen wie vereinbart zum Gallusfest am 16. Oktober nach Augsburg. Von dort aus teilt Bruder Cäsar den Kreis den wichtigsten Bischofsstädten zu. Brüder machen sich zu dritt oder viert nach Köln, Mainz, Worms, Speyer und Straßburg, nach Salzburg, Regensburg und Würzburg auf. Die neuartigen Ordensleute erwerben sich bald die Sympathie der Leute. Noch leben sie wie in Umbrien am Rand der Städte bei den Aussätzigen, verrichten einfachste Dienste und erbetteln sich dafür das Brot. Die meisten von ihnen sind Laien. So feiern die kleinen Gemeinschaften den Gottesdienst auch hier noch in den Pfarreien mit. Wenn die Brüder von Speyer und Worms 1222 vor einem Fest beichten wollen, rufen sie dafür einen Novizen, der als einziger Priester zwischen den Städten hin und her pendelt. Wie in Italien versammeln sich die Brüder aller Gemeinschaften zwei Mal im Jahr, um dem Wachsen und der schnellen Ausbreitung der jungen Provinz Gestalt zu geben. Im Herbst 1223 können bereits vier Teilgebiete unterschieden werden: Franken, Bayern-Schwaben, Rheinland-Elsass und Sachsen. Im Herbst 1224 fasst die Bewegung in Thüringen Fuß, wo sie mit der Landgräfin Elisabeth bald eine gute Freundin und eine große Schwester gewinnt. Jahre später beginnt der Orden auch in

Deutschland Klöster anzunehmen. Die Städte drängen nach Seelsorgern und nach spirituellen wie kulturellen Zentren. Ein Chronikeintrag zu Erfurt steht bezeichnend für diesen Wandel: „Im Jahr 1225 übernahmen die Brüder auf den Rat des Herrn Heinrich, des Pfarrers von St. Bartholomäus, und des Bischofsvikars Gunther von Erfurt die damals verlassene Kirche des Heiliggeist-Hospitals [östlich der Stadt]. … Sie verblieben dort volle sechs Jahre. Der Vertreter der Bürgerschaft, der für die Brüder zu sorgen hatte, fragte nun den Bruder Giordano, ob er ein Haus nach Art eines Klosters gebaut haben möchte. Da dieser jedoch noch nie ein Kloster im Orden gesehen hatte, erwiderte er: ‚Ich weiß gar nicht, was ein Kloster ist. Baut uns das Haus nur nahe am Wasser, damit wir zum Füßewaschen hineinsteigen können.' Und so geschah es" (Jord 43). Die Ruine der gotischen Franziskanerkirche von Erfurt beeindruckt noch heute am Rande der Altstadt – und steht tatsächlich dicht am Fluss Gera.

Neue Perspektiven in Frankreich und England

Weit entschiedener lassen sich die ersten Brüder in Frankreich und in England auf die städtische Kultur ein. In Frankreich breitet sich der Orden ab 1219 in zwei Provinzen aus und fasst sogleich in der Universitätsstadt Paris Fuß. 1223 zählt die Pariser Gemeinschaft bereits dreißig Brüder. 1225 nehmen vier Doktoren der Universität den Franziskanerhabit und ermöglichen den Aufbau einer eigenen Ordensschule. 1229 lassen sich in Paris ein Dominikaner- und ein Franziskanerstudium nachweisen, die auch von Weltlichen besucht werden. Die Mendikanten verzeichnen viele Eintritte von Studenten und üben wachsenden Einfluss auf die Universität aus. 1236 wird einer ihrer führenden Professoren für eine Sensation in der akademischen Welt sorgen: Meister Alexander of Hales tritt in den Minoritenorden ein und sichert der Ordensschule von Saint Denis plötzlich europäischen Ruf. Bereits 1231 ziehen die Brüder in die Stadt und bauen sich ein Haus in der Nähe der Universität, das sich zum „Grand Couvent des Cordeliers" mit großer Kirche, Konventsgebäude und „aula theologica" entwickelt. Diese sieht sogleich große Magister wirken und noch größere heranwachsen, unter letzteren den jungen Studenten Bonaventura von Bagnoregio (1221–1274).

Die erste Gruppe von Brüdern, die im Herbst 1224 von Frankreich aus den Ärmelkanal überquert, besteht aus fünf Laien und vier Klerikern, darunter Agnello di Pisa als Diakon und Richard of Ingworth als Priester (Eccl 3). Sie beziehen in Canterbury und London einfache Unterkünfte. Ihr Leben besteht im schlichten Zeugnis, einfachen Diensten und Betteln, und die Brüder feiern die Messe auch hier zunächst noch in ihrer Pfarrkirche (Eccl 9). 1225 ziehen zwei Kleriker in die Universitätsstadt Oxford, wo sie vorerst bei den Dominikanern Aufnahme finden. Gleichzeitig treten in Paris gelehrte Engländer in den Orden ein, die dann ebenfalls auf die Insel kommen. Unter ihnen finden sich die Priester und Magister Haymo of Faversham und Simon of Sandwich. Der Typ des gebildeten Minoriten, der Armutsliebe mit Gelehrsamkeit verbindet und Kontakte mit den Brüdern des Dominikus pflegt, wird gerade die englische Provinz schon früh prägen.

Von den fünf ersten Novizen, die in England eintreten, sind vier Kleriker und der Laie ein berühmter Schnitzer, der ebenfalls Texte in Latein liest. Ihnen folgen bald erste Magister der Universität, darunter Adam of Oxford, William of York und Adam Marsh, welche den Minderbrüdern gerade in akademischen Kreisen einen guten Ruf verschaffen. Nach zehn Jahren zählt die Provinz bereits 24 feste Niederlassungen, unter denen die Fraternität in Oxford hervorragt. 1225 gegründet, bewegt sie „viele tüchtige Universitätsgelehrte und Adelige" zum Eintritt in die Bruderschaft. Viele Neuzugänge sind Kleriker. Sie verstärken die klerikale Ausrichtung, welche die englische Provinz seit ihren ersten Jahren kennzeichnet. Der Chronist beschreibt die Lebensfreude der vielen jungen Brüder in Oxford, ihr häufiges Lachen in Chor und Refektorium, aber auch ihren Eifer im Nachtoffizium und für das Studium (Eccl 27).

Die englischen Brüder zeigen oft freundschaftliche Beziehungen und auch Bewunderung für die Dominikaner. Haymo hat sich schon in Paris von deren Generalmagister Jordan von Sachsen beraten lassen. Er und andere wünschen sich wie die Predigerbrüder universitär gebildete Novizen. Klerikerbrüder wünschen sich auch die Leitung der Provinz in Priesterhände. Agnello di Pisa, der als erster Minister das Studium in Oxford tatkräftig fördert, will als Diakon nicht zum Priester geweiht werden, wird aber von der Provinz über das Generalkapitel dazu gedrängt (Eccl 78).

Ringen um die Regel

Als Franziskus im Winter 1222/23 an die Straffung, Anpassung und eine juristisch griffigere Formulierung der Regel geht, kann er nicht mehr nur der Realität umbrischer Brüder oder italienischer Provinzen genügen. Der Erfolg seiner Bewegung in Spanien und Frankreich, in ganz Mitteleuropa und im Orient stellt ihm vielmehr die Bedürfnisse eines europäischen Ordens vor Augen. Erinnerungen an die schwierigen Monate in Fontecolombo werden später leider im Spiritualenstreit um 1300 zu argen Verzerrungen führen. Vor allem die Gestalt des Ministers oder Generalvikars Elia d'Assisi wird zu einer Verräterfigur karikiert. Diese Verzeichnungen verkennen jedoch drei Tatsachen. Zum einen: Franziskus leidet fraglos an den Zwängen aus der Entwicklung der ursprünglichen Bruderschaft zum größten Orden der Christenheit; er stellt sich aber im Verhalten, in Briefen und im Testament klar hinter die definitive Regel, die in diesem Winter im gemeinsamen Ringen Gestalt gewinnt. Zweitens steht der charismatische Führer Zeit seines Lebens und trotz Spannungen zum rechtlichen Leiter der Gemeinschaft. Und drittens genießt Elia auch 1238 noch das volle Vertrauen Claras, die in ihm noch immer einen Verbündeten gegen kuriale Interessen und einen Garanten für das Charisma des gemeinsamen Ordens erkennt.

Die betont vom Evangelium geprägte Regel von 1221 mit ihren praktischen Anweisungen für heimatlose Wanderbrüder sowie persönlichen Gebetstexten und Predigtmustern erleidet jedoch aus kanonischen, literarischen und ordenspolitischen Gründen bedeutende Abstriche. Knapper, juristischer und allgemeiner gefasst, muss das Grunddokument des Erfolgsordens nicht nur den Kanonikern der päpstlichen Kurie passabel erscheinen. Es hat ebenso einer zunehmend pluriformen Lebenswirklichkeit von Brüdern zu dienen, die mittlerweile nicht nur nach Syrien, Sizilien, Marokko und Spanien, sondern auch an den Ärmelkanal und nach Sachsen vorgestoßen sind.

Von Kardinal Ugolino zweifellos wesentlich mitgeformt, findet die viel kürzere definitive Regelversion am Pfingstfest 1223, dem 11. Juni, die Zustimmung des Generalkapitels. Die Regel macht in den folgenden Monaten den Gang durch die römische Kurie und wird schließlich von Honorius III. am 29. November approbiert. Die feierliche Bulle „Solet annuere" schafft faktisch, entgegen der Konzilsbeschlüsse von 1215, einen grundlegend neuen Orden in der Kirche. Während der Papst in der Einleitung der Approbationsbulle von „Ordo" spricht, hält Franziskus im persönlich gehaltenen Schlusskapitel die Erinnerung an die „fraternitas" lebendig. Die Spannung zwischen ursprünglicher Intuition und notwendiger Institution wird die Geschichte des Erfolgsordens begleiten – und immer wieder Reformen provozieren.

4. Der lebendige Heilige

Thomas von Spalato hat als Student in Bologna erlebt, wie „fast die ganze Stadt" Franziskus im August 1222 auf dem Rathausplatz umdrängte. Sein nüchternes Zeugnis endet mit der Schilderung, „wie groß Ehrfurcht und Verehrung waren, so dass Männer und Frauen sich auf ihn stürzten, begierig, sein Kleid zu berühren oder ein Fetzchen seines Stoffes zu ergattern" (Split).
Neben mühevoller Verehrung setzen auch körperliche Leiden dem Poverello mehr und mehr zu. Seine Wanderungen werden kürzer und die Zeiten in den Einsiedeleien länger.

Treue zur ursprünglichen Lebensform

Wie klar und entschieden Franziskus die 1208 entdeckte Lebensweise auch in der Schwäche und den Leiden seiner letzten Jahre durchhält, illustriert ein Gefährtenbericht zu Borgo San Sepolcro. Der Poverello reist mit Brüdern durchs obere Tibertal. Zwischen La Verna und Montecasale gelangt die Gruppe eines Abends durch die kleine Stadt San Sepolcro. Der Heilige ist auf ein Reittier angewiesen, was darauf deutet, dass sich diese Begebenheit nach dem Herbst 1224 ereignet hat. „Eines Abends hatte er auf dem Rücken eines Esels Borgo San Sepolcro zu durchqueren, denn es war seine feste Absicht, im Aussätzigenhospital zu nächtigen. Das Kommen des Gottesmannes wurde jedoch vielen bekannt. So eilten von allen Seiten Männer und Frauen herbei, die ihn sehen und berühren wollten. ... Einige schnitten Stücke der Kutte ab, um sie aufzubewahren. Franziskus ließ sich nicht aus seinem inneren Beten rütteln und an den vereinbarten Zielort führen" (2 C 98). Ungeachtet der sozialen Ächtung der Aussätzigen bleibt der Poverello ein Freund der „unberührbaren" Menschen am Rand. Sein Verhalten hält, was die Regel in aller Schlichtheit empfiehlt: „Alle Brüder sollen bestrebt sein, der Demut und Armut unseres Herrn Jesus Christus nachzufolgen. Und sie sollen das Wort des Apostels beherzigen, dass wir von der ganzen Welt nichts anderes brauchen als Nahrung und Kleidung, womit wir zufrieden sind. Und sie sollen sich freuen, wenn wir mit unbedeutenden und verachteten Leuten zusammen sind, mit Armen und Schwachen und Aussätzigen und Bettlern am Weg" (NbR 9).

In seinen letzten Jahren ist Franziskus eine Zeitlang versucht, sich ganz dem eremitischen Leben zuzuwenden. So bittet er einmal über Boten Clara und ihre Schwestern sowie Bruder Silvestro um ihr Gebet und ihren Rat. Die Berichte fügen sich am besten in die Krisenzeit nach 1222, als die Wachstumsprobleme seiner Bewegung und innere Spannungen dem kranken Gründer über den Kopf wuchsen (2 C 188). Die Schwester und der Bruder – die beide ganz in der Stille leben, sie in San Damiano und er in den Carceri – erinnern den Poverello daran, dass seine Sendung in den Fußspuren Jesu einsame Orte mit dem Weg durch Dörfer und Städte verbindet. Auf diese Antwort hin „erhob er sich sogleich, machte sich unverzüglich auf den Weg und schritt so kraftvoll aus, als ob die Hand des Herrn selbst ihn mit neuen Energien erfüllt hätte" (LM 12,2). Der Historiker Giovanni Miccoli hat dargelegt, dass die Versuchung des Heiligen länger angehalten und sich 1224 zugespitzt hat. Sollte die Spannung zu den bestimmenden Brüdern, die ihm den Orden „entreißen" (CA 44, 2 C 188), ihn dazu bringen, sich ganz zurückzuziehen und sich resigniert einem kontemplativen Leben in Eremitagen hinzugeben? Über den Rat erfahrener Brüder und Schwester Claras hinaus wird jedoch eine weitere mystische Erfahrung die „große Versuchung" (Grado Giovanni Merlo) definitiv abwenden.

Zwischen Stadt und Stille

Franziskus wird auch in den letzten Lebensjahren nie sesshaft werden. Seine Leidenschaft für das Evangelium und für die Versöhnung unter den Menschen lässt ihn sogar neue Formen des Wirkens entwickeln. Er sucht nun allerdings mehrere 40-tägige Fastenzeiten im Jahr teilweise oder ganz in der Stille zu verbringen. Nach Dreikönig beginnen die „Benediktsfasten", denen dann bald die große österliche Fastenzeit folgt. Für die heißen Sommermonate bietet sich die Fastenzeit zu Ehren Marias und der Apostel (Ende Juni bis Mitte August) an und gleich anschließend jene des Erzengels Michael (bis zum 29. September). Die Martinifastentage bereiten ab Allerheiligen auf Weihnachten

Blick auf das heutige Bergkloster Greccio. Die Einsiedelei bestand zur Zeit des Franziskus aus lauter Felsgrotten. In der größten, unter der jetzigen Kirche gelegen, fand die Weihnachtsfeier von 1223 mit dem ersten Krippenspiel statt. Franziskus' liebster Aufenthaltsort war ein schützender Felsvorsprung hinter der aktuellen Kirche. Der Panoramablick reicht von den stillen Grotten über das ganze Rietital. Die Kirche wurde 1228 als erste Franziskuskirche der Welt dem neuen Heiligen geweiht.

vor. Vor allem Greccio, La Verna und Le Celle erscheinen in den Viten öfter als Orte längerer Zurückgezogenheit. Tommaso da Celano verdeutlicht jedoch, wie das stille Leben neue Kraft und Klarheit für den Einsatz unter Menschen erschließt. Stille und Stadt, „actio" und „contemplatio", Gottessuche und Menschenliebe sind untrennbar miteinander verbunden. Wie alle urfranziskanischen Eremitagen eröffnet Greccio einen weiten Panoramablick in die Welt. Aus seiner Felshöhle sieht der Poverello die Felder, Straßen und Städte der Menschen, deren Freuden und Sorgen er aus dem gemeinsamen Arbeiten und von Begegnungen her kennt. Gefährten berichten wiederholt, wie er die Stille von Greccio verlässt, um unterschiedlichen Nöten zu begegnen (2 C 35–37). Sein Blick sieht da nicht nur die Probleme der nahen Bauern, sondern reicht innerlich über die Berge bis ins ferne Perugia.

Als die Rivalenstadt Assisis am Rand eines Bürgerkriegs steht, bricht Farnziskus eines Tages zur mutigen Friedensmission auf:

„Mit Vorliebe verweilte der Heilige in der Niederlassung der Brüder von Greccio, einerseits weil er sah, dass sie reich an Armut war, andererseits weil er in einer abgelegenen kleinen Zelle, die von einem überhängenden Felsen gebildet wurde, umso freier der Betrachtung obliegen konnte. … Als der selige Vater nach einigen Tagen einmal von der genannten Zelle herabstieg, sagte er mit klagender Stimme zu den anwesenden Brüdern: ‚Die Einwohner von Perugia haben ihren Nachbarn viel Böses angetan, und stolz ist ihr Herz geworden zu ihrer eigenen Schmach …' Nach wenigen Tagen machte sich Franziskus in der Glut des Geistes auf und lenkte seine Schritte nach Perugia. Aus allen Anzeichen konnten die Brüder schließen, dass er in seiner Zelle irgendeine Vision gehabt hatte. Als er nun nach Perugia kam, versammelte sich das Volk, und er begann zu predigen. Da sprengten, wie es üblich ist, Ritter zu Pferd herbei, kreuzten in kämpferischem Spiel die Waffen und suchten die Verkündigung des Gotteswortes zu hindern. Der Heilige wandte sich an sie und sprach unter Seufzen: ‚O unglückselige Menschen in erbärmlichem Wahn. … Hört, was euch der Herr durch mich, den Poverello verkündet.'"
Die Erzählung macht deutlich, welche Weltoffenheit und Freiheit die frühe Form des eremitorischen Lebens atmet: Franziskus hält sich in einer „abgelegenen Zelle" auf. Sie wird durch einen Felsvorsprung gebildet, liegt im Bergwald und in Reichweite einer kleinen Fraternität. Diese sorgt für den Zurückgezogenen, lässt ihm aber zugleich größtmöglichen Raum, sich ganz der Kontemplation hinzugeben (2 C 46). Der Kontemplative ist nicht gehalten, zu den gemeinsamen Gebets- oder Mahlzeiten der Gefährten zu erscheinen. Diese Freiheit gilt selbst an Festtagen und Hochfesten wie Ostern (2 C 61) und Weihnachten (CA 74). In jüngeren Jahren hat der Heilige sich bisweilen auch für 40 Tage ganz allein zurückgezogen, wie dies für die Insel auf dem Lago Trasimeno und wiederholt für einsame Berge wie La Verna bezeugt ist (Fior 7, 2 C 46, 168–169). Die fünf erwähnten Fastenzeiten, die der alternde Gottesmann mit Vorliebe sesshaft in Einsiedeleien verbringt, fügen sich so ins Kirchenjahr, dass sie die nasskalten Monate von November bis März und die heiße Sommerzeit von Ende Juni bis September abdecken. Frühling und Frühherbst sind und bleiben auch für den kranken Franziskus ideale Zeiten für ein unermüdliches Wanderleben.

Taten, Worte und Schriften

Die Verschlimmerung seines Augen- und Milzleidens, fortschreitende Lichtempfindlichkeit, Malariaschübe und schließlich auch die Stigmata schränken den Aktionsradius des Poverello ab 1224 spürbar ein. Unterwegs und in den Einsiedeleien ist er auf treue Gefährten angewiesen, die seiner mit den verfügbaren Mitteln Sorge tragen. Nicht selten macht der Heilige es ihnen dabei auch schwer. So pflegt er noch immer den eigenen Habit, Decke oder Mantel wegzuschenken, wenn er Ärmere sieht als er selbst (2 C 86–89, 132). Franziskus überzeugt, berührt und begeistert die Menschen nicht nur mit seinen schlichten Worten, die aus dem Leben und in den eigenen Alltag sprechen. Seine Botschaft wird von seinem ganzen Verhalten, seiner Liebe und seinem Einsatz getragen, verstärkt und erfahrbar gemacht.

Wie seine Leiden dem Unterwegssein immer engere Grenzen setzen, greift der ehemalige Kaufmann zu einem neuen Mittel, um Menschen nah und fern zu erreichen: Er diktiert Rundbriefe, erzählt Beispielgeschichten und dichtet Lieder, die abgeschrieben, erzählt oder von Gefährten gesungen seine Herzensanliegen weiter tragen.

So entsteht mitten in der Entfaltung des neuen Weltordens nach 1220 die *Erzählung von der „wahren Freude“*. Bruder Leone schreibt sie auf. Franziskus lässt seinen Gefährten die kühnsten Erfolge denken. Dass wahre Freude aber anderswo wurzelt, werden Brüder noch nach 100 Jahren weitererzählen, in den „Fioretti“ bunt ausmalen und bis heute überliefern. Das provozierende Juwel einer Lehrgeschichte des Poverello wird uns im dritten Teil noch näher beschäftigen.

Während Franziskus im Winter 1224/25 krank in San Damiano liegt und sich auf einen grausamen Therapieversuch seines Augenleidens vorbereitet, erfährt er vom Streit zwischen Bischof und Podestà von Assisi. So dichtet er zu seinem Sonnengesang die *Menschenstrophe* hinzu. Brüder singen in der Stadt und vor den Konfliktpartnern die schlichten Verse über „jene, die von Gottes Liebe getragen verzeihen können und Schwachheit oder Spannungen ertragen“, weil der Höchste selbst „sie einst krönen wird“ (Sonn). Ähnlich wird er dann die Schwestern mit einem Lied, das er in jener Zeit komponiert und seinen Gefährten mitgibt, voll einfühlender Sorge und Liebe ermutigen (MahnKl). Die Tatsache, dass die poetisch und spirituell dichte Komposition in einem norditalienischen Klarissenkloster wieder entdeckt worden ist, zeigt, dass es aufgeschrieben wurde und über die eigentlichen Adressatinnen hinaus Verbreitung fand.

Von mehreren *Rundbriefen* haben sich zwei offene Schreiben an Brüder erhalten. Der Brief an die Kustoden bittet nach 1220 die Verantwortlichen, dem brüderlichen Leben Sorge zu tragen. Er schlägt zudem vor, in der christlichen Welt ein gemeinsames Glockenzeichen einzuführen, „damit vom ganzen Volk auf der ganzen Erde Gott Lob und Dank dargebracht wird" (Kust). Damit sucht er, beeindruckt von den islamischen Muezzin, die alle Gläubigen zur ‚salât' aufrufen, eine Praxis des alltäglichen Volksgebets anzuregen, die später im Angelus-Gebet tatsächlich verwirklicht wird. Der Brief an den gesamten Orden sucht nach dem Tragaltarprivileg von 1224, das die Messfeier in den Niederlassungen ermöglicht, die Einheit der Brüder in der gemeinsamen Eucharistie zu wahren und widmet sich in tiefen Betrachtungen Fragen der Liturgie (Ord).

Auch *Rundbriefe an die Öffentlichkeit* sind erhalten geblieben. Franziskus richtet sich als „kleiner Bruder" in aller Bescheidenheit an die Kleriker, an alle Gläubigen und an die Lenker der Völker (Lenk). Die Briefe zeigen, wie der Poverello pastorale Anliegen des Laterankonzils auf seine Art aufnimmt und praktisch umsetzt. Der Brief an die Kleriker verbindet die Wertschätzung der Eucharistie mit jener der Heiligen Schrift (Kler). Ein erster Brief an die Gläubigen ist im Kern ein Lob- und Mahnlied über die Buße und kann auch als Predigtmuster für die Minderbrüder dienen (1 Gl). Ein zweiter Brief an die Gläubigen bietet Statuten für engagierte Gläubige, die das Evangelium radikaler leben wollen, ohne sich den Wanderbrüdern anzuschließen (2 Gl).

Neben diesen offenen Schreiben, die kopiert und verbreitet werden möchten, und zufällig überlieferten persönlichen Briefen finden sich in den letzten Jahren auch Gebete, dichte Meditationen und liturgische Texte des Heiligen auf Pergament. Brüder sammeln und verbreiten zudem lebenspraktische Weisheiten, die der Heilige an Generalkapiteln in dichter Form darlegt, in den „Admonitiones" (Ermahnungen). Dicht und tiefsinnig gestaltete Lobgebete, eine Vaterunser-Meditation, ein Gruß an die Tugenden und Christus-Psalmen bewahren uns kostbare Perlen aus Franziskus' persönlicher Gotteserfahrung.

Gottes Menschsein von der Krippe bis zum Kreuz

Eine Laune der Geschichte hat vom „ungebildeten" Franziskus rund 30 persönliche Schriften oder Diktate erhalten. Die ungelenke Schrift auf den drei Autographen zeigt jedoch, dass der Poverello kein Mann des Schreibtischs war. Sein Wirken lebt aus langen Zeiten des Schweigens und vom praktischen Handeln, vom gesprochenen Wort, von ganzheitlichen Zeichen und von der anschaulichen Tat. Die letzten drei Jahre seines Lebens haben zwei besondere Ereignisse tief in die christliche Geschichte eingeprägt: eine Weihnachtsfeier und eine Passionserfahrung eigener Art. In Greccio hat der Poverello 1223 die Geburt Jesu so anschaulich inszeniert, dass damit die Tradition der Krippenfeier begründet wurde. Auf La Verna ist ihm im folgenden Herbst eine mystische Erfahrung mit dem gekreuzigt-auferstandenen Herrn am eigenen Leib in Wundmalen sichtbar geworden. Die christliche Ikonographie hat beide Ereignisse immer wieder aufgenommen – und verbreitet sie heute beispielsweise in Bildern des Malers Sieger Köder als typische Franziskusszenen. Die beiden markanten Erfahrungen verdeutlichen, was der Bruder in der Portiuncula 1208 als neuen Weg entdeckt, mit Brüdern über zwei Jahrzehnte in die eigene Welt umsetzt und in der Regel bestätigt: „Dies ist unser Leben, das Evangelium Jesu Christi leben und seinen Fußspuren nachgehen" – oder um es mit den Gefährten zu sagen: dem folgen, „der arm geboren wurde, der ganz arm gelebt hat in dieser Welt und der nackt und arm am Kreuz gestorben ist" (Gef 22).

Die Nachricht von der päpstlichen Regelbestätigung erreicht Franziskus 1223 im nahen Rietital, wo er sich in der kalten Adventszeit im Eremo von Greccio auf Weihnachten vorbereitet. Der Biograf leitet seinen Bericht mit dem Hinweis ein, der Heilige hätte „die Worte des Herrn beständig meditiert und seine Werke nie aus den Augen verloren. Vor allem aber seine Demut in der Menschwerdung und seine Liebe im Sterben haben sich tief in seine Erinnerung eingeprägt." Sein Staunen über den Weg Gottes auf Erden bewegt den Poverello nun zwei Wochen vor Weihnachten, mit einem befreundeten Edelmann der Umgebung eine Feier vorzubereiten, die ihm, den Brüdern und dem Volk die Liebe und Demut Gottes sinnlich in Erinnerung ruft. Tatsächlich erwartet dann in der heiligen Nacht die

Franziskus empfängt in einer Christusvision die Wundmale.
(Giottoschule, Basilica San Francesco in Assisi)

Leute, die mit Fackeln herbeiströmen, in der Höhle der Brüder ein neugeborenes Kind in Windeln, auf Heu gebettet zwischen einem Ochsen und einem Esel. In der Eucharistiefeier über der lebendigen Weihnachtskrippe trägt Franziskus als Diakon das Evangelium vor, dem die Höhle, das Heu, die Tiere, das kleine Kind und die dicht gedrängten Menschen nie erlebte Farben geben. Damals, so schließt die Beschreibung der ergreifenden Feier, „ist das Kind Jesus im Herzen vieler neu geboren worden" (1 C 84–87).

Auf La Verna erfährt der Poverello in der Michaelsfastenzeit vom Herbst 1224 dann ein mystisch-intimes Geschehen, über das er bis zum Tod schweigen und dessen sichtbare Spuren er verbergen wird. Was einige ahnen, wird erst im Sterben sichtbar, zu dem Franziskus sich nackt auf die Erde legen lässt. Hände, Füße und Seite tragen die Zeichen des Leidens Jesu. Franziskus geht als erster Mystiker in die Geschichte ein, von dem das unerklärliche Phänomen der Stigmata zweifelsfrei bezeugt ist. Da er selbst jedoch darüber schwieg und Wissende ganze Bücher darüber geschrieben haben, sollen hier theologische, psychologische und medizinische Erklärungsversuche ausbleiben. Die Historiker Merlo und Miccoli weisen jedoch darauf hin, dass sich in der La-Verna-Erfahrung offenbar Franziskus' Leiden an der Entwicklung seines Ordens löst: Seine Selbstzweifel scheinen überwunden, und der Bruder nimmt seine charismatische Rolle als lebendiges Modell der Bewegung in neuer Freiheit wahr.

Lobgesang der Geschöpfe

Im Winter nach der einzigartigen Erfahrung auf La Verna unternimmt Franziskus auf einem Esel eine weitere Predigtreise durch Umbrien und die Marken. Dann verschlimmert sich sein Augenleiden bis zur völligen Lichtempfindlichkeit. Die Gefährten bringen ihn nach Assisi und schützen ihn in einer Hütte, die sie beim Kirchlein San Damiano gegen jedes Licht abschirmen. Hier verbringt der Kranke fünfzig Tage in völliger Dunkelheit. Nicht einmal Feuerschein erträgt er in den kalten Nächten. Die Legenda Perusina berichtet, „die Augenkrankheit" habe „Tag und Nacht solch grausame Qualen verursacht, dass Franziskus weder ruhen noch schlafen konnte, wodurch sich auch seine anderen Krankheiten verschlimmerten". Doch damit noch nicht genug: „Die Zelle, in der er lebte, war dermaßen von Mäusen bevölkert, dass sie auf ihm herumtanzten und ihm jede Ruhe nahmen. Auch während der Gebetszeiten bedrängten sie ihn und beim Essen tummelten sich die Tiere auf seinem Tisch. ... Wie Franziskus eines Nachts wieder ruhelos lag und in seinen Qualen mit weinendem Herzen betete, hörte er im Geist eine Stimme, die sagte: ‚Bruder, ... freue dich und juble in deiner Schwachheit und deiner Bedrängnis, denn von nun an wirst du in solcher Heiterkeit und Klarheit leben, als ob du schon in meinem Reich wärest!' Am Morgen erhob sich Franziskus und sagte zu seinen Gefährten: ‚Mir ist inmitten meiner Schmerzen und Leiden eine unerhörte Freude geschenkt... Der Herr hat sich in seiner Liebe über mich armen, kleinen Diener gebeugt.'" Die innere Befreiung fließt in den nächsten Tagen ein in die

Worte und die Melodie des Sonnengesanges oder des „Loblieds aller Geschöpfe". Die berühmte altumbrische Laudenkomposition eröffnet die Geschichte der italienischen Dichtung (Per 43/CA 83).

Der Poverello und die Poverelle

Erst vor wenigen Jahrzehnten wurde ein zweites Lied entdeckt, das im selben Frühjahr 1225 in San Damiano entstanden ist. Franziskus dichtet es in eigener Krankheit und Schwäche für die Schwestern und für Clara, die in jener Zeit ebenfalls schwer krank wird. In Rhythmen und Reimen noch kunstvoller ausgestaltet als das Schöpfungslied, bestärkt es die Schwestern in ihrer Lebensweise. Der Bruder nennt die ehemals adeligen Frauen, die hier „arm den armen Christus umarmen" (2 Agn), anderswo mit Farben der Minnelyrik „dominae meae". Nun singt der Poverello den Poverelle einfühlsam und solidarisch Lichtzeilen in eigenes Leiden. Die erste Strophe sei hier wiedergegeben und frei übersetzt (MahnKl):

Audite, Poverelle, dal Signóre vocáte
ke de multe parte et provincie séte adunáte
vivate sémpre en-veritáte,
ke en obediéntia moriáte.

Hört, kleine Arme, vom Herrn selber gerufen,
die ihr aus vielen Gegenden und Provinzen vereint seid:
Lebt immer in Christus – der Wahrheit,
damit ihr den Weg in seiner Gemeinschaft vollendet.

Während Franziskus San Damiano nach Claras Zeugnis sein Leben lang in „liebevoller Sorge und besonderer Aufmerksamkeit" verbunden bleibt (KlReg 6), wecken andere Frauengemeinschaften ab 1220 zunehmend Befürchtungen bei den Brüdern. Kardinal Ugolino persönlich beginnt in diesen Jahren entschlossen damit, neue Kreise religiöser Frauen zu einem eigenen Nonnenorden zusammenzuschließen. Nachdem der Segni-Kardinal die Karwoche 1220 in Assisi verbracht und San Damiano persönlich kennengelernt hat, zeichnet sich ihm allmählich eine reizvolle Perspektive ab: den aufzubauenden Frauenorden um Claras Gemeinschaft zu gruppieren und die schnell wachsende Zahl seiner neuen Klausurklöster künftig von den Minderbrüdern betreuen zu lassen. Die harte Abgrenzung der Brüderregel gegen Schwesternseelsorge und einzelne Worte des Heiligen gegen Nonnen haben ihren Ort im Ringen dieser Jahre.

Ärzte und Ritter

Franziskus' eigener Weg führt im Frühsommer 1225 von Assisi nach Rieti, wo die römische Kurie sich gerade aufhält. Kardinal Ugolino hat den Kranken zu einer drastischen Augenoperation hergerufen. In Fontecolombo werden ihm mit glühenden Eisen die Schläfen verbrannt, um Schmerzen und den Augenfluss zu stoppen. Doch diese und weitere Therapieversuche, die sich in den Herbst hinziehen und in der Einsiedelei von San Fabiano von La Foresta weitergehen, verschlimmerten sein Leiden nur noch.

Im Frühjahr 1226 lässt ihn Bruder Elia nach Siena kommen, wo andere Ärzte ihre Kunst am Poverello versuchen. Nach einem Leberversagen und einem Blutsturz verfasst der Schwerkranke ein kleines Vermächtnis, das Testament von Siena. Der Frühling sieht ihn in den Celle von Cortona, wo die Stadt das Sterben des Heiligen auf ihrem Territorium erhofft (1 C 105). Vor dem heißen Sommer 1226 lässt Franziskus sich zum Subasio bringen. Er übersteht die Hitzezeit in der ‚Eremita' von Bagnara, das im Quellgebiet des Topinoflusses über Nocera Umbra liegt (Per 59/CA 96). Ende August wird der Poverello dann nach Assisi getragen. Die Heimatstadt scheint sich auf die Reliquien zu freuen: „Die Bürgerschaft entsandte eine feierliche Deputation, um Franziskus abzuholen und nicht anderen die Ehre zu überlassen, den Körper des Gottesmannes zu besitzen. Die Ritter, die ihn zu Pferd mit viel Ehrfurcht transportierten, gelangten ins bitterarme Dorf Satriano, wo sie mit großem Hunger nichts zu kaufen fanden" – worauf der Schwerkranke die Stolzen vom Pferd steigen lässt und sie „um Gottes Liebe" bei den Ärmsten betteln lehrt (2 C 77).

Ein Arzt des päpstlichen Gefolges versengt Franziskus die Schläfen mit glühendem Eisen, um seine Augenkrankheit und die zunehmende Erblindung zu stoppen. (Buchminiatur in einer Legenda Maior des Bonaventura; Handschrift aus dem Jahr 1457 im Istituto storico dei Cappuccini, Rom)

In Assisi wird Franziskus von dem befreundeten Arzt Bongiovanni aus Arezzo im Bischofspalast gepflegt. Bürger bewachen die Gebäude, um den kostbaren Leib des Heiligen nicht zu verlieren. Der Bischof Guido II. selbst begibt sich im September auf eine Pilgerreise nach Apulien zum Heiligtum des Erzengels Michael. Der Poverello überrascht seine Gefährten mit seiner Heiterkeit im Leiden (Per 64–65/CA 99–100). Ende des Monats lässt er sich gegen den Willen der Bürger in die Ebene hinunter tragen. Er will in der Portiuncula sterben, wo sein Weg begonnen hat und wo der Orden sein Zentrum um die ärmliche Landkirche innehat.

Jacoba de' Settesoli und Schwester Tod

Die letzten Farben im Leben des Heiligen bestätigen die ungewöhnliche Freiheit seines Wirkens bis ins Sterben hinein. Als Franziskus in der Portiuncula spürt, dass er nur noch ein paar Tage zu leben hat, lässt er einer besonderen Freundin einen Brief diktieren. Der „Poverello Christi" bittet seine „carissima", die „edle Frau Jacoba", möglichst bald anzureisen. Die junge Witwe des Römer Patriziers Graziano Frangipani habe, so der Biograf, „die besondere Liebe des Heiligen erfahren". Er wünscht sie, die „ihn in diesem Leben so sehr liebte", noch einmal zu sehen. Seine Zeilen bitten sie auch, „aschgraues Tuch, viele Kerzen, ein Linnen und ein kleines Kopfkissen für die Beerdigung" mitzubringen sowie eine Honigspeise, die sie ihm in Rom jeweils bereitet hat. Doch noch ehe ein schneller Bote ausgewählt ist und sich auf den Weg machen kann, trifft Jacoba de' Settesoli zu Pferd mit all den gewünschten Dingen ein. Der Biograf scheut sich nicht, an Bedürfnisse und an eine Freundschaft zu erinnern, die schwerlich in das damalige Bild eines Heiligen passen. „Domina Jacoba" wird wie ein Mitglied der Bruderschaft behandelt und zur Freude aller eingelassen. Ihr Kommen bewirkt, dass Franziskus sich noch einmal erholt. Als er wenige Tage später stirbt, muss sie weggeführt werden. Bruder Elia aber begleitet sie in der folgenden Nacht zu dem Aufgebahrten und legt ihr „den Leib des Freundes in die Arme", damit sie „noch einmal umarmt, den sie im Leben so geliebt" (3 C 37–39).

Franziskus stirbt am Samstag, dem 3. Oktober 1226, nach Sonnenuntergang. Seinem eigenen Wunsch gemäß liegt er dabei – zur Erinnerung an die erste Geburt des Menschen – nackt auf der nackten Mutter Erde. Zuvor hat er mit seinen Brüdern eine letzte symboltiefe Feier gestaltet, in der Jesu Abschiedsmahl aufscheint. Tröstliche Zeichen drücken die Gewissheit des Poverello aus, dass „Schwester Tod" ihn ins ewige Reich Christi begleiten wird und dass seine Bewegung von dessen Geist geführt weitergeht.

Eine steinerne Grabeskirche und lebendige Vermächtnisse

Der ärmliche Grabstein seines zweiten Gefährten Pietro Cattani am Portiuncula-Kirchlein mag leise daran erinnern, wie auch der Poverello bestattet sein wollte. Doch Assisi und die Brüder lassen es nicht zu. Die Reliquien des Verstorbenen sind zu wertvoll, um sie in kriegerischer Zeit den raubgierigen Händen einer Rivalenstadt aus-

Basilica San Francesco mit Kloster und Papstpalast in Assisi. Die prachtvolle Wallfahrtskirche wird 1228-1253 in Rekordzeit erbaut und danach von italienischen Meistern der Frührenaissance mit Fresken vollständig ausgemalt. Der päpstliche Bau verbindet eine romanische Unterkirche mit einer gotischen Oberkirche. Im 19. Jahrhundert wird das Grab des Heiligen zugänglich gemacht, so dass sich heute eine neuromanische Krypta unter der Doppelkirche öffnet. Der ehemalige Papstpalast beherbergt eine theologische Hochschule und die alte Klosterbibliothek, die mit Architektur und Bildkunst des Kompexes zum UNESCO-Weltkulturerbe gehört.

zusetzen. Der tote Leib des Franziskus wird daher am 4. Oktober in einem Triumphzug über San Damiano hinter die schützenden Stadtmauern gebracht. Er findet in der Pfarrkirche San Giorgio, wo der kleine Kaufmannssohn einst Lesen gelernt hat, eine erste Bleibe. Fünf Monate später wird der Kardinalprotektor der Minderbrüder zum Papst gewählt. Ugolino nennt sich nun Gregor IX. und treibt den Heiligsprechungsprozess seines „Freundes" entschlossen voran. Ende April 1228 kündet er den Bau einer päpstlichen Grabeskirche für Franziskus an. Am 16. Juli wird dieser in Assisi feierlich heiliggesprochen, und parallel zum baulichen Denkmal entsteht die offizielle Biografie des Heiligen aus der Feder des Tommaso da Celano. Der Papst approbiert sie im Frühjahr 1229. Ende Mai 1230 wird der Leib des Heiligen in die teilweise vollendete Unterkirche von San Francesco übertragen. Vier Monate später erklärt Gregor IX. das spirituelle Vermächtnis des Heiligen für juristisch nicht bindend, provoziert in San Damiano einen Hungerstreik und erlaubt den Brüdern, künftig mit päpstlichen Regelerklärungen ein städtischer Seelsorgeorden nach dem Vorbild der Dominikaner zu werden.

Franziskus hat jedoch auf seine Art vorgesorgt: Er erinnert im „Testament" schlicht und eindringlich an die entscheidenden Erfahrungen seiner Bruderschaft. Er setzt den ersten Gefährten Bernardo da Quintavalle gleichsam als lebendiges Testament ein, und er hinterlässt bei der Portiuncula eine Modellgemeinschaft für den ganzen Orden. Die schlichte Landkapelle erinnert noch heute an die Anfänge und die Meilensteine im Leben des Poverello, während die prächtige Grabeskirche hoch oben in Assisi für jene Entwicklung steht, die den Orden nach 1250 seiner pastoralen Nützlichkeit wegen vor der Aufhebung gerettet hat.

Die spirituelle Kraft des Testaments und die Erinnerungen der ersten Gefährten haben im Lauf der Jahrhunderte eine lange Reihe franziskanischer Reformen ausgelöst. So entfaltet sich das Charisma eines außergewöhnlichen Bruders wie ein Baum in verschiedenen Ästen: braun- und schwarzgekleidete Franziskaner, Kapuziner und Terziarenbrüder, „frati riformati", ohne die Franziskanerinnen aller Art wie auch Kreise und Gemeinschaften von Menschen in der Welt zu zählen.

II. SPIRITUALITÄT

Franziskus fasziniert auch moderne Menschen mit seiner Liebe zu den Geschöpfen, seiner Solidarität mit den Schwächsten, der Freiheit in seiner Armut und mit den weiten Horizonten seines Wanderlebens. Dass der Poverello viele Wochen, während der letzten Lebensjahre wohl die Hälfte seiner Zeit, in der Stille verbrachte, wird darüber oft vergessen. Leben und Freiheit, Weltsicht und Menschlichkeit des „kleinen und armen Bruders" erklären sich im Tiefsten aus seiner ureigenen Gotteserfahrung.
Die folgenden Kapitel suchen Gotteserfahrung und Weltgestaltung im Wechselspiel zu betrachten. Vom Vater umsorgt, vom Sohn gesandt und vom Geist bewegt, lernt Franziskus der Welt als *frater minor* (Minderbruder) zu begegnen, die Gesellschaft als *pauperculus* (kleiner Armer) herauszufordern und in der Kirche eine „evangelische" Freiheit zu leben, die nicht wenigen zur Provokation wird.

Mittelalterliche Biografien unterscheiden drei Etappen im Leben großer Persönlichkeiten, die auf je eigene Art durch Krisenerfahrungen zur Gottesfreundschaft gefunden haben: *vita – conversio – conversatio. Vita* meint das Leben, in das ein Mensch hineingeboren wird, hineinwächst und in welchem er sich entfaltet. Es kann religiös mehr oder weniger sensibel sein. *Conversio* bezeichnet eine Umbruchszeit, die durch neue Erfahrungen oder Erschütterung ausgelöst wird, krisenhaft oder fasziniert verläuft und zu einer grundlegenden Neuorientierung führt. *Conversatio* steht für das neue Leben, das sich durch diesen Prozess hindurch eröffnet: ein Leben in einer intensiven Gottesbeziehung und neuer Ausrichtung auf die Welt. Unser Gang durch Franziskus' Biografie hat diese drei Etappen deutlich erkennen lassen: Die erste Hälfte seines Lebens lebt er, „als ob es Gott nicht gäbe" – auf der Sonnenseite einer aufstrebenden Stadt, als erfolgreicher Kaufmann und Festkönig der Jugend, von ehrgeizigen Karriereträumen getrieben. Als Krieg, Kerker und Krankheit ihn in eine existenzielle Krise stürzen, beginnt seine Suche nach einem tieferen Sinn und nach dem „Höchsten". Über mühsame Jahre hinweg macht der Kaufmannssohn dabei ungewohnt neue Erfahrungen: in der Stille und mit Menschen am Rand. Immer wieder tastet er dabei nach einem fernen Gott: dem Weltenherrscher, den er „lichtvoll über allem" wähnt und der allein seine dunkle Seele erhellen kann. Ein langer Weg durch wachsende Zerrissenheit, verlorene Perspektiven, familiäre Konflikte sowie der Bruch mit seinem Assisi führen den Suchenden schrittweise zu ungeahnten Gotteserfahrungen. Sie eröffnen ihm eine neue Sicht auf Welt und Gesellschaft, auf Menschen und Kirche. Sechs Jahre dauert diese Umbruchszeit, von der Tiberschlacht 1202 bis zur neuen Klarheit in der Portiuncula. Eine bewegte *conversio* beruft Franziskus zum neuen Apostel Jesu. Mit einigen Gefährten beginnt er diese *vita apostolica* zu leben und zu entfalten. Er wendet sich seiner Stadt neu zu, durchwandert ganz Italien, trägt das Evangelium durch halb Europa sowie bis in den Orient und schreibt Briefe an alle Menschen, „wo auch immer auf Erden". Als Bruder aller Menschen und Freund aller Geschöpfe wird Franziskus zum Propheten einer geschwisterlichen Welt, die ihr Leben und alles Gute dem einen Gott verdankt. Väterlich und erhaben steht dieser Gott über allem Weltgeschehen und der Schöpfung, brüderlich ist er in Christus mitten unter den Menschen, und als göttliche Kraft inspiriert seine Liebe freundschaftlich und intim jede Person in verschiedenen Religionen.

5. Der eine Vater und seine geschwisterliche Welt

Auf den Pfaden seiner Sinnsuche betet der junge Kaufmann zunächst zu einem hohen Gott. Menschliche Begegnungen ganz unten in Assisis Welt lassen den Suchenden schrittweise entdecken, dass der höchste Gott auch in der sozialen Schattenwelt handelt. „Gott selbst hat mich unter die Aussätzigen geführt" (Test). Die Umarmung eines Aussätzigen öffnet Franziskus für die mystische Begegnung in San Damiano. Gott erscheint ihm da – als Freund der Geringsten – auf gleicher Augenhöhe. Im folgenden Konflikt mit dem eigenen Vater lehrt ihn das Damiano-Kreuz, Jesu schlimmsten Konflikt mit Menschen zu betrachten. Dabei entdeckt er die Hand eines anderen Vaters, der seinen Sohn durch Ablehnung, Hass und Leiden hindurch in sein Licht führt. Den Vater Jesu wird Franziskus wenige Wochen später als seinen eigenen Vater bekennen: den einzigen Vater in und über dieser Welt. „Von nun an sage ich nicht mehr ‚Vater Pietro', sondern ‚Unser Vater im Himmel'" (Gef 20). Die Giottoschule hat diesen ersten Durchbruch in Assisi meisterhaft dargestellt (Abb. Seite 29): Franziskus sieht über seinem leiblichen Vater Pietro die Hand des einen Vaters im Himmel. Vor diesem „unserem Vater im Himmel" ebnen sich alle sozialen Klassenordnungen ein: Adelige und Bürger, Kleriker und Laien stehen alle auf derselben Stufe. Selbst der Bischof steht nicht über Franziskus, sondern brüderlich und zugleich hilflos an seiner Seite. Franziskus bricht nicht mit seinem Vater, so aggressiv sich dieser auch von ihm abwendet, sondern ruft ihn und die ganze Volksmenge seiner Heimatstadt in eine neue Beziehung: „Hört mich an und versteht mich wohl. ... Unser Vater ist im Himmel!"

„Einer ist euer Vater"

Entscheidende Schwellenerfahrungen markieren im Winter 1205/06 innerhalb nur weniger Monate einen an Entdeckungen reichen Weg.

Der „Höchste“ führt zu den Geringsten, antwortet im Sohn und wird als Vater jedes Menschen erkennbar. Die älteste Schrift, in der Franziskus Gottes Vaterschaft über Menschen anspricht, ist die „Lebensform von San Damiano“(FormKl). Dieses ebenso dichte wie außergewöhnliche Dokument beschreibt die Lebenswahl der Schwestern in ihren tragenden Beziehungen. Die Anfangszeilen benennen den Ursprung ihres neuen Weges und eine erste Grundbeziehung. Gott handelt und die Schwestern antworten:

Von Gottes Geist bewegt
habt ihr euch zu Töchtern des Vaters im Himmel gemacht,
des höchsten Königs, dem ihr dient ...

Claras und Agnes' Geschichte zeigen, wie konfliktträchtig für Frauen der Ausstieg aus Vaterhaus und Sippe damals werden konnte: weit gefährlicher noch als der Bruch des Kaufmanns mit seinem Vater Pietro. Der zitierte Text überrascht mit aktiven Handlungen: Frauen machen sich zu Töchtern Gottes! Franziskus wird später in einem Brief an alle Menschen verdeutlichen, was jeden und jede zur Tochter oder zum Sohn Gottes macht. Er nimmt dazu ein Wort Jesu in Kafarnaum auf und möchte, dass die Einladung jeden Menschen auf Erden erreicht:

Männer und Frauen sind
Söhne und Töchter des himmlischen Vaters,
indem sie vom Geist Gottes geleitet
seine Werke tun ... (BrGl)

Die eigenen Brüder werden dabei mehr als andere eine Seligpreisung (Mt 5,9) beherzigen, die der Poverello an einem Generalkapitel aufgreift:

‚Selig die Friedfertigen,
denn sie werden Söhne und Töchter Gottes
genannt werden‘ (Erm 15).

Für Franziskus erweisen sich Menschen aktiv als Töchter und Söhne des Vaters. Indem sie dessen Willen tun, können sie sich auch ganz auf seine Sorge verlassen. Radikale Armut lebt in ihrer materiellen Gelassenheit aus dem Vertrauen in den, „der selbst die Lilien kleidet und die Vögel ernährt" (3 C 20, PrivP). Sie wurzelt als soziale Solidarität zugleich in Jesu eigener Praxis, der die Zuwendung des Vaters den Kleinsten erfahrbar macht (Mt 11,25), sowie in Franziskus' Ur-Erfahrungen unter den Leprosen (Test).

Abschied von menschlichen Vätern

Die Schwestern von San Damiano haben sich – wie Pietros Sohn – von der Sorge und Dominanz jeder natürlich-väterlichen Autorität befreit. Indem sie nur noch einen einzigen Vater erkennen, scheidet auch jede väterliche Rolle im sozialen und kirchlichen Zusammenleben aus. Alle Menschen sind einander geschwisterlich verwandt.

Franziskus verabschiedet sich vor dem Bischof nicht nur vom eigenen Erbe, von seinem Beruf und seiner Zunft, sondern auch von den Werten, dem Denken und den Plänen seines Vaters. Er wechselt den Lebensort, seine tragenden Beziehungen und seine Orientierung radikal: zunächst in eine materielle Leere, einen sozialen Freiraum und eine spirituelle Offenheit hinein. Allein geht er auf die Suche. Zwei Einsiedlerjahre lassen ihn erfahren, wie recht Bischof Guido I. hatte, als er dem jungen Kaufmann im öffentlichen Prozess riet, all sein Geld zurückzugeben: Denn „Gott selbst wird ... dir das Nötige verschaffen". Der Poverello entwickelt in seiner Einsiedlerzeit ein Vertrauen in des einzigen Vaters Sorge, das am Ende eindrücklich aus seinem Testament spricht:

„Niemand zeigte mir, was ich tun soll" – keiner der Freunde, weder Vater noch Mutter, auch kein Priester oder Bischof: „Gott selbst hat mir, dem Bruder Franziskus, gegeben, ein neues Leben zu beginnen. ... Der Herr selbst hat mich unter die Aussätzigen geführt. ... Und der Herr gab mir einen solchen Glauben... Und der Herr gab mir Brüder... Und der Höchste selbst hat mir offenbart, dass ich nach der Form des heiligen Evangeliums leben solle. ... Und wenn uns der Arbeitslohn einmal nicht gegeben würde, so wollen wir zum Tisch des Herrn Zuflucht nehmen" (Test 1–26).

Sieht man die Schriften des Poverello durch, begegnet das Wort „Pater" genau 100 Mal, 97 Nennungen davon beziehen sich auf Gott-Vater. Die häufigsten Gottesnamen in den Schriften sind „Herr" (Dominus: 410 Mal), „Gott" (Deus: 258 Mal), „Vater" (Pater: 100 Mal), „Geist" (Spiritus: 87 Mal), „Sohn (Gottes)" (Filius: 89 Mal; Filius Dei: 70 Mal), „Christus" (83 Mal) und „Jesus" (81 Mal).

Nach den beiden allgemeinen Gottesnamen steht der Vatername an erster Stelle, was seine Bedeutung in der Spiritualität des Poverello unterstreicht. „Pater" tritt selten allein auf: Die Schriften stellen ihn entweder in die Trias Vater–Sohn–Geist oder verbinden ihn mit attributiven Zusätzen. An 44 Stellen handelt es sich dabei um direkte biblische Zitate aus dem Ersten oder dem Zweiten Testament.

Nur dreimal bezieht der Poverello sich in seinen Schriften auf irdische Väter. Dabei handelt es sich um zwei Regelpassagen, die wiederum bezeichnende Evangelienzitate wiedergeben: Die erste Regel spricht vom Verlassen und Geringschätzen des eigenen Vaters in der Nachfolge Jesu (NbR 1, 4). Sie fordert die Brüder dann auf, Jesu Verheißung und Gebot an die Jünger zu befolgen: „Jeder, der Vater oder Mutter, Brüder oder Schwestern, Frau oder Kinder, Häuser oder Äcker um meinetwillen verlässt, wird Hundertfaches erhalten und das ewige Leben besitzen" (1,5). „Ihr alle seid Brüder. So lasst euch nicht Vater nennen auf Erden, denn nur einer ist euer Vater, der im Himmel" (22, 33–34). Dieser Befund verdeutlicht, dass die Ausrichtung auf den einen und einzigen „Vater im Himmel" sich letztlich nicht einfach psychologisierend aus dem eigenen Vaterkonflikt erklärt. Vielmehr entdeckt Franziskus, durch die schmerzliche Eigenerfahrung angestoßen, einen Grundzug biblischer Spiritualität.

Absage an patriarchale Muster in der Kirche

Nach den familiären Vätern werden auch kirchliche Autoritäten, die sich „mit väterlicher Liebe" ins Leben der Schwestern oder der Brüder einmischen, Ernüchterungen erleben. Das markanteste Beispiel hierfür ist uns im Konflikt zwischen Clara und Papst Gregor

IX. überliefert. Bereits als Kardinal bemüht sich dieser, neue Frauengemeinschaften in strengen Klausurklöstern einzuschließen und mit Gütern abzusichern. Franziskus bestärkt Clara daher kurz vor seinem Tod, „weder auf die Lehre noch auf den Rat von irgend jemand hin“ von ihrer Lebensform abzuweichen (VermKl). Zwei Jahre später begibt der neu gewählte Papst sich nach der Heiligsprechung des Poverello nach San Damiano, wo er als besorgter Vater der Schwestern auftritt. Die Biografie Claras – vom Augenzeugen, Neffen und Nachfolger des Betroffenen bestätigt – spricht erstaunlich offen vom Zusammenstoß: „Der Herr Papst Gregor seligen Andenkens ... liebte diese Heilige mit väterlicher Zuneigung noch inniger. Als er ihr zuredete, sie solle ob der Zeitläufe und Weltgefahren ihre Zustimmung geben und einige Besitzungen annehmen, die er selbst ihr freigebig anbot, widerstand sie mit unerschrockenem Mut und ließ sich nicht im Geringsten dazu herbei“ (LebKl 14). Die von Franziskus verfasste Lebensform von San Damiano verdeutlicht, wo der eigentliche und einzige Vater der Schwestern ist. Tatsächlich lässt Clara sich im Armutsprivileg von Gregor IX. dieses Vertrauen in den himmlischen Vater auch klar bestätigen: „Schließlich wird der, der die Vögel des Himmels nährt und die Lilien des Feldes kleidet, es auch euch nicht mangeln lassen an Nahrung und Kleidung“ (2 PrivP). Jahre später rät Clara ihrer Prager Gefährtin zu ähnlichem Widerstand gegen Gregor IX.: „Sollte dir jemand etwas anderes sagen oder etwas anderes einreden, was deiner evangelischen Nachfolge hinderlich wäre, so sollst du ihn zwar ehren, seinem Ratschlag jedoch nicht folgen“ (2 Agn).

Franziskus zeigt sich immun gegen väterliche Rollen, die ihm angetragen werden. Wenngleich er nach seinem Tod von Clara und den Gefährten als „seliger Vater“ verehrt wird, finden sich in den eigenen Schriften weder väterliche Selbstbezeichnungen noch Funktionen. Der Poverello nennt sich konsequent „Bruder“, „kleiner Bruder“, „kleiner Armer“ und „Diener“. Verwendet er für sich oder für Brüder familiäre Bilder, dann ist es die mütterliche Liebe. „Wie eine Mutter“ antwortet der Bruder den Nöten seines Gefährten Leone (Leo). Mit mütterlicher Sorge und Liebe sollen die Brüder einander geben, was jeder braucht (BR 6, REins). Die eigene Muttererfahrung mag biografisch grundgelegt haben, was der Poverello dann im Evangelium findet. Jesus selbst vermeidet mit Bedacht väterliche Rollen und Bilder für die neue Beziehungskultur im anbrechenden Reich Gottes; das Mütterliche hingegen findet zusammen mit dem Geschwisterlichen Raum. So kann Nachfolge zwar den Verzicht auf „Vater, Mutter, Schwester, Bruder, Frau und Kinder" zumuten, schenkt dafür aber hundertfach neue Beziehungen: „Mütter, Schwestern, Brüder und Kinder" – jedoch keine Frauen und keine Väter mehr (Mk 10, NbR 1). In den Spuren Jesu kennt und bekennt Franziskus seit 1206 nur noch einen Vater. Allen gemeinsam, ist es „von nun an ... unser Vater im Himmel" (Gef 20).

„Mi pater sancte" – der Abba Jesu

Die überlieferten Gebete und Meditationen des Heiligen vertiefen sich in Jesu innige Beziehung zum „Abba". Sie betrachten entsprechende Schriftstellen und akzentuieren sie neu.

Im Passionsoffizium schafft Franziskus eine besonders schöne Verbindung des matthäischen Getsemani-Gebets mit dem johanneischen Hochgebet (Mt 26 und Joh 17), indem er Jesus sprechen lässt: „Mi pater sancte!" (mein heiliger Vater). Diese zugleich intime und ehrfurchtsvolle Nennung begegnet hier einzigartig im Munde Jesu. 25 weitere Vater-Stellen sind ebenfalls Jesus in den Mund gelegt. Franziskus wendet sich in eigenen Gebeten nur 9 Mal an den Vater, wovon 6 Stellen liturgische Formeln sind, und spricht in persönlichen Zeilen 22 Mal von Gott als Vater. In Jesu Abba-Beziehung fallen Nähe sowie zärtliche Farben auf. Franziskus zitiert 11 Mal das synoptische „mein geliebter Sohn" und nennt diesen einmal gar „sehr geliebt".

Die Texte mit zentralen Aussagen zu Gottvater sind: das Passionsoffizium, die Nichtbullierte Regel 22–23, der Brief an die Gläubigen, der Lobpreis Gottes und die 1. Ermahnung. Ihre wesentlichen „Beziehungsmuster" lassen sich wie folgt beschreiben:
Das *Passionsoffizium* lässt den Sohn zum Vater oder über den Vater sprechen. Der Beter drückt darin seinen Glauben an Gott, den Vater Jesu, aus. Von der Geburt bis zur Passion und zur Wiederkunft am Ende der Zeit steht der Sohn vor dem Vater, dessen Sendung er erfüllt.

Die *Regel von 1221* ruft die Brüder zunächst auf, den Vater zu lieben, anzurufen und zu verehren. Bezüge zum Abschiedsmahl Jesu (Joh 14–15) unterstreichen die Rolle des Gottessohnes, der Vater und Jünger zur innigen Einheit verbindet: Nachfolge lässt Menschen eintreten in diese zärtliche Beziehung (NbR 22). Der Horizont weitet sich dann universal: Alle – Brüder, Kirche und Menschheit – werden im kollektiven „nos" (wir) zu Dankbarkeit und Danksagung an den Vater aufgerufen. Grund dafür sind Schöpfung, Erlösung und Rettung/Vollendung. Dankbarkeit zeigt sich im Lobpreis und im eigenen Leben der Umkehr: Sie lehrt Gott zu lieben und ihn nach dem Beispiel Jesu Vater zu nennen (NbR 23).

Der *Brief an die Gläubigen* lädt alle Menschen zu einem christlichen Leben nach dem Evangelium ein. Er zeichnet dazu Jesu Weg von der Geburt über sein öffentliches Wirken bis zur Passion nach. Der Weg des Sohnes erscheint als Mission und Drama des Vaters: Seine Liebe zum Sohn und sein Heilswille für die Erde gipfeln in der Passion. Deren Schilderung beschreibt einfühlsam das Vertrauen zwischen Jesus und seinem Vater wie auch den Sieg der väterlichen Liebe über allen menschlichen Hass, über Leiden und den Tod. Ein zweiter Abschnitt entfaltet die Einwohnung des Heiligen Geistes im Menschen und seine Folgen. Franziskus weicht vom Johannesevangelium ab, wo Vater und Sohn in den Jüngern „Wohnung nehmen": Wenn der Geist auf Menschen ruht und in sie einzieht, wird er sie zu „Söhnen und Töchtern des himmlischen Vaters machen" und sie innig mit Christus verbinden (2 Gl).

Die *erste Ermahnung* vertieft die vermittelnde Bedeutung des Sohnes: Durch ihn kennen Menschen den Vater, der sonst unfassbar bliebe. Mit ihm begegnen sie dem Vater, der sonst unerreichbar ist. Im Sohn treten Gläubige eucharistisch in die Einheit mit dem Vater ein (Erm 1).

Der *Lobpreis Gottes* (*Laus Dei altissimi*) ist ein Hymnus auf den Vater. Im Zeichen der überwältigenden Erfahrung auf La Verna strömt das poetische Lied über vor Freude über die vielfältige Zuwendung des „Pater trinus". Mit Jesu eigener Gottesanrede betet der Stigmatisierte in gleicher Weise: „Du, heiliger Vater". Franziskus erfährt eine Sohnschaft, die nur der Gottessohn den Menschen erschließt, und Gottes Vaterschaft, die sich durch den Sohn jedem und jeder zuwendet (LobGott).

Wenn Gott, der zunächst als „Höchster und Heiligster" wie ein fernes Licht erscheint, für Franziskus immer mehr väterlich-innige Züge erhält, geschieht dies aus seiner Christuserfahrung und seiner Christusnachfolge. Bestärkt vom Gottessohn, der alle Gläubigen in seine Nähe zum Vater eintreten lässt, versteht und gestaltet Franziskus alle zwischenmenschlichen Beziehungen geschwisterlich. 1219 überspringt sein Glaube auch religiöse Grenzen. In krassem Gegensatz zu seiner Kirche schließt er Muslime und selbst den militärischen Hauptgegner al-Kâmil Muhammad al-Malik nicht von seiner geschwisterlichen Hoffnung aus. „Gib mir eine Liebe, die auf jeden Menschen zugeht": Was der junge Kaufmann in der Zeit des Suchens erbeten hat, öffnet dem Bruder im Laufe des Lebens ungeahnte Horizonte. Gottes sorgende Vaterschaft über alle Geschöpfe prägt schließlich den Sonnengesang als Lied, das Himmel und Erde mit allen Wesen in einem geschwisterlichen Chor zum Lobpreis auf den Einen vereint.

Unaussprechliches Geheimnis

Mit der Bibel und der Kirche der Romanik weiß Franziskus, dass der „Vater in unzugänglichem Licht wohnt, und dass Gott Geist ist, und dass niemand Gott je gesehen hat" (Erm 1). Gott ist ein „transzendentes Wesen" – wie die mittelalterlichen Theologen sagen – und viele Jahre lang bleibt er auch dem jungen Enkel Bernardones in unerreichbarer Ferne. Selbst als ergreifende Erfahrungen dem Mystiker und Minderbruder die „Erdnähe" Gottes (humilitas) offenbaren, bleibt ihm durch all die folgenden Jahre bewusst: Gott ist immer ein Geheimnis – „unsichtbar, unbeschreiblich, unaussprechlich, unbegreiflich und unerforschlich" (NbR 23). Franziskus teilt damit die Ehrfurcht und die selbstkritische Glaubensreife seines Gefährten Egidio d'Assisi, der in einem seiner Dicta bemerkt: „Der Mensch macht sich von Gott ein Bild nach eigenem Ermessen; doch Gott bleibt immer er selbst." Mit allen Mystikerinnen und Mystikern stoßen Erfahrung und Ehrfurcht des Poverello an die Grenzen intellektueller Erkenntnis und menschlicher Sprache: In der Welt, durch sie und über sie hinaus lässt sich der „Hohe" oder „Höchste", ja der „Einzige" nur erahnen.

Gottes Größe stellt den betenden Bruder aus Assisi vor die Alternative, entweder zu schweigen oder einen überfließenden Lobpreis anzustimmen. Sein schönstes Lied, das zur Weltliteratur wurde, drückt diese Spannung zwischen ehrfurchtvollem Verstummen (Apophase) und unwiderstehlichem Preislied bereits in den einleitenden Versen aus. „Höchster, allmächtiger, guter Herr, dir ist jedes Lob… und kein Mensch ist würdig, dich zu nennen!" Die Spannung löst sich, indem der Dichter alle Geschöpfe in den Lobpreis einbezieht: „Sei gepriesen mit allen Geschöpfen / durch Bruder Sonne / Schwester Mond und die Sterne / durch Bruder Wind / durch Schwester Wasser / durch Bruder Feuer / durch Schwester Mutter Erde / durch Menschen, die aus deiner Liebe leben". Im Finale ruft der mystische Dichter alle Menschen und alle Geschöpfe auf, „seinen Herrn" zu loben und zu preisen, ihm zu danken und zu dienen:

Aufgesang

Altissimu, onnipotente bon Signore
Tue so le laude, la gloria e l'honore et onne benedictione.
A te solo, altissimo, se konfano
Et nullu homo ene dignu te mentovare.

Strophen

Laudato si, mi Signore, cun tucte le tue creature …
Laudato si, mi Signore, per sora luna e le stelle …
Laudato si, mi Signore, per frate vento …
Laudato si, mi Signore, per sor aqua …
Laudato si, mi Signore, per frate focu …
Laudato si, mi Signore, per sora nostra matre terra …
Laudato si, mi Signore, per quelli ke perdonano per lo tuo amore …
Laudato si, mi Signore, per sora nostra morte corporale …

Abgesang

Laudate et benedicete mi Signore,
et rengratiate et serviateli cun grande humilitate.

„Altissimus“ begegnet uns dreimal im Schöpfungslied. Die Größe des „Höchsten“ müsste den Menschen ehrfurchtsvoll verstummen lassen. Gottes Güte und seine Liebe rufen aber nach einem alles umfassenden Lobpreis. „All deine Geschöpfe“ erscheinen im Lied auf den Schöpfer, dessen Güte und Zuwendung aus jedem Wesen spricht: „Du erleuchtest uns durch Bruder Sonne“, „Mond und Sterne hast du leuchtend, wertvoll und schön gestaltet“, „deinen Geschöpfen gibst du das Lebensnotwendige“, „du erhellst uns durch Bruder Feuer die Nacht“, und „von deiner Liebe getragen“ können Menschen auch verzeihen und Frieden wahren.

Noch deutlicher wird der Wechsel vom Schweigen zum überströmenden Lobgesang am Ende der ersten Regel (NbR 23). Sie öffnet das Verstummen zum Aufruf an alle Menschen, Gott mit sämtlichen Kräften, mit Leib und Seele zu preisen:

Und da wir Elenden und Sünder allesamt
nicht würdig sind, dich zu nennen,
so bitten wir flehentlich,
unser Herr Jesus Christus, dein geliebter Sohn …
möge mit dem Heiligen Geist, dem Tröster,
dir für alles Dank sagen, wie es dir und ihm gefällt …
Und alle,
die in der heiligen katholischen und apostolischen Kirche
Gott dem Herrn dienen wollen – …
alle Völker und Stämme …
alle Menschen wo auch immer auf Erden …
bitten wir Minderen Brüder alle, …
wir möchten doch alle im wahren Glauben
und in der Umkehr ausharren …
Lasst uns alle
aus ganzem Herzen, aus ganzer Seele, aus ganzer Gesinnung,
aus aller Kraft und Stärke, mit ganzem Verstand,
mit allen Kräften, mit ganzem Einsatz, mit ganzer Zuneigung,
mit unserem ganzen Innern und mit allen Wünschen …
Gott den Herrn lieben, der uns allen
den ganzen Leib, die ganze Seele
und das ganze Leben gegeben hat …

Und alles Gute wollen wir dem Herrn,
dem Erhabensten und Höchsten,
zurückerstatten und alles Gute als sein Eigentum anerkennen
und für alles Dank sagen ihm, von dem alles Gute herkommt.

Das „hohe Gottesbild" gründet in Franziskus' erster greifbarer und wegweisender Begegnung mit dem Geheimnis der Welt: seiner Spoletoerfahrung vom Frühling 1205. Es nährt sich dann in den Jahren der Suche aus den Psalmen: Texte, mit denen der kleine Kaufmannssohn in der Pfarrschule von San Giorgio lesen und schreiben sowie Latein gelernt hat.

Alle Eigenschaften des höchsten Gottes werden vom „bonus" überragt. Das Gute nimmt einen einzigartigen Platz ein: sei es das Gute an sich, das Gottes Wesen ist und das wesentlich Gott ist, sei es all das Gute, das von Gott ausgegossen sich in jeder Person und überall in der Schöpfung findet. Franziskus schenkt seine ganze Liebe nicht nur dem „höchsten Gut", sondern entdeckt voller Freude, wie viel Gutes und Liebenswertes sich in jedem Geschöpf, jedem Bruder und jeder Schwester, auch in sich selbst finden lässt. Dabei bleibt ihm – mit den Psalmen und mit Jesus – bewusst, dass all dieses Gute, Schöne und Liebenswürdige aus ein- und derselben Quelle kommt.

Du bist in den Himmeln, in den Engeln und in den Heiligen.
Du erleuchtest sie zum Erkennen, weil du, Herr, das Licht bist.
Du entflammst sie zur Liebe, weil du, Herr, die Liebe bist.
Du wohnst in ihnen und erfüllst sie zur Seligkeit,
weil du, Herr, das höchste Gut bist, das ewige Gut,
von dem alles Gute kommt und ohne den nichts Gutes ist (Vat).

Der Poverello verbindet seine Gotteserfahrung mit dem menschlichen Alltagsleben, in dem es auch Neid gibt:

Wer seinen Bruder um des Guten willen beneidet, das der Herr in ihm redet und wirkt, der richtet sich gegen Gott, der das Gute gibt und gelingen lässt (Erm 8).

Je klarer Franziskus Gottes überall wirksame Güte, Sorge und Liebe erkennt, desto freier und überströmender wendet er sich an seinen „höchsten" und „einzigen Herrn". Gottes Majestät verliert das Ferne und Erschreckende, sie befreit den Menschen zu dankbarer Liebe – und lässt den Poverello einmal in staunender Ehrfurcht schweigen, ein anderes Mal mit Leib und Seele vor seinem guten Gott tanzen.

Eine franziskanische Litanei der Namen Gottes

Thaddée Matura hat in allen Schriften des Franziskus insgesamt 86 verschiedene Namen ausgemacht, mit denen der Dichter den „Unsagbaren" benennt. Ähnlich wie Muslime, die aus einer Litanei von 99 Gottesnamen die ihnen besonders entsprechenden meditieren, verbinden und wiederholen auch Franziskus' Gebete da und dort ihm besonders liebe Ausdrücke. Die franziskanischen Namen sind in absteigender Reihenfolge ihrer Häufigkeit folgende:

Vater-Sohn-Heiliger Geist
Dreieinigkeit (Trinitas)
Einheit (Unitas)
Der-war-ist-kommt
Geist
Herr
Gott
König von Himmel und Erde
Vater
Gott aller Götter
Gutes (bonum)
Liebe (Amor)
Liebe (Caritas)
Weisheit (Sapientia)
Demut (Humilitas)
Geduld (Patientia)
Schönheit (Pulchritudo)

Sanftheit (Mansuetudo)
Sicherheit (Securitas)
Ruhe (Quies)
Freude (Gaudium)
Hoffnung (Spes)
Freude (Laetitia)
Gerechtigkeit (Iustitia)
Maß (Temperantia)
Reichtum (Divitiae)
Schützer
Wächter
Verteidiger
Kraft (Fortitudo)
Erfrischung
Glaube (Fides)
Süßigkeit (Dulcedo)
Leben (Vita)

Licht (Lux)
Kraft (Virtus)
Majestät (Maiestas)
Schöpfer
Erlöser
Retter
Tröster
Heiliger
Einziger
Der-Großes-vollbringt
Starker
Großer
Höchster (altissimus)
Allmächtiger
Dreieiner
Einer
Lebendiger
Wahrer
Bewundernswerter
Herz für Arme (misericors)
Himmlischer
Ewiger
Furchterregender
Heiligster
Höchster (summus)
Gerechter

Guter (bonus)
Barmherziger (pius)
Milder
Süßer (suavis)
Sanfter, Freundlicher
Aufrechter (rectus)
Wohlwollender
Unschuldiger
Reiner
Anfangsloser
Unsterblicher
Unveränderlicher
Unsichtbarer
Unsagbarer
Unaussprechlicher
Unfassbarer
Unerforschlicher
Gesegneter (benedictus)
Lobwürdiger
Lichtvoller, Ruhmreicher
Über-alles-Erhabener
Hoher
Überragender
Liebenswerter
Liebevoller
Ersehnlicher

Die lange Liste erinnert an eine jüdische Weisheit. Einem Rabbi wird die Frage gestellt, wie denn das Gebot, sich von Gott kein Bild zu machen, einzuhalten sei. Nach längerem Nachdenken antwortet er weise: „Es gibt nur einen Weg: sich vom Ewigen möglichst viele Bilder zu machen!"

Der unaussprechliche, unbeschreibliche und unerforschliche Gott lässt sich – will der Mensch vor ihm nicht verstummen – nur in der Vielfalt göttlicher Namen und Eigenschaften preisen. Nur eine Vielzahl von Attributen und Vorstellungen kann ein enges Denken von Gott überwinden und etwas von seiner Fülle erahnen lassen. Die häufigsten Namen entnimmt Franziskus der kirchlichen Liturgie (sie machen den ersten Abschnitt aus). Dann folgt eine große Gruppe meist weiblicher Gottesnamen. Die zweite Hälfte umfasst Attribute der Psalmen und der theologischen Verkündigung. Unter sie mischen sich leise auch mystische Aussagen wie „Süßigkeit", „Erfrischung", „Liebenswerter" und „Ersehnlicher".

Im Folgenden soll uns die Häufigkeit weiblicher Namen näher beschäftigen. Unter den oft gebrauchten sind es 23 von 40 Begriffen. Jacques Dalarun hat auf die überraschend fraulichen Züge in Franziskus' Spiritualität aufmerksam gemacht, die damit einzigartig in ihrer Zeit steht.

Frauliche Züge in der Gotteserfahrung

Die Erfahrung von Gottes Größe, Güte und Schönheit in der eigenen Welt und Lebensgeschichte lässt Franziskus Gottes Liebe besingen: Gottes Gutsein teilt sich mit, sucht seine Geschöpfe und tritt in Beziehung. Der Lobpreis, mit dem der Poverello seinen Gefährten Leone 1224 auf La Verna aufrichtet, wird zum Liebeslied. Übersprudelnd schaut es auf den alleinigen Gott, „dessen Liebe wir über alles lieben müssen, da sie uns so sehr liebt" (2 C 196). Mit 32 Mal „Du" spricht dieser Lobpreis den „heiligen Vater", den „Einzigen" und „Höchsten" an – ohne dass sich ein einziges „ich" in die Zeilen fügt. Der Hauptteil des Liedes zwischen Auf- und Abgesang besteht fast ausnahmslos aus „weiblichen" Gottesnamen. Von 26 Titeln sind es nicht weniger als zwanzig. Farben der Minnelyrik in Franziskus' Spiritualität werden uns noch näher beschäftigen. Hier sollen die zwanzig weiblichen Bilder für sich sprechen. Anton Rotzetter und Elisabeth Bernet haben das Lied frei und poetisch schön übersetzt:

Leidenschaftliche Liebe – Du	tu es amor,
Du – zärtliche Liebe	caritas
Kostende Weisheit – Du	tu es sapientia

Du – erdnahe Gegenwart	tu es humilitas
Du – Kraft im Leiden	tu es patientia
Schönheit – Du	tu es pulchritudo
Sanftheit – Du	tu es mansuetudo
Sicherheit – Du	tu es securitas
Du – erfüllte Stille	tu es quietas
Du – Freude und Wonne	tu es gaudium et laetitia
Du – unsere Hoffnung	tu es spes nostra
Gerechtigkeit – Du	tu es iustitia
Du – Maßgebende	tu es temperantia
Schönheit – Du	tu es pulchritudo
Sanfte Milde – Du	tu es mansuetudo
Stärke – Du	tu es fortitudo
Du – unsere Hoffnung	tu es spes nostra
Du – unser Glaube	tu es fides nostra
Du – unsere Liebe	tu es caritas nostra
Du – unsere ganze Süßigkeit	tu es tota dulcedo nostra
Du – unser Leben in Ewigkeit	tu es vita aeterna nostra

Nähe des Vaters und Schöpfers

Weit entfernt vom „höchsten Gut“ eines Plato oder vom transzendentalen Konzept eines Immanuel Kant sieht Franziskus das „höchste Gut“ als „Vater, Sohn und Heiliger Geist“ spürbar am Werk. Bis in die Niederungen der menschlichen Realität dringen Gottes Zuwendung und seine Gegenwart. Die Vaterunser-Meditation preist den guten Vater, der im Himmel ist und auf der Erde wirkt. Er tut es, indem er auch Menschen mit seinem Licht erleuchtet, aus seiner Liebe entflammt und zur Seligkeit erfüllt (Vat).

Tommaso da Celano erinnert daran, wie Franziskus seinem Gott an allen Orten begegnen und überall von ihm ergriffen werden kann, ihm überall antwortet und sich dabei mit allen Kräften und Gefühlen ausdrückt:

> *Dieser glückliche Wanderer hatte seine Freude an den Dingen, die in der Welt sind, und nicht einmal wenig. … Er sah die Welt als klaren*

Spiegel von Gottes Güte. In jedem Kunstwerk lobte er den Künstler. Was er in der geschaffenen Welt fand, führte er zurück auf den Schöpfer. Er pries in allen Werken die Hände des Herrn, und durch das, was sich seinem Auge an Lieblichem bot, schaute er hindurch auf den Urgrund und die Lebensquelle aller Dinge. Er erkannte im Schönen den Schönsten selbst. Alles Gute rief ihm zu: ‚Der uns erschaffen hat, ist der Beste.' Auf den Spuren, die den Dingen eingeprägt sind, folgte er überall dem Geliebten nach und machte alles zu einer Leiter, um auf ihr zu seinem Thron zu gelangen (2 C 165; vgl. 1 C 80–81).

Er suchte nach Möglichkeit verborgene Orte auf, wo er nicht nur mit seinem Geist, sondern auch mit all seinen Gliedern auf Gott hin gerichtet sein konnte. Wenn er plötzlich in der Öffentlichkeit ergriffen und vom Herrn besucht wurde, machte er aus seinem Mantel eine kleine Zelle … und wenn er keinen Mantel bei sich hatte, bedeckte er wenigstens mit dem Ärmel sein Gesicht. … So konnte er sogar im engen Raum eines Schiffes inmitten vieler Leute ungesehen beten. … Wenn er aber in Wäldern und an einsamen Orten betete, erfüllte er das Gehölz mit Seufzern, netzte den Boden mit Tränen, schlug mit der Hand an seine Brust. Gleich als hätte er da eine verborgene Kammer gefunden, sprach er in lautem Zwiegespräch mit seinem Herrn. Dort stand er seinem Richter Rede und Antwort, dort flehte er zum Vater, dort besprach er sich mit dem Freunde, dort spielte er mit dem Bräutigam. Mit allen Fasern seines Herzens … stellte er sich den höchst Einfachen in vielfacher Gestalt vor Augen. … Unterwegs ließ er seine Gefährten öfter vorangehen, um etwas zurückzubleiben und auch verweilen zu können, um eine neue Inspiration zu verkosten und Gottes Zuwendung nicht vergeblich zu erfahren (2 C 94–95).

Eine geschwisterliche Schöpfung

Gottes väterliche Liebe und mütterliche Sorge für alle Geschöpfe fließt im Frühjahr 1225 in das schönste Lied des Poverello ein. Seine raffinierte Struktur macht den „Sonnengesang" zu einem poetisch dichten Glaubensbekenntnis. In der ersten Fassung umfasst er zwischen Auftakt und Ausklang sechs Strophen. Die siebte und achte Strophe sind spätere Ergänzungen, welche das Schöpfungslied feinsinnig abrunden.

Das Lied ist in altumbrischem Volgare gedichtet und eine der ersten großen Schöpfungen der italienischen Volkssprache. Die typisch mittelalterliche Reimprosa lebt von unregelmäßigem Versmaß und Rhythmus, Binnen- und Endreimen und dem Leitmotiv „tue laude" (Aufgesang) – „laudato si" (Hauptteil) – „laudate" (Abgesang). Seine lautmalerische Klangfülle lässt sich nur in der Originalsprache voll auskosten.

In San Damiano erinnern zwei Glasfenster in der Kreuzkapelle an den Entstehungsort des Sonnengesangs. Franziskus preist Gott für und mit einer geschwisterlichen Schöpfung und tut es an einem Ort, an dem Schwestern und Brüder zusammenleben. Klara und ihre Schwestern stimmen ins Lied ein vereint mit Mond, Sternen, Wasser und Erde – den schwesterlichen Elementen der Schöpfung. Franziskus und die Brüder verbinden sich mit *frate Sole*, der Sonne, dem Wind und dem Feuer – den brüderlichen Urgeschöpfen am Himmel und in der irdischen Welt. Auf derselben Mutter Erde lebend, preisen Frauen und Männer den gemeinsamen Vater im Himmel.

Glasfenster in der Kreuzkapelle des Klosters San Damiano, Assisi.

Urfassung des Canticum creaturarum
(Die späteren Ergänzungen sind kursiv gesetzt.)

1 Altissimu onnipotente bon Signore
2 tue so le laude la gloria e l'honore et onne benedictione.
3 Ad te solo, Altissimo, se konfano
4 et nullu homo ene dignu te mentovare.

5 Laudato sie, mi Signore, cun tucte le tue creature,
6 spetialmente messor lo frate sole,
7 lo qual' è iorno et allumini noi per lui.
8 Et ellu è bellu e radiante cun grande splendore,
9 de te, Altissimo, porta significatione.

10 Laudato si, mi Signore, per sora luna e le stelle,
11 in celu l'ài formate clarite et pretiose et belle.

12 Laudato si, mi Signore, per frate vento,
13 et per aere et nubilo et sereno et onne tempo,
14 per lo quale a le tue creature dai sustentamento.

15 Laudato si, mi Signore, per sor aqua,
16 la quale è multo utile et humile et pretiosa et casta.

17 Laudato si, mi Signore, per frate focu,
18 per lo quale enn'allumini la nocte,
19 ed ello è bello et iocundo et robustoso et forte.

20 Laudato si, mi Signore, per sora nostra matre terra,
21 la quale ne sostenta et governa,
22 et produce diverse fructi con coloriti flori et herba.

23 Laudato si, mi Signore, per quelli ke perdonano per lo tuo amore,
24 et sostengo infirmitate et tribulazione.
25 Beati quelli ke 'l sosterrano in pace,
26 ka da te, altissimo, sirano incoronati.

27 Laudato si, mi Signore, per sora nostra morte corporale,
28 da la quale nullu homo vivente pò skappare.
29 Guai a quelli, ke morrano ne le peccata mortali:
30 Beati quelli ke trovarà ne le tue sanctissime voluntati,
31 ka la morte secunda nol farrà male.

32 Laudate et benedicete mi Signore,
33 et rengratiate et serviateli cun grande humilitate.

Der Sonnengesang in deutscher Übersetzung
nach Leonhard Lehmann:

Höchster, allmächtiger, guter Herr,
dein sind der Lobpreis, die Herrlichkeit und Ehre und jeglicher Segen.
Dir allein, Höchster, gebühren sie,
und kein Mensch ist würdig, dich zu nennen.

Gelobt seist du, mein Herr, mit all deinen Geschöpfen,
zumal dem Herrn Bruder Sonne,
er ist der Tag, und du spendest uns das Licht durch ihn.
Und schön ist er und strahlend in großem Glanz,
dein Sinnbild, o Höchster.

Gelobt seist du, mein Herr, durch Schwester Mond und die Sterne;
am Himmel hast du sie gebildet, hell leuchtend und kostbar und schön.

Gelobt seist du, mein Herr, durch Bruder Wind,
und durch Luft und Wolken und heiteres und jegliches Wetter,
durch das du deinen Geschöpfen Unterhalt gibst.

Gelobt seist du, mein Herr, durch Schwester Wasser,
gar nützlich ist es und demütig und kostbar und keusch.

Gelobt seist du, mein Herr, durch Bruder Feuer,
durch das du die Nacht erleuchtest;
und schön ist es und liebenswürdig und kraftvoll und stark.

Gelobt seist du, mein Herr, durch unsere Schwester, Mutter Erde,
die uns ernährt und trägt
und vielfältige Früchte hervorbringt mit bunten Blumen und Kräutern.

Gelobt seist du, mein Herr, durch jene, die verzeihen um deiner Liebe willen
und Krankheit ertragen und Drangsal.
Selig jene, die solches ertragen in Frieden,
denn von dir, Höchster, werden sie gekrönt werden.

Gelobt seist du, mein Herr, durch unsere Schwester, den leiblichen Tod;
ihm kann kein Mensch lebend entrinnen.
Wehe jenen, die in schwerer Sünde sterben.
Selig jene, die sich in deinem heiligsten Willen finden,
denn der zweite Tod wird ihnen kein Leid antun.

Lobt und preist meinen Herrn
und sagt ihm Dank und dient ihm mit großer Demut.

Die *Legenda Perusina* erinnert daran, dass das Schöpfungslied die beiden letzten Strophen auf die Menschen und auf den Tod erst in einer späteren Bearbeitung erhalten hat. Ob dies nun zutrifft oder nicht: Die Schöpfung erscheint in den ersten sechs formal harmonisch gestalteten Strophen als heilige Ganzheit. Franziskus greift, aus eigener Not und Bedrängnis befreit, den biblischen Lobgesang der drei Jünglinge im Buch Daniel auf, die im Feuerofen alle Geschöpfe zum Gotteslob aufrufen (Dan 3,52–90). Der Bruder wählt allerdings aus seiner Vorlage sorgfältig sieben Ur-Geschöpfe aus. Sonne, Mond und Sterne ziehen ihre ewigen Kreise am Himmel. Drei Arten von Geschöpfen am Firmament – die durch die unzählbaren Sterne unendliche Dimensionen eröffnen – stehen symbolisch für die ganze Welt über uns: Die Dreizahl weist im Mittelalter auf das Göttliche hin, auf Gottes eigenen Raum, auf das Himmlische. Durch die Gestirne am Himmel sind die irdischen Rhythmen von Tag und Nacht, Helles und Dunkles mit besungen. Vier Geschöpfe stehen sodann für die irdische Welt. Das Mittelalter lehrt seit Isidor von Sevilla, dass diese aus vier Urelementen besteht. Vier an der Zahl sind auch die Windrichtungen, die Jahreszeiten und die menschlichen Charaktere.

Urelement	**Jahreszeit**	**Windrichtung**	**Charaktere**
Wasser	Winter	Norden	Melancholiker
Luft	Frühling	Osten	Sanguiniker
Feuer	Sommer	Süden	Choleriker
Erde	Herbst	Westen	Phlegmatiker

Manche fragen sich, warum im Sonnengesang die Tiere fehlen, die der Poverello doch auch geschwisterlich ansprach und zum Lobpreis Gottes aufrief. Für damalige Menschen lag die Antwort auf der Hand: Indem der Dichter die vier Urelemente auswählt, aus denen die ganze irdische Welt besteht, sind alle anderen Geschöpfe – „tucte le tue creature" – ins Lied einbezogen: die mineralische Welt, die Tierwelt und die Menschheit. Ob nun ein Geschöpf in mittelalterlicher Weltschau nur eine mineralische Seele hat oder auch eine animalische oder eben eine menschliche *(anima rationalis)*: Alles Geschaffene lebt, alles Irdische hat eine materielle Seite (ist aus Erde), atmet (braucht Luft), trägt Energie ins sich (Feuer) und braucht Wasser.

Franziskus stellt die klassische Reihenfolge der irdischen Urelemente um und stimmt sie auf seine biblische Vorlage ab. Der lange Gesang aus dem Buch Daniel (Dan 3) wird verdichtet. So finden sich die Klima- und Wetterlagen, die im Lied der drei Jünglinge breiten Raum einnehmen, in die Strophe von Wind und Luft integriert. Damit entsteht ein harmonisch schönes Lied mit sechs Hauptstrophen und sieben Ur-Geschöpfen. Nach dem Aufgesang auf den „Höchsten, allmächtigen, guten Herrn" stimmt der Sänger „mit allen Geschöpfen" in ein Gotteslob ein, das Himmel und Erde verbindet. Sieben ist die Zahl der ganzen Schöpfung, die in Gottes Augen „ganz" und „sehr gut" ist. Das Lied wird zum poetischen Credo vor dem Hintergrund zeitgenössischer Strömungen, die dualistisch eine gute von einer schlechten Welt abgrenzen. So scheiden damals auch im Spoletotal eingewanderte Katharer in ihren Bußpredigten Himmel von Erde, Seele von Leib und Geistiges vom Sinnlich-Natürlichen. Das Schöpfungslied des Poverello bekennt sich zur Ganzheit der geschaffenen Welt: Niemand findet in den Himmel, der die Erde nicht liebt, und keine Seele wird frei, wenn sie den Leib verachtet. Kein Mensch kann Gott gefallen, wenn er dessen Schöpfung lieblos begegnet.

Die schöne, wahre und gute Ganzheit der Schöpfung aus Himmel und Erde gewinnt zusätzliche Farben durch das feinsinnige Spiel zwischen brüderlichen und schwesterlichen Geschöpfen – von denen die Erde auch Mutter ist. Vom selben, gemeinsamen Vater geschaffen, bilden alle Wesen eine einzige kosmische Familie. Franziskus lässt auf die starke Sonne – die in allen romanischen Sprachen maskulin und damit ein Bruder ist – die sanften Nachtgestirne Mond und Sterne – im Romanischen Schwestern – folgen. Mit ihnen singen paarweise Bruder Wind und Schwester Wasser, Bruder Feuer und Schwester-Mutter Erde. Vergegenwärtigen wir uns den Ort, an dem dieses Lied entstanden ist: San Damiano – ein kleines Kirchlein, in dem Schwestern und Brüder gemeinsam singen. Geschwisterliches Leben im Kleinen stimmt da ein in den universalen Lobgesang, den eine geschwisterliche Welt auf den Schöpfer singt.

Der Mensch in der Schöpfung

Der dritte Teil des Sonnengesangs bringt zwei formal etwas anders gestaltete Strophen in die ursprüngliche Komposition ein. Nach der Textsammlung von Perugia soll Franziskus die Menschenstrophe eigens zur Versöhnung von Bischof Guido II. und Podestà Oportulo di Bernardo (Bürgermeister) gedichtet haben. Die Strophe auf den Tod, der ungewöhnlich als „Schwester" erscheint und Teil des Lobpreises wird, soll aus den letzten Monaten seines Lebens stammen. Ob gestaffelt oder in einem Guss entstanden: Die Gesamtkomposition erhält mit der siebten Strophe einen eindrucksvollen menschlichen Part in ihren Chor, und die achte Strophe öffnet die besungene Schöpfung auf Gottes ewige oder neue Schöpfung hin. Der dritte Teil dieser dichten Poesie bezieht sich damit – nach Himmel und Erde – auf den Menschen, „in via" (auf dem Weg) und unterwegs „in patriam" (zum Vater), wie das Mittelalter mit Augustinus sagt.

Jedes Geschöpf singt auf seine Weise vom Schöpfer: Die Sonne tut es bildhaft mit ihrem Glanz und der Kraft, welche die Welt mit Leben und Farben füllt, Mond und Sterne sprechen von Gottes ewig leiser Gegenwart, Wind und Wetter zeugen von seiner Sorge um den Lebensunterhalt aller Geschöpfe, das Wasser singt von seinem kostbar erfrischenden Dienst am Leben, das Feuer von seiner kraftvollen Freude selbst in der Nacht und die Erde von seiner vitalen Phantasie.

Der Mensch hat die einzigartige Chance, Gottes Liebe persönlich zu erfahren und personal sichtbar zu machen. Am eindrucksvollsten tut er dies, wenn er „von Gottes Liebe getragen" *(per lo tuo amore)* auch dann noch liebt, wenn menschliche Liebe geprüft wird: etwa durch Schuld, Krankheit oder Stress und innere Spannungen *(tribulazione,* englisch: trouble). Menschen, die in der Kraft von Gottes Liebe verzeihen, die Schwäche durchstehen und Spannungen aushalten, die trotz Enttäuschungen und Krisen den Frieden bewahren, zeigen am deutlichsten, wessen Sohn und Tochter sie sind.

Jacques Dalarun hat darauf hingewiesen, dass der Sonnengesang auch die Machtfrage anspricht. Die Strophe über die Erde überrascht mit der Aussage, „sora nostra matre terra … ne sostenta et governa" – Schwester Mutter Erde ernährt und *regiert* uns! Eine radikal geschwisterliche Welt erträgt einzig die Herrschaft Gottes und

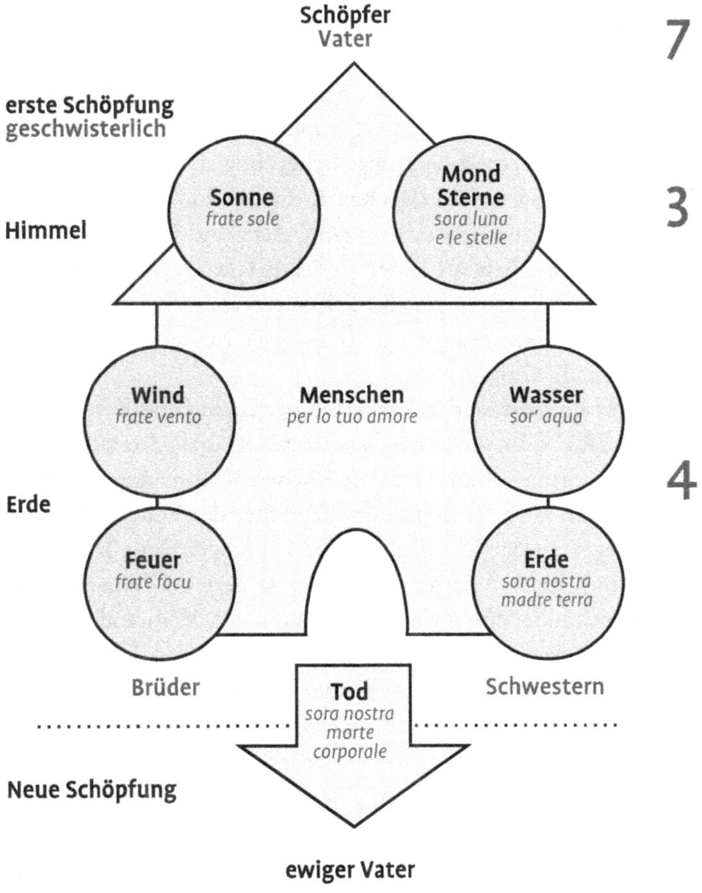

Gesamtkomposition des Sonnengesangs

kein menschliches Machtgebaren. Wollen oder müssen Menschen Leitungsverantwortung übernehmen, sollen sie sich am Dienst der Erde orientieren: Sie ermöglicht Leben, ernährt, erhält und fördert es. Obwohl wir von ihr abhängig sind, ordnet sie sich unter und dient allen Geschöpfen von unten. Entsprechend nennt Franziskus die für Provinzen oder die ganze Bewegung verantwortlichen Brüder „ministri et servi" (Diener und Knechte), und Clara versteht sich als Schwester, Mutter und Dienerin ihrer Gemeinschaft.

Schwester Tod und die ewige Welt

In der Menschenstrophe des Sonnengesangs wird eine Realität angesprochen, die in der folgenden Strophe auf den Tod weitergeführt wird: So gut und schön die jetzige Schöpfung als Ganzheit geschaffen und gefügt ist, sie kann noch nicht Gottes endgültige und ewige Welt sein. Die irdische Realität kennt Licht und Dunkel, sie kennt Sorge und Krankheit, sie leidet an der Erfahrung von Schuld und zerbrechlichen Beziehungen, ihr Friede ist gefährdet und ihr Leben vergänglich. Ebenso ernst wie hoffnungsvoll rundet die Strophe auf den Tod das Lied ab.

Die Personifikation des Todes und der Dialog mit ihm sind Stilmittel, die in der Literatur häufig auftreten. Dabei schreibt das hohe Mittelalter dem Tod auch im lateinischen Kulturraum männliche Rollen zu: Er wird als Schnitter, Herrscher der Unterwelt, Reiter oder Krieger, als bärtiges Skelett oder struppiger Faun, Jäger, Dieb, Mörder und Räuber, Ritter und König dargestellt. Franziskus fällt dagegen mit einer weiblichen Vorstellung auf. Während Johannes von Tepls „Ackermann aus Böhmen" (um 1400) den Tod im Streitgespräch anklagt, begrüßt der Bruder sterbend seine „sorella morte": Gezwungen, seine Liebsten zurückzulassen, folgt er dem Tod wie einer Gefährtin auf das weitere Stück Weg. Sie kennt den Weg, der aus dem irdischen Raum hinüberführt in eine andere Welt, vor Gottes Angesicht. Die irdische Welt ist in allem Schönen Vorgeschmack der neuen Schöpfung und erinnert zugleich in aller Vergänglichkeit daran, dass alle Geschöpfe hier nur Pilgernde sind. Am Ende bleibt ein dunkler Übergang ins Licht – oder aber in selbst gewählte Dunkelheit. Das Schöpfungslied spricht denn auch von einem zweiten Tod: „Wehe denen, die sich auf immer von Gott abwenden. Glücklich, die er mit sich eins findet: Der zweite Tod, die ewige Dunkelheit wird ihnen nichts anhaben!"

Dankbar spricht der Sonnengesang von Schwester Tod, die am Ausgang dieses Schöpfungshauses steht. Was ermutigt Franziskus zu seiner unerhört neuen Sicht eines schwesterlichen Todes? Einer Weggefährtin, die der Mensch meist nicht von sich aus sucht und deren Kommen doch zur Chance wird? Dass der Tod schwesterlich ins ewige Leben begleitet, hat Franziskus vielleicht schon in jener

Krise bei San Damiano entdeckt, die das Schöpfungslied hervorgebracht hat. Claras Schwestern sind ihm damals durch 50 Tage tiefster Dunkelheit beigestanden. Menschliche Nähe hat den Leidgeprüften gehalten, bis Gott selbst ihm lichtvoll am Ende des Tunnels erschien. Als Franziskus anderthalb Jahre später sterbend alle seine Gefährten zurücklassen muss, begrüßt er vertrauensvoll seine Schwester Tod, die ihn an der Hand nehmen und in Gottes neue Welt begleiten wird. Tiefer Glaube, der auf Erfahrung baut: Auf erfahrene Nähe von Menschen, die dunkle Wege mitgegangen sind, sowie auf die erfahrene Zuwendung Gottes, der sich dem jungen Franziskus bereits 1206 am Kreuz von San Damiano auf Augenhöhe zeigte und den blinden Bruder im Frühling 1225 aus seiner Krise befreite.

Der Sohn des Vaters in der Schöpfung

Niemand gewinnt den Himmel, der nicht die Erde liebt. Und nur jene gewinnen den Himmel, die Gottes Willen auch sterbend annehmen und von dieser Welt glaubend in die ewige wechseln. Christus selbst hat den Weg dorthin geöffnet. Dass sich in der Endkomposition 33 Verse zum Schöpfungslied fügen, ist von feinsinniger Symbolik: Die Zahl 33 erinnert an die irdischen Lebensjahre Jesu. So sehr liebt der Schöpfer seine Welt, dass er im Sohn 33 Jahre menschlich – mit Leib und Seele – in ihr lebte.

Die Aufmerksamkeit, mit der Franziskus Spuren Gottes und Zeichen für seinen Herrn in der Schöpfung findet, hat ein feinsinniges literarisches Zeichen in den Sonnengesang gelegt, das Anton Rotzetter und Leonhard Lehmann als Christusmonogramm identifizieren. Mittelalterliche Dichtung liebt das Spiel mit Finessen in der Komposition. Das Schöpfungslied bereitet mit den beiden Anfangsvokalen *A(ltissimo)* und *O(nnipotente)* auf das Christussymbol vor, das die Symbolzahl 33 ergänzt und übersteigt: Die drei Gottestitel in der ersten Zeile zeichnen gleichsam mit den entsprechenden Antworten des Menschen im Schlussvers den Namen Christi, der als A und Ω die Schöpfung seit Urzeiten erwirkt, durch alle Zeiten umfasst und am Ende einen wird: Wenn Franziskus die Schöpfung

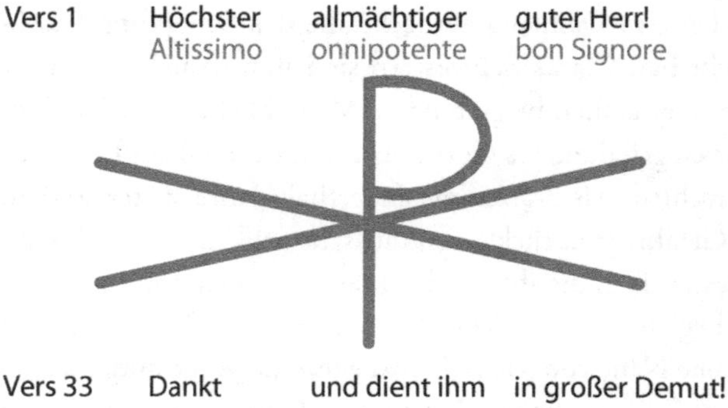

als Werk des Vaters – durch Christus geprägt, erwirkt, zusammengehalten, versöhnt und am Ende auch vereint – sieht, zeigt er sich tief biblisch inspiriert. Allwöchentlich werden im Abendgebet der Kirche neutestamentliche Cantica gesungen, welche die Sendung Christi auf die ganze Schöpfung, Geschichte und Vollendung hin deuten (Phil 2, Eph 1, Kol 1). Im Philipperbrief lesen wir: „Alles, was im Himmel, auf Erden und unter der Erde ist, wird bekennen: Jesus Christus ist der Herr, zur Ehre Gottes, des Vaters". Und der Epheserhymnus singt: „Im Voraus hat Gott uns dazu erwählt, seine Söhne und Töchter zu werden in Jesus Christus. ... Am Ende der Zeiten wird er alles, was im Himmel und auf Erden ist, in Christus vereinen".

Himmel und Erde in Christus vereint, alle Menschen durch den Sohn des Vaters zu Schwestern und Brüdern erwählt und alle Geschöpfe am Ende im Lob des Vaters versöhnt: Biblische Spiritualität urchristlicher Cantica, die das *Canticum creaturarum* des Franziskus feinsinnig durchwebt.

33 Jahre hat Gott selbst durch seinen Sohn mit Leib und Seele in der irdischen Welt gelebt. Durch Jesu Geburt, sein Leben und Sterben und durch seine Auferstehung wird sowohl die irdische Welt bejaht, als auch die ewige Welt zugänglich gemacht. Auf die Bedeutung Jesu für das Leben der Menschen, das Gesicht einer humanen Gesellschaft und menschliches Hoffen über das Irdische hinaus geht der zweite Abschnitt zur Spiritualität des Franziskus ausführlich ein.

6. Jesus Christus und eine menschliche Gesellschaft

Franziskus erkennt den Vater durch Christus. Im Prozess vor dem Bischof vollzieht er den provokativen Wechsel von Familie und Handelshaus des Pietro di Bernardone in den Dienst und unter die segnende Hand „unseres Vaters im Himmel". Das San-Damiano-Kreuz hat ihm den Vater Jesu vor Augen geführt, der auch ihm zum Vater wird und dessen Sorge allen Geschöpfen gilt.
Die für seine Lebenswahl entscheidenden Erfahrungen macht der Suchende aber mit Christus – auf gleicher Augenhöhe. Christusnachfolge wird nunmehr auch zur eigentlich tragenden und wegweisenden Dimension in seinem Glauben und Leben. Sie soll im Folgenden näher beleuchtet werden. Das Vaterbild, das der Gottessohn dem Poverello erschlossen hat, ermöglicht Franziskus einen radikal neuen Blick auf Menschen und Schöpfung. Seine Nachfolge des armen Christus wirkt sich ihrerseits auf die zwischenmenschlichen Beziehungen und den Dialog mit der Gesellschaft aus.

Da es Christus gibt …

Von seinen ersten vierundzwanzig Jahren bekennt Franziskus, er habe „gelebt, als ob es Christus nicht gäbe". Tatsächlich führt erst seine existenzielle Krise in einer langen Sinnsuche zu überraschenden und wegweisenden Erfahrungen. In San Damiano begegnet ihm Christus auf gleicher Augenhöhe; in der Folge dieser Begegnung kommt es zum Bruch mit der Familie, zu seiner Enterbung und zu seinem Abschied „aus der bürgerlichen Welt" *(exivi de saeculo).* Als Büßer restauriert er dann zwei Jahre lang kleine Landkirchen und sucht nach seinem Auftrag im Dienst Gottes. Erneut ist es eine Christuserfahrung, die ihm dann 1208 sein neues Leben zeigt. Das Evangelium von der Apostelsendung wird ihm zur persönlichen Beauftragung. Die Stimme des Rabbi aus Nazaret spricht ihm in dieser Festliturgie die gleiche Sendung zu wie den Jüngern damals in Galiäa (Mt 10). Franziskus beginnt, den Auftrag an die Apostel in seiner Zeit, in seine Gesellschaft und ihre Nöte hinein weiterzuführen. Als sich ihm erste Gefährten anschließen wollen, reagiert der neue Apostel konsequent: Einer allein ist Meister, einer allein Führer und Herr (NbR 22, 35). Einzig Christus kann daher Bernardo und Pietro ihren persönlichen Auftrag geben. Die Befragung des Evangeliums in der Marktkirche San Nicolò macht die Antwort dieses Meisters deutlich und weitet die Sendung des Poverello zu einer gemeinsamen. Die angewandte Praxis dieser „Befragung Christi" wird von der Kirche nicht gern gesehen, weder damals noch heute. Tatsächlich kann sie zu fundamentalistischen Verirrungen führen. Gefährtenberichte zeigen allerdings bei der Berufungserfahrung in der Portiuncula, dass der Poverello das Evangelium mit freier Seele und wachem Verstand anhört. Erst nachdem er den Priester über den vorgetragenen Abschnitt befragt hat und seine Fragen im Gespräch geklärt findet, ruft er aus: „Das ist es, was ich mit allen Kräften zu erfüllen wünsche!" (Gef 25). Jesu Auftrag an die Apostel wird zur „forma", zur Lebensform der entstehenden Bruderschaft.

Franziskus entdeckt ein sprechendes biblisches Bild für die Sendung, die er selbst und seine ersten Brüder erhalten: den Fußspuren Jesu Christi nachgehen (1 Petr 2,21). Der Poverello wird mit seinen Gefährten eine eigene Art des apostelgleichen Lebens entfalten. Seine Bewegung lässt sich weder mit büßenden Laieneremiten vergleichen, noch denkt er an ein Kloster. Neuer Wein braucht neue Gefäße: Weder ein monastisch geregeltes oder eremitisch abgelegenes Leben, noch das priesterliche Wirken einer städtischen Kanonikergemeinschaft entsprechen dem entdeckten Charisma. Die Brüder werden die Einsamkeit lieben und suchen, um sich jedoch ebenso entschieden in den Städten und auf den Feldern nützlich zu machen. Anders als Priester arbeiten sie mit ihren Händen, leisten niedrigste Dienste und verkündigen auch das Evangelium auf Laienart. Nicht die Urgemeinde und nicht der Rückzug Jesu in die Wüste, sondern sein Wanderleben mit Jüngern durch Galiläa wird ihr Ideal, ihr eigener Auftrag und ihre Lebensform. Der Erfolg der Brüder erklärt sich nicht nur aus der Radikalität, sondern auch aus der Originalität, mit der sie die „vita apostolica" in ihre eigene Realität und die spirituelle Sehnsucht ihrer Zeit umsetzen.

Franziskus' Suchbewegung und schrittweises Entdecken Gottes

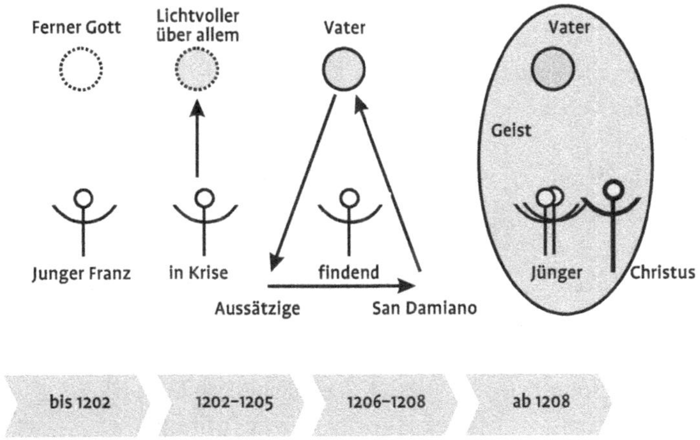

Der junge Franziskus kennt nur einen fernen Gott. Er feiert seinen Kult mit, ohne zu einer vitalen Gottesbeziehung zu finden. Im Dunkel einer Lebenskrise sucht er den Lichtvollen über allem. Der Höchste führt ihn unter die Kleinsten, weckt seine Liebe unter Aussätzigen und überrascht ihn in San Damiano in der Gestalt des Menschensohnes auf Augenhöhe. Zwei Einsiedlerjahre führen zur vollen Erleuchtung: Gott erweist sich als Vater aller Menschen, als Bruder und Meister, der den Weg zu neuer Lebensfülle weist, und als Geisteskraft, die jeden Menschen inspiriert.

Viele Namen für den einen Christus

Wie zentral die Beziehung zu Christus für den Poverello wird, ist auch wortstatistisch erkennbar. Während der „Vater" 100 Mal in den rund dreißig erhaltenen Schriften angesprochen wird und der „Heilige Geist" 87 Mal, begegnen der „Sohn" 89 Mal und „Christus" 83 Mal. Der Befund wird noch aufschlussreicher, wenn Thaddée Matura in den Schriften des Heiligen 48 verschiedene Bezeichnungen für Christus ausmacht (29 Substantive und 19 Adjektive). Wenn die franziskanische Spiritualität auch zu Recht das irdische Leben Jesu „von der Krippe bis zum Kreuz" ernst nimmt, verliert sie dennoch Christi göttliche Herkunft und seine Verherrlichung nicht aus dem Auge: die „göttlichen" Titel übertreffen bei Franziskus numerisch die geschichtlich-irdischen Bezüge. Die Namen sind, geordnet nach der Häufigkeit ihres Auftretens:

Deus
Dominus
Dominus Deus Israel
Herr des Universums
Wort des Vaters
Filius
Sohn des Vaters
Filius Patris vivi …
Filius Altissimi
Jesus Christus
Dominus noster Jesus Christus
Mensch
Menschensohn
Knabe (puer)
Jesus
Herr Jesus
Weisheit (sapientia)
Licht (lux)
Brot
Lamm
Hirte
Meister, Lehrer
Leiter (episcopus)
Bruder
Bräutigam
Weg (Via)
Wahrheit (Veritas)
Leben (Vita)
Christus
dem Vater gleich
Einziger
Wahrer
Würdiger
Gesegneter (benedictus)
Lichtvoller (gloriosus)
Höchster (summus)
Höchster (altissimus)
Geliebter (dilectus)
Reicher
Für-uns-geboren
uns-geschenkt
Armer
Gast
Geopferter
Unsterblicher
Sieger
Verherrlichter

Intimität mit Christus

Das Leben mit Christus ist für den Poverello keine elitäre Berufung. Die gregorianische Reform des 11./12. Jahrhunderts hat nur Ehelosen eine vollkommene Nachfolge und Christusnähe zuerkannt und diese Nachfolge deshalb an eine Priester-, Mönchs- oder Nonnenweihe gebunden. Im Gegensatz zu dieser monastischen Bewegung erlebt die franziskanische Bruderschaft die eindrücklichsten Erfahrungen mit Christus ganz unten in Gesellschaft und Kirche: unter den Ausgeschlossenen, den Armen und im Büßerstand, den die Kirche ursprünglich für ihre verlorenen Söhne und gestrauchelten Töchter eingerichtet hat. Selbst Laie sowie „arm, klein" und „ungebildet", entdeckt Franziskus das „Leben der Apostel" nicht nur persönlich, sondern sieht Menschen aller Stände und jeden Gläubigen dazu berufen. In seiner eigenen Bruderschaft sammeln sich die unterschiedlichsten Menschen: vom vornehmen Notar Bernardo über den gelehrten Juristen Pietro und den Handwerker Egidio bis zum Bauern Giovanni da Nottiano, dessen Einfalt ihn als „Johannes Simplex" in die Geschichte eingehen lässt. Zu ihnen stoßen Ritter wie Rufino, ein Sänger wie Angelo Tancredi, eine junge Adelstocher wie Clara, ein Bibeltheologe wie Cäsar von Speyer, eine Politikernatur wie Frate Elia, ein Schriftsteller wie der Grafensohn Tommaso da Celano und ein brillanter Prediger wie Antonius. Nicht nur sie, die in der Folge zwar unklösterlich, doch ehelos leben, können Christus radikal und unzertrennlich folgen. Die Schriften des Heiligen sprechen mit eindrücklicher Deutlichkeit zu „Männern und Frauen, Arbeitern und Fürsten, Priestern und Laien, Verheirateten und Ehelosen" (NbR 23). Wie die soziale Revolution in Assisi allen Bürgern demokratische Rechte und politische Mündigkeit erkämpft hat, so öffnet die Armutsbewegung auch hier den Weg der Gottesfreundschaft allen Menschen – auch den Verachtetsten. Im Brief an alle Gläubigen skizziert Franziskus eine entsprechende Lebensform für Menschen, die in ihrer Ehe, Familie und Berufstätigkeit bleiben. Er ermutigt sie, am eigenen Ort und auch sesshaft dem irdisch-menschlichen Weg des Gottessohnes zu folgen. Sie treten damit zugleich in eine nahe Verbindung mit dem verherrlichten, höchsten Herrn. Dichte Zeilen drücken die Intimität einer Christusbeziehung aus, die jedem und jeder offensteht:

> *Und alle jene Männer und Frauen … werden Söhne und Töchter des himmlischen Vaters sein, dessen Werke sie tun. Und sie sind Anverlobte (sponsi), Geschwister und Mütter unseres Herrn Jesus Christus. Anverlobte sind wir, wenn die gläubige Seele durch den Heiligen Geist mit Christus verbunden wird. Geschwister sind wir ja, wenn wir den Willen seines Vaters tun, der im Himmel ist. Mütter sind wir ihm, wenn wir ihn durch die Liebe und ein reines lauteres Gewissen in unserem Herzen und Leibe tragen; wir gebären ihn durch ein heiliges Wirken, das anderen als Vorbild leuchtet* (2 Gl 48–53).

Der Poverello stützt seine Trias familiärer Christusverbundenheit im Brief an die Gläubigen auf drei Bibelzitate, die er zu einer einzigartigen Intimität bündelt. Die Zeilen greifen zunächst zwei Zusagen aus der Bergpredigt auf: „Selig die Friedfertigen, denn sie werden Söhne und Töchter Gottes heißen" und „betet für die, die euch verfolgen, damit ihr Söhne und Töchter eures Vaters im Himmel werdet" (Mt 5,9.45). Dann deutet Franziskus das Wort Jesu in Kafarnaum als Einladung zur spirituellen Geschwister- und Mutterschaft mit dem Auferstandenen. Der Rabbi distanziert sich von den eigenen Angehörigen und fragt: „Wer ist meine Mutter, und wer sind meine Brüder? Und er streckte die Hand über seine Jünger aus und sagte: Das hier sind meine Mutter und meine Geschwister. Denn wer den Willen meines himmlischen Vaters erfüllt, der ist für mich Bruder und Schwester und Mutter" (Mt 12,48–50). Die spirituelle Mutterschaft wird von Franziskus im Sinn der allegorischen Schriftauslegung speziell vertieft: Jeder Mensch kann Christus durch gelebte Liebe in der eigenen Seele tragen und mit dem eigenen Leib zur Welt bringen „durch Taten, die anderen leuchten". Die Intimität zu Christus wird noch ergänzt und gesteigert durch eine spirituelle Brautschaft. Für dieses Motiv findet der Verfasser keinen biblischen Vers mehr. Er atmet indirekt aber die Luft der Brautmystik, die seit Origenes das biblische Hohelied der Liebe auf die innige Freundschaft zwischen Christus und der Seele gedeutet hat. Die großen Zisterzienserautoren des 12. Jahrhunderts haben diese Mystik vor allem in Klöstern zur Blüte geführt. Franziskus traut mit Bildern intimster Verbundenheit – Mutterschaft und Brautschaft – dagegen jedem und jeder Gläubigen tiefste und vertrauteste Nähe zum Gottessohn zu. Sie öffnen die Jüngerschaft unabhängig von Stand und Lebensform auf alle Menschen und verleihen ihr Farben, die weit über das Geschwisterliche hinausgehen.

Einführung in das Leben des Evangeliums

Wenn sich seiner eigenen Bruderschaft neue Mitglieder anschließen wollen, um mit dem Evangelium auch „der Armut und Demut des

Herrn Jesus Christus zu folgen", sieht Franziskus in beiden Regeln eine liebevolle Aufnahme vor. Im Gegensatz zur Praxis der alten Wüstenväter und der klassischen Mönchstradition werden Kandidaten nicht langen und demütigenden Prüfungen ihrer Standhaftigkeit ausgesetzt. Prüfstein ist ihre Bereitschaft, dem Rat Jesu mit größter Freiheit zu antworten:

> *Will jemand von Gott inspiriert dieses Leben annehmen und kommt zu uns Brüdern, werde er von ihnen liebevoll aufgenommen. Ist er entschlossen, unser Leben zu wählen, sollen die Brüder sich sehr hüten, sich in seine materiellen Angelegenheiten einzumischen; vielmehr sollen sie ihn möglichst bald ihrem Minister vorstellen. Der Minister nehme ihn gütig auf und bestärke ihn und erkläre ihm liebevoll die Eigenart unserer Lebensweise. Wenn der Genannte das will und es vom Geist geführt ungehindert kann, dann soll er all seine Habe verkaufen und seinen Besitz unter die Armen zu verteilen suchen. … Und wenn er zurückkommt, soll der Minister ihn einkleiden für eine Einführungszeit von einem Jahr… Ist dieses Jahr und die Zeit der Erprobung beendet, werde er für immer in die Gemeinschaft aufgenommen (NbR 2).*

Die Bullierte Regel (BR 2) stellt der Aufnahme einige kirchenrechtliche Abklärungen voraus und verdeutlicht dann, woran die Berufung Interessierter erkannt wird: indem sie auf „das Wort des Evangeliums" hin „gehen und all das Ihrige verkaufen und Sorge tragen, es unter die Armen zu verteilen".

Clara wendet dasselbe Vorgehen an, stützt die Aufnahme allerdings auf die Beratung und Zustimmung der ganzen Gemeinschaft (KlReg 2). Die betonte Güte und Liebe im Umgang mit Kandidaten spiegelt wohl nicht nur dankbare Freude über einen neuen „Bruder, den Gott selber schenkt" (Test). Erneut ist es Christus, der Franziskus zur Abkehr von der alten Mönchstradition ermutigt: Das Evangelium, das einem Interessierten sorgsam dargelegt werden soll, schildert die Begegnung Jesu mit einem reichen Mann. Als dieser im Erfüllen aller Gebote noch keine Vollendung fand, „sah Jesus ihn voller Liebe an und sagte: Eines fehlt dir noch: Geh, verkaufe, was du hast, gib das Geld den Armen, und du wirst einen bleibenden Schatz im Himmel haben; dann komm und folge mir nach!" (Mk 10, 21).

Auch noch in den Zwanzigerjahren hat die franziskanische Bewegung ihre Novizen von Anfang an mit den anderen Brüdern losziehen lassen. Jacques de Vitry runzelt 1220 in einem Brief aus Damiette die Stirne darüber, dass „nicht nur die Vollkommenen, sondern auch Junge und Unreife zu zweit durch die ganze Welt ziehen", die er – als früherer Kanoniker – „eine Zeitlang unter klösterlicher Zucht erprobt" hätte (2 Vitry). In Deutschland feiert ein Novize gar, als einziger Priester für die Brüder von Speyer und Worms, 1222 an Festtagen die Gemeinschaftsmesse und hört die Beichte der gestandenen Brüder (Jord 28). Giordano da Giano durchwandert 1224 Thüringen mit dem Novizen Hermann, der Priester ist und predigt. Auch in der ersten England-Expedition setzen mit sieben anderen Brüdern zwei Novizen, William of Ashby und ein gewisser Jacques, von Frankreich aus über den Ärmelkanal (Eccl 4).

Die gemeinsame Praxis der radikalen Nachfolge „in den Fußspuren Jesu" ist für die frühen Franziskaner Ausbildung genug. Denn „einer allein ist Meister" – Marias geliebter Sohn und Herr (NbR 22; Off 0). Güterverkauf und Einkleidung begründen die entschlossene Wahl einer neuen Lebensweise. Im Herbst 1220 wird vom Papst jedoch ein Probejahr eingeführt, das der Profess vorausgeht. Es ermöglicht, die definitive Lebensentscheidung auf mehrmonatige Erfahrung abzustützen. Erst 1244 wird das erfüllte Noviziat aber Voraussetzung für eine gültige Profess.

Nachfolge in der Phantasie der Liebe

Bereits seit über zehn Jahren ist Bruder Leone mit dem Poverello unterwegs und sein vertrautester Gefährte. Obwohl er kein Anfänger mehr ist, drängt er nach präziseren Anweisungen für die Nachfolge. In unbeholfen gekritzelten Zeilen antwortet Franziskus als „sein Bruder" und zugleich mütterlich sensibel. Doch ihre gemeinsam gewählte evangelische Freiheit braucht keine Normen. Franziskus hütet sich, in die Rolle eines Führers oder Meisters zu schlüpfen:

Bruder Leo, von deinem Bruder Franziskus Frieden und alles Gute. So sage ich Dir, mein Sohn, wie eine Mutter, denn alle Worte, die wir gesprochen haben auf dem Weg, fasse ich kurz in dieses Wort und rate Dir so – und du brauchst (nachher) nicht, um Rat zu holen, zu mir zu kommen. Denn ich rate Dir so: auf welche Weise auch immer es Dir besser erscheint, dem Herrn unserem Gott zu gefallen und seinen Fußspuren und seiner Armut zu folgen, so tut (!) es mit dem Segen des Herrn unseres Gottes und brüderlich verbunden mit mir. Und wenn es notwendig ist für Deine Seele, um eines Trostes willen oder wenn Du von Dir aus möchtest, zu mir zurück zu kommen – komm! (Leo)

Das Briefchen, das Leone dann über 50 Jahre lang in seiner Kutte mit sich trägt, spiegelt die Freiheit urfranziskanischen Lebens. Selbstverantwortung verbindet sich mit Solidarität. Kein Bruder und keine Vorschrift dürfen sich zwischen Christus und denjenigen oder diejenige stellen, die ihm aus Liebe folgen. Nicht Gesetze oder Weisungen eines anderen, sondern die eigene Phantasie weiß am besten, wie der Jünger seinem Meister und der Freund seinem Freund gefällt. Der Poverello weckt im Gefährten den Mut, sich in der Nachfolge aufs Neue von der Phantasie der eigenen Liebe leiten zu lassen.

Was für Leone gilt, zeigt sich im *Brief an den Orden* für alle Brüder. Franziskus formuliert da den Prolog der Benediktsregel in bemerkenswerter Weise um:

Benediktsregel	**Franziskus an den Orden**
Höre, mein Sohn, auf die Lehren des Meisters und neige das Ohr deines Herzens.	Hört, ihr Söhne Gottes und meine Brüder, und vernehmt mit euren Ohren meine Worte. Neigt das Ohr eures Herzens und gehorcht der Stimme des Sohnes Gottes.
Nimm die Mahnung des gütigen Vaters willig an und erfülle sie in der Tat.	Bewahrt seine Gebote in eurem ganzen Herzen und erfüllt seine Räte in vollkommener Gesinnung.

Der Mönchsvater und spirituelle Meister sprach zum jungen „Sohn", dem er in der folgenden Regel seine Vorschriften und Weisungen (*praecepta magistri*) unterbreitet. Franziskus jedoch verweist seine „Brüder" als „Söhne Gottes" entschieden auf die „Stimme des Gottessohnes" und dessen „Gebote und Räte".

Ebenso deutlich wird Clara zwölf Jahre später an Agnes nach Prag schreiben. Obwohl die Schwester das Wanderleben der Brüder nicht teilt und dem biblischen Nachfolgemodell von Marta und Maria in Betanien folgt, drücken ihre Briefe eine erstaunliche Wegspiritualität aus. Nachfolge Christi ist nur „unterwegs" möglich. Ohne den Papst und seine isolierende Klausurpolitik beim Namen zu nennen, rät Clara der böhmischen Königstochter:

Eile in schnellem Lauf, mit leichtem Schritt ...
Steige sicher, freudig und munter
den Weg der Seligkeit hinauf.
Glaube dabei nichts und willige in nichts ein,
das dich von diesem Vorsatz abbringen
oder dir einen Stein in den Weg legen könnte,
damit du in jener Vollkommenheit,
zu der dich der Geist des Herrn berufen hat,
deine Versprechen dem Höchsten erfüllst ...
Wenn Dir aber jemand etwas anderes sagen,
etwas anderes einreden würde,
was deiner evangelischen Nachfolge hinderlich wäre,
so sollst du ihn zwar ehren,
seinem Ratschlag aber nicht folgen.
Vielmehr den armen Christus umarme, arme Jungfrau! (2 Agn)

Wenige Jahre zuvor hatte Clara, von Franziskus zwischen 1211 und 1226 mehrfach ermutigt, den Papst daran erinnert, dass die Schwestern Christus selbst folgen und er sich nicht dazwischen stellen darf (LebKl 14).

Die „Armut des Herrn Jesus Christus"

Claras Gemeinschaft lebt an jenem Ort, wo dem suchenden Kaufmann 1206 Christus in seinem Menschsein vor die Augen trat: nackt, arm und ausgeschlossen vor der Stadt am Kreuz. Franziskus folgt ihm zunächst in die Nacktheit, die Armut und den Ausschluss. Zwei Jahre später bestätigt die Entdeckung der *vita evangelica et apostolica* die gewählte Armut, öffnet sie aber zu einem Leben in den Fußspuren Jesu. Als sich im gleichen Frühling 1208 Brüder anschließen, entfalten sie die „Lebensweise der Apostel" zeitgemäß und mit Blick auf die Bedürfnisse ihrer Welt: Von Jahr zu Jahr werten Generalkapitel die Erfahrungen aus und passen sie der schnell wachsenden Bewegung an, bis die Lebensform in der Regel von 1223 definitive Anerkennung findet. Der Kern des Charismas bleibt dabei aber gleich. Markant beginnt und endet die approbierte Regel mit den entscheidenden Aussagen: „Das Leben und die Regel der Brüder ist dieses: das Evangelium unseres Herrn Jesus Christus zu beobachten durch ein Leben in Gemeinschaft, ohne Eigentum und in Keuschheit" – „auf dass wir die Armut und Demut und das Evangelium unseres Herrn Jesus Christus beobachten, was wir fest versprochen haben."

In der Geschichte der christlichen Spiritualität lassen sich drei Formen sichtbarer Armut unterscheiden, die freiwillig auf sich genommen der Bergpredigt oder der Apostelsendung Jesu bzw. dem Ideal der Urgemeinde folgen: 1. die Armut der Anachoreten oder Einsiedler, die nach Jesu Rat an den reichen Mann auf allen Besitz verzichten, den Erlös den Armen geben und ein radikales individuell-charismatisches Leben wählen (Mk 10). Viele distanzieren sich dazu von der Gesellschaft, folgen Jesus „in die Wüste" und ziehen sich in die Einsamkeit zurück. Ein frühes und berühmtes Beispiel ist Antonius von Ägypten. 2. Gemeinschaften, die nach dem Modell der Jerusalemer Urgemeinde eine teilweise Gütergemeinschaft praktizieren (vgl. Apg 2). Die meisten monastischen Gründungen und Reformen wählen diese Form der Armut. 3. Gruppen, in denen sowohl der Einzelne als auch die Gesamtheit auf Güter verzichten und die oft der Jüngerrede (Mt 10) folgend zur Wanderpredigt übergehen. Das gilt für Aufbrüche der hochmittelalterlichen Armutsbewegung.

Franziskus fügt sich mit seiner Sicht Jesu in die weite Armutsbewegung seiner Zeit. Diese hat bereits hundert Jahre vor ihm mit den *Pauperes Christi* um Robert d'Arbrissel radikal arme Wanderprediger nach dem Vorbild der Apostel aufbrechen sehen. Ihnen folgten andere Gruppen, von der Amtskirche verketzert, unter denen die frühen Waldenser dem franziskanischen Aufbruch sehr nahe kommen. Franziskus ließ sich allerdings nicht von solchen Gruppen inspirieren. Er musste seinen Weg durch eine jahrelange, schmerzliche Suche selbst entdecken. „Niemand zeigte mir, was ich tun soll. Der Höchste selbst hat mir offenbart, ich solle *vivere secundum formam sancti Evangelii*" (Test 14). Die „Armut Jesu" und seiner Apostel wird – von ihm und den ersten Gefährten laienhaft verstanden und übernommen – zur eigenen Lebensform. So sehr sie die Amtskirche verunsichern und die städtische Gesellschaft provozieren wird (AP 14–26), verstand sie sich primär weder als Protest gegen den Frühkapitalismus des entstehenden Bürgertums noch als Kritik an reichen und mächtigen Bischöfen. Franziskus denkt auch nicht wie sein Zeitgenosse Dominikus, der seine Gefährten missionsstrategisch zu einer funktionalen Armut verpflichtet, um die häretischen Gegner mit eigenen Waffen zu schlagen.

Die frühen Brüder wählen ihre Form der Armut, um dem armen Christus zu folgen. Schriften und Biografen bestätigen das Grundmotiv dieser Lebenswahl – und die sozialen Folgen:

> *Die Brüder sollen sich nichts aneignen, weder Haus noch Ort noch eine andere Sache. Und wie Pilger und Fremdlinge in dieser Welt, die dem Herrn in Armut und Demut dienen, mögen sie voll Vertrauen um Almosen bitten gehen, ohne sich zu schämen, denn der Herr selbst hat sich für uns in dieser Welt arm gemacht (BR 6, 1–3).*

Tommaso da Celano erinnert an ein bezeichnendes Wort des Poverello, der seine Brüder zum Betteln ermuntert: „Liebste Brüder, der Sohn Gottes war vornehmer als wir, er, der sich für uns in dieser Welt arm gemacht hat. Um seiner Liebe willen haben wir den Weg der Armut erwählt. Wir dürfen uns darum nicht schämen, betteln zu gehen. ... Viele Adelige und Weise werden sich unserer Gemeinschaft anschließen und eine Ehre darin sehen, um Almosen zu betteln ..." (2 C 74).

Von der Krippe bis zum Kreuz

Die Armut, die Franziskus mit seinen Gefährten wählt, ist die liebende Antwort auf Jesu Liebe. Sowohl der äußeren als auch der inneren Armut des Gottessohnes versuchen sie zu folgen. Äußerlich verzichten sie dabei wie der Meister auf jede Bleibe und jeden Schutz. Öfter zitiert Franziskus deshalb das Wort über die Füchse und die Vögel und den heimatlosen Gottessohn (vgl. Mt 8, 20 mit 2 C 56). Wenn der Poverello das Leben Jesu betrachtet, wird er ergriffen von der sichtbaren Armut, die seinen Herrn von der Krippe bis zum Kreuz begleitet:

> *Das Geburtsfest Jesu … nannte er das Fest der Feste, an dem Gott, ein kleines Kind geworden, an menschlicher Brust trank. … Er wünschte, dass an diesem Tag die Armen und Hungrigen von den Reichen gespeist würden und dass man Ochs und Esel mehr Korn und Heu gebe als sonst. ‚Wenn ich', sprach er, ‚mit dem Kaiser reden kann, so werde ich ihn bitten, er solle über ein Reichsgesetz veranlassen, dass womöglich alle Leute Weizen und Korn auf die Wege streuen, damit auch die kleinen Vögel an einem solchen Hochfest Überfluss an Nahrung haben, besonders die Lerchen, unsere Schwestern.' An die arme Jungfrau, die an diesem Tag bitterste Not litt, dachte er nicht ohne Tränen (2 C 199–200).*

Wer sich den Brüdern anschließen will, muss den Rat Jesu an den reichen Mann befolgen und sich radikal von allem Besitz trennen (NbR 2, 4; BR 2, 5; vgl. LM 7, 3). Bernardo da Quintavalle ist das klassische Beispiel für diese Wahl äußerster Armut (Gef 29, 1 C 24). Die Lebensweise der Brüder soll sich dann auszeichnen durch radikale Armut in Kleidung (NbR 2, BR 2), durch Arbeit ohne Lohnforderung (NbR 7, BR 5), im Essen (2 C 61) und einem heimatlosen Wanderleben als Pilger und Fremdlinge (Test 28). Wie Jesus selbst, so scheuen auch die Brüder den Kontakt mit Ausgegrenzten und Menschen schlechten Rufes nicht, sondern zeigen ihnen besondere Aufmerksamkeit und Zuwendung:

> *Alle Brüder sollen bestrebt sein, der Armut und Demut unseres Herrn Jesus Christus nachzufolgen. … Wie der Apostel gesagt hat, haben*

wir von der ganzen Welt nichts anderes nötig als Nahrung und Kleidung. ... Und sie sollen sich freuen, wenn sie mit unbedeutenden und verachteten Leuten umgehen, mit Armen und Schwachen und Kranken und Aussätzigen und Bettlern am Wege. ... Auch unser Herr Jesus Christus ist arm gewesen und ein Fremdling und hat von Almosen gelebt, er selbst, die selige Jungfrau und die Jünger (NbR 9; vgl. 2 Gl).

Anders als in der Leidensmystik des späten Mittelalters steht dem Poverello das ganze Leben Jesu vor Augen. Sein Passionsoffizium verbindet sich mit Gebetstexten zum Advent und zu Weihnachten. Die Gefährten erinnern an Franziskus' ersten Bettelgang „um der Liebe dessen willen, der arm geboren wurde, ganz arm gelebt hat in dieser Welt, nackt und arm am Kreuz gestorben und in fremdem Grabe bestattet worden ist" (Gef 22). Clara wird dafür ein fraulich sprechendes Bild finden. Das ganze Leben Jesu soll ihrer Freundin Agnes wie ein Spiegel werden, in den sie täglich schaut:

In diesem Spiegel erstrahlen die selige Armut, die heilige Demut und die unaussprechliche Liebe. ... Beachte die Armut dessen, der da in der Krippe liegt und in Windeln eingehüllt ist. ... In der Mitte des Spiegels aber betrachte die Demut, wenigstens aber die Armut, die unzähligen Entbehrungen und Mühen, die er zur Erlösung der Menschheit auf sich genommen hat. Am Ende dieses Spiegels aber beschaue die unaussprechliche Liebe, mit der er am Stamme des Kreuzes leiden und den schimpflichsten Tod sterben wollte.

Der Bogen ihrer Betrachtung führt weiter zum himmlischen Bräutigam, seinen duftenden Salben, seinem Weinkeller und seinen Küssen (4 Agn).

Eine Freundin und Gefährtinnen Jesu

Während die Mönchstradition seit den Wüstenvätern und mit Benedikt von Nursia im ganzen Abendland auf erfahrene Meister setzt, lässt Franziskus sich lieber von Frauen leiten. Nicht ein „magister", sondern „dominae" und ein einziger „Dominus" begleiten die Brüder auf dem Weg.

Sei gegrüßt, Königin Weisheit,
der Herr erhalte dich
mit deiner Schwester, der reinen Einfalt!
Sei gegrüßt, Herrin heilige Armut,
der Herr erhalte Dich
mit deiner Schwester, der heiligen Demut!
Sei gegrüßt, Herrin, heilige Liebe,
der Herr erhalte dich
mit deiner Schwester, dem heiligen Gehorsam! (GrTug)

„Gehorsam" müsste im Deutschen als „Schwester", vom Geist des Poverello her ebenfalls weiblich als „geschwisterliche Wachheit" übersetzt werden. Der Poverello liebt das „Frauliche" in seiner Spiritualität, wie Jacques Dalaruns grundlegende Quellenstudie eindrücklich aufgezeigt hat. Schon ein kurzer Vergleich mit der Benediktsregel kann den Unterschied im Ton und Empfinden illustrieren. Der Kaufmannssohn lernt nicht von Meistern, Vätern und Hirten, sondern von edlen Frauen, die der Herr selbst sich zu Lebensgefährtinnen erwählt hat – und durch die der Herr, der einzige Meister (Ord 6), spricht. Werte und Tugenden, die ihm lieb sind, besingt der Poverello als edle Schwestern, die er wegen ihrer Nähe zum Herrn seine *regina* und *dominae* nennt. „Königin" ist Gottes Weisheit, und Frau Armut die geliebte „Herrin", die Christus von der Krippe bis zum Kreuz begleitet hat.

Wenn der Poverello zur Armut spricht, handelt er nicht von Verzicht. Er meint kein asketisches Tun und schon gar nicht einen Verlust an Freude und Leben. Es geht nicht primär um ein Tun oder Lassen – materiell messbar. Auch moralische Maßstäbe würden hier empfindlich stören. Wenn Franziskus die Armut anspricht, wird eine Beziehung spürbar, die sich auf menschliche Beziehungen insgesamt auswirkt. In Texten wie dem eben zitierten singt Franziskus zu einer „Frau", die ihn fasziniert. Armut ist weder Pflicht noch Auflage, sondern das Verhalten eines Mannes, der einer schönen Frau gefallen will. Schon kurz nach seinem Tod wird Tommaso da Celano fremde Töne in diese Spiritualität mischen und von der „Braut Armut"

Christus verbindet Franziskus mit Frau Armut (Angeletto da Gubbio, Basilica San Francesco in Assisi, um 1320): Literatur und Bilder beginnen ab 1250, die Liebe des Franziskus zur Armut des Herrn von der hohen Minne in die niedere Minne umzudeuten: Suchte Franziskus der geliebten Gefährtin Jesu durch seine Christusnachfolge zu gefallen wie ein Ritter der Frau seines Herrn, so wandelt sich die Armut nun zur Freundin des Bruders. Der Giottoschüler zeigt die Armut verächtlich gekleidet in einem Dorngestrüpp, doch edel in ihren Zügen und ihrer Art. Franziskus hat für sie Mobilien und Immobilien aufgegeben, die zum Himmel getragen werden und sich in ewige Reichtümer verwandeln. Engel und Tugenden wohnen der Trauungszeremonie bei, während unverständige Bengel Steine gegen die Armut schleudern.

schreiben (1 C 35; 2 C 55): ein Motiv, das sich bei Franziskus selbst ebenso wenig findet wie in den frühen Gefährtenberichten. Bonaventura und die Malerei in der Grabeskirche werden die *Paupertas* dann allzu selbstverständlich als Vermählte des „Pauperculus" darstellen.

Angeletto da Gubbio schreibt Geschichte mit seinen Fresken über dem Altar der Unterkirche. Eines zeigt Christus, der den Poverello mit der Braut Armut vermählt, die den Ring aus der Hand des armen Bruders entgegennimmt.

Für Franziskus war Frau Armut die edle Geliebte des Gottessohnes, und ein Ehebund mit ihr undenkbar. Der Poverello versteht sich als Ritter im Dienst Christi. Seinem Herrn treu folgend, verehrt er auch dessen Lebensgefährtin – in Liedern und in seinen Taten. Wenn der König des Himmels sich klein und arm gemacht, wenn der „höchste Herr" sich von der Krippe an die Armut erwählt, ihr als Zimmermann und als Wanderprediger mit leeren Händen treu bleibt und schließlich nackt stirbt, können echte Diener es ihm nur gleichtun: seinen armen Fußspuren in treuer Liebe zur Armut folgen. Armutsliebe nimmt bei Franziskus die Züge des Minnedienstes an – den er nicht im Zeichen der Niederen, sondern der Hohen Minne (*fin'amor*) lebt: Liebe zur Erwählten des Herrn. In der „domina paupertas" personifiziert sich die arme Lebensweise des Rabbi. Wenn das frühfranziskanische Mysterienspiel des ‚Sacrum Commercium' nach 1250 Franziskus' Spiritualität treffend wiedergibt, wie Engelbert Grau meint, lässt sich Frau Armut wie folgt verstehen:

Vom Alten Testament her als Schwester von Frau Weisheit, die vor Gott tanzt und die Menschen liebt und letzteren den richtigen Umgang mit einer schön geschaffenen Welt lehrt (Spr 8). Die Armut erscheint im Paradies als Vertraute Adams, der sich sein Glück mit der Zuwendung zur Habsucht verscherzt (SC 28).

Vom Neuen Testament her ist Frau Armut die faszinierende, aber verächtlich erscheinende Erwählte des Herrn: Er selbst hat als König der Herrlichkeit einfache Eltern ausgesucht, arme Kleider angezogen und ist so demütig erschienen, dass Menschen ihn verkennen, verwerfen und verfolgen konnten. Mit freiwilliger Armut hat der Herr aber den Weg zum Heil erschlossen und hat mit leeren Händen „Leben in Fülle" spürbar gemacht – arm an Dingen und reich an Menschlichkeit.

Mit Blick auf die Apostel und die Urkirche zeigt freiwillige Armut die Wahrheit der evangelischen Verheißung: Wer für das Reich Gottes Güter, Geschwister, Mutter und Kinder zurücklässt, erhält hundertfach: Verzicht macht reich an Beziehungen in einer neuen Gemeinschaft. Materielles Teilen verändert das Verhältnis zu Welt und Gott.

Im hochmittelalterlichen Umfeld wird die Armut zur geliebten Frau des Herrn. Sie lehrt in einer Art von „göttlichem Feudalismus" alle äußeren und inneren Güter dem einzigen Herrn „zuzueignen". Ein treuer Diener Christi sucht ihr in *fin'amor* zu gefallen: mit Liedern und mit dem eigenen Leben.

Weil Franziskus Armut im Zeichen der Minne versteht, kann er ihr Lieder singen – mit staunendem Blick auf die Fußspuren des Herrn, die ihn ergreifen. Sein sozialer Standortwechsel ist nicht Folge moralischer Überlegungen, sondern Antwort auf erfahrene Liebe: unter Menschen ganz unten und vom Gottessohn, „der sich für uns arm gemacht hat". Ohne die Dimension dieser spirituellen Christus-Minne würde sich die radikale Solidarität des Poverello mit den Ausgeschlossenen und Ärmsten auf humanistische Taten ohne mystische Tiefe reduzieren. Frau Armut möchte umworben sein – oder anders gesagt: Franziskus will nicht Normen oder Menschen, sondern der „domina Paupertas" – und letztlich dem Dominus – mit Liedern und Leben gefallen.

Eine sozial prophetische Bruderschaft

Adelige und Priester, die sich der Bruderschaft des Poverello anschließen, haben auf ihre sozialen und kirchlichen Vorrechte verzichtet, um wie alle anderen schlicht *fratres minores* zu sein: die Kleinsten in der Gesellschaft, allen Menschen dienstbar und Freunde der Bettler, der Armen und Aussätzigen. Gerade durch den freiwilligen Abstieg zu den Kleinen, ihr Leben am Rand der Gesellschaft und das Zeichen ihrer herzlichen Geschwisterlichkeit verbinden diese ersten Gefährten in ihrer neuen *fraternitas*, was die Kirche und das städtische Bürgertum damals in verschiedenen Klassen und Ständen trennt: Kleriker und Laien, „Beter" und „Arbeiter", Reiche und Arme, Ritter und Bürger, Städter und Bauern.
Tommaso da Celano spiegelt das überraschend Neue wieder, wenn er 1228 über die erste Zeit schreibt:

> *Der Ruf des Mannes Gottes begann sich immer mehr auszubreiten. Die Brüder empfanden einzigartige Freude, wenn jemand, vom Geist Gottes geführt, kam, um das Kleid ihrer Gemeinschaft zu nehmen. Es war ganz gleich, wer oder was er war, ob arm oder reich, ob hochgestellt oder niedrig, ob unbedeutend oder angesehen, ob klug oder einfältig, ob Geistlicher, Ungebildeter oder Laie im christlichen Volk. Auch die Weltleute bewunderten all das und sahen darin ein Beispiel, das auch sie zu einem besseren Lebenswandel und zur Umkehr aufrief* (1 C 31).

Auch Franziskus muss über das soziale Wunder gestaunt haben, das „der Herr selbst" in seinem Kreis wirkte (Test): gerade weil seine Bruderschaft Männer aus allen Schichten und Ständen vereint und Arme wie Reiche, Gelehrte wie Handwerker, Priester und Laien als Brüder verbindet, kann er sich auch über die Ankunft der ersten Priester freuen – zumal diese nicht zögern, alle klerikalen Rechte abzulegen. Welcher Herkunft und welchen Berufes auch immer: Keiner unterscheidet sich äußerlich von den anderen Brüdern, alle arbeiten mit den Bauern auf den Feldern, verrichten Dienste in den städtischen Häusern und betteln in der Not. Der Eintritt angesehener Männer in die *fraternitas* und ihr schlichtes Leben unter den Armen bewegen Städter öfter zu Tränen – und erinnern sie an die Opfer der neuen urbanen Blüte.

Franziskus' soziale Standortwechsel sind – so prophetisch sie wirken – nicht durch ein revolutionäres Programm motiviert. Erneut ist es das Evangelium und das Beispiel Jesu, das seinen Abstieg beseelt und seinen brüderlichen Lebensentwurf bewegt (das Wort *frater* begegnet 309 Mal in den Schriften des Heiligen). Die Regel von 1221 lässt einen Schlüsseltext anklingen, der die soziale Positionierung und den freiwilligen Abstieg der Brüder evangelisch motiviert: „Jesus wandte sich an seine Jünger und an die Menschenmenge und sagte: Die Gesetzeslehrer und die Pharisäer … schnüren Lasten zusammen und laden sie den Menschen auf die Schultern, ohne selbst einen Finger zu rühren. … Bei Festmählern sitzen sie auf den Ehrenplätzen und im Gottesdienst in der ersten Reihe. Auf der Straße lassen sie sich respektvoll grüßen und als hochwürdige Lehrer anreden. Doch ihr sollt euch nicht Meister nennen lassen, denn ihr seid einander Geschwister. Auch sollt ihr keinen auf Erden Vater nennen … und niemanden Führer. … Vielmehr soll der Größte unter euch euer Diener sein (Mt 23,1–10, vgl. NbR 22).

Franziskus versteht „exire de saeculo" (Test 3) nicht im Sinne der Mönche als äußere Distanzierung von der Welt, sondern als radikale Veränderung des Denkens, Wertens und Handelns. Die Bruderschaft tritt in einen kritischen und prophetischen Dialog mit der städtischen Gesellschaft. Nicht mehr soziale Normen und bürgerliche Werte, sondern das Evangelium und das Leben Jesu sollen den Geist und das Verhalten der Brüder bestimmen. Die frühe *fraternitas* sieht in ihren Reihen Ungebildete neben Gelehrten, Juristen und Priestern. Armut bedeutet, dass keiner sich mit seiner Herkunft oder seinem Wissen ziert, sondern darauf verzichtend „nackt den

Gekreuzigten umarmt" (2 C 194). Franziskus erinnert daran, dass die ersten Brüder als „idiotae" wahrgenommen wurden (Test 23): Er meint damit kein dummes Verhalten, sondern den Verzicht auf alle durch Bildung vermittelten sozialen Privilegien. Armut wird mit Blick auf Christi *kenosis* – den Abstieg des Gottessohnes in die Menschlichkeit – schließlich als Verzicht auf das eigene Ego verstanden (2 C 80). Franziskus erlebt den ersten Durchbruch in seiner Suche dank der Selbstüberwindung in der Begegnung mit dem Aussätzigen (Test 2–3). Alle neuen Brüder sollen die befreiende Erfahrung solcher Armut machen, eine Zeit lang in Siechenhäusern leben und Aussätzigen dienen. Armut verbindet sich dabei mit ihrer „heiligen Schwester Demut" (GrTug):

> *Franziskus gründete mit der Hilfe des Herrn … seinen Orden … auf die höchste Demut und Armut des Gottessohnes und nannte ihn Orden der Kleineren Brüder. Zur größten Demut: Als die Brüder sich in der Anfangszeit mehrten, wollte er, dass sie in Lazaretten den Leprosen dienten. Stellten sich damals Adelige wie Bürger als Postulanten vor, kündete man ihnen unter anderem an, dass dieses Leben den Dienst an Aussätzigen und den Aufenthalt in Lazaretten zumutete. Zur größten Armut: Tatsächlich verpflichtet die Regel alle Brüder, in ihren Unterkünften wie Fremde und Pilger zu leben. Nichts sollten sie unter dem Himmel zu besitzen wünschen außer der heiligen Armut. … Franziskus selbst wählte den letzten Platz, nicht nur in der Kirche, sondern auch inmitten seiner Brüder (Per 102/CA 9).*

Der absolute Geldverzicht, den die Bruderschaft sich auferlegt, findet eine doppelte Begründung. Zum einen folgt er dem Gebot Jesu an die Apostel, „weder Gold oder Silber noch Kupfermünzen einzustecken" (Mt 10, 9). Zum anderen distanziert sich der Poverello von einer frühkapitalistischen Kultur, die zu „malitia et avaritia" verleitet: Bosheit, Hinterlist, Habsucht und Geiz, vor denen Jesus warnte und deren Folgen die Zünfte Assisis nur zu deutlich erkennen lassen (NbR 8). Größte äußere Unsicherheit und der Tausch „Arbeit gegen Nahrung" verbinden die Brüder mit den unfreiwillig Armen. Ihr Vertrauen in Gottes Vorsehung bedingt und ermöglicht auch den Verzicht auf kirchliche Privilegien und Schutzbriefe (Test 30–32).

7. Der Geist Gottes und eine lebendige Kirche

Die Entdeckung des einen Vaters hat Franziskus zu einer radikal geschwisterlichen Sicht der Schöpfung und der Menschheit geführt. Als er seinen neuen Weg dann in der Nachfolge des armen Christus erkennt, wählt er mit seinen Brüdern ein Leben ganz unten in der Gesellschaft. Zunächst wird die Bruderschaft mit ihrer freiwilligen Armut und ihrer Wanderpredigt als Provokation empfunden. Ortsbischof und Papst erkennen jedoch die Chance des neuen Aufbruchs, der Laien eine radikale Form evangelischen Lebens in der Kirche bietet. Franziskus bejaht seine reformbedürftige Kirche, die er zugleich als mystische Realität liebt. Sein Vertrauen in das Wirken des Heiligen Geistes macht ihn zu einem liebenswürdigen Reformer und zu einer charismatischen Gründergestalt.

„Inspiratio divina" – von Gottes Geist geführt

Thaddée Maturas theologische Quellenanalyse findet in Franziskus' Schriften nur zwei Namen für den Geist: *Spiritus Sanctus* und *Paraclitus* (Tröster). „Seine Gegenwart und sein Wirken treten in verschiedener Hinsicht jedoch stark in Erscheinung." Franziskus wie auch Clara führen ihre Umkehr, ihren Abschied von den Wertvorstellungen der Familie und ihr neues Leben auf das Wirken des Geistes zurück: „Nicht eigener Überlegung, nicht dem Rat von Freunden, weder einer Berufspastoral noch überhaupt der Kirche verdankt Franz seine Berufung, sondern direkt dem Herrn. Er weiß sich unmittelbar gerufen und wird diese seine Berufung bis zum Tod gegen Verfremdung und Einmischung verteidigen", kommentiert Leonhard Lehmann, der beste deutschsprachige Kenner der Franziskusschriften. Die Lebensform von San Damiano, die beiden Brüderregeln und der Brief an alle Gläubigen bestätigen das tiefe Vertrauen des Poverello, dass jede Schwester, jeder Bruder und jeder

Mensch sich vom Geist Gottes erfüllen und leiten lassen kann. Der früheste und bedeutendste Text hierzu soll in seiner ganzen Dichte betrachtet werden. Franziskus hat um 1212 „von Liebe bewegt" aufgeschrieben, was er in der entstehenden Schwesterngemeinschaft von San Damiano bewundert:

Da Ihr auf göttliche Eingebung hin
Euch zu Töchtern des Vaters im Himmel gemacht,
des höchsten Königs, dem Ihr (in vertrautem Umgang) dient,
und Euch mit dem Heiligen Geist innig verbunden habt,
einem Lebenspartner gleich,
indem Ihr das heilige Evangelium vollkommen zu leben wählt
(wie die Apostel, die alles aufgaben und Christus folgten),
will ich und verspreche ich
für mich selbst und meine Brüder,
Euch nicht weniger als ihnen allzeit liebende Sorge
und eine besondere Verbundenheit zu erweisen.

Die Lebensform von San Damiano (FormKl) wird in einem einzigen Satz verdichtet. Sie enthält keine einzige Norm oder Vorschrift, sondern setzt drei „Subjekte" in Beziehung zueinander: Gott, der initiativ wird, die Schwestern in ihrer existenziellen Antwort darauf, und die Brüder, die sich mit ihnen verbinden.

Der Geist Gottes erscheint gleich zweifach in dieser Synthese franziskanischer Spiritualität: Als Gottes „Inspiration" hat er die Schwestern bewegt, vereint und ihre Lebenswahl ermöglicht. Als Töchter des einen Vaters folgen sie Christus nach dem Rat an den reichen Mann in radikaler Armut. Ihr neues Leben verbindet sie existenziell mit dem einen Vater und mit seinem Sohn. Franziskus ortet die dritte Person der Trinität ebenfalls in einer Grundbeziehung, der er die größtmögliche Intimität zuspricht. Dass Schwestern keine Väter mehr brauchen, dass sie wie die Apostel Christus nachfolgen (Mk 10) und sich sogar mit dem Geist Gottes verheiraten, das überrascht in einer Kirche, die den Geist hierarchisch über die Amtsstufen wirken lässt und die Laien wie Unmündige behandelt.

Als „sponsae Spiritus Sancti" – Verlobte, Freundinnen, Geliebte, Lebenspartnerinnen des Heiligen Geistes – werden die Schwestern in einer Intimität zum Geist Gottes gesehen, in die keine andere Instanz eindringen darf.

In der Freiheit des Geistes

Claras mutiges Auftreten gegen Gregor IX., dem sie ins Angesicht widersteht, lässt sich mit der Freiheit und Intimität der *forma vivendi* erklären, an der sie vierzig Jahre festhält und die sie zum Herzstück ihrer eigenen Ordensregel macht (KlReg 6): Als der neue Papst im Juli 1228 persönlich in San Damiano erscheint, um Clara für seine Klausurnonnenpolitik zu gewinnen, widersetzt sie sich ihm „aufs unerschrockenste" (LebKl 14). Gregor IX., so schreibt der Biograf, wollte ihr „mit väterlicher Liebe Güter verschaffen". Clara hält an ihrer Armut fest, da auf die Sorge des einzigen Vaters im Himmel Verlass ist. Gregor IX. versuchte San Damiano, wie allen neuen Frauengemeinschaften, zusammen mit der wirtschaftlichen Absicherung seine Regel aufzudrängen, damit die Schwestern „nicht vom guten Weg abirren" (HugReg 1). Clara sieht sich vom Heiligen Geist inspiriert weit besser geführt als von Normen und menschlichen Autoritäten (2 Agn). Als Gregor IX. sich in jenem Konflikt 1228 auf seine Amtsvollmacht beruft, antwortet Clara, dass auch der Stellvertreter Christi sie nicht daran hindern dürfe, Christus selbst zu folgen (LebKl 14).

Die Freiheit des Geistes gilt auch gemeinschaftsintern: Wie die Brüder kommen auch neue Schwestern „inspiratione divina" – vom göttlichen Geist bewegt – um dieses Leben anzunehmen (NbR 2,1; KlReg 2). Vom Geist Bewegte sind „liebevoll aufzunehmen" und mit der Lebensform des Evangeliums vertraut zu machen, damit sie dann in Freiheit „spiritualiter" (vom Geist erfüllt) all ihren Besitz veräußern (NbR 2, 4). Dass der Geist Gottes die Einzelnen auch weiter bewegt, zeigt sich an Brüdern, die „inspiratione divina" unter den Sarazenen wirken wollen (BR 12, 1). Diese sollen „spiritualiter" unter den Ungläubigen leben (NbR 16, 3–5). Leonhard Lehmann deutet dies so, dass die Verantwortlichen bei Grundentscheidungen nur die Eignung zu prüfen haben, nicht aber über die Berufung eines Bruders verfügen dürften: „Das Charisma des Einzelnen, wiewohl eingeordnet in die Bruderschaft, steht über deren Bedürfnissen und Planungen."

Der Brief an die Gläubigen hat bereits verdeutlicht, dass nicht nur Schwestern und Brüder, sondern alle Menschen in eine intime Gottesbeziehung berufen sind. Auch da ist es „der Geist des Herrn", der auf ihnen „ruhen wird und sich in ihnen eine Wohnung und Bleibe schafft". Franziskus sieht alle, die den Willen des Vaters erfüllen, „durch den Heiligen Geist" innig mit Christus verbunden und ihm „Geliebte *(sponsi)*, Geschwister und Mütter" werden (2 Gl 48–53).

„Gott ist Geist" – und Christus „im Geist" zu sehen

Franziskus eröffnet die Reihe seiner Ermahnungen mit einem Schlüsseltext zur Gotteserfahrung. Eine dieser spirituellen Perlen antwortet auf die Bitte des Philippus, „Herr, zeige uns den Vater!", mit biblischen Zitaten:

Der Vater wohnt in unzugänglichem Licht,
und Gott ist Geist,
und niemand hat Gott je gesehen.
Deshalb kann er nur im Geist geschaut werden,
denn der Geist ist es, der lebendig macht,
das Fleisch nützt nichts (Erm 1, 5–6).

Ohne Geist gibt es keinen Zugang zu Gott. Dies gilt für Jesu Gefährten in gleicher Weise wie für die Brüder des Franziskus. Ebenso wie die Apostel Jesus zwar leibhaft und mit eigenen Sinnen erlebt haben, in seinem Menschsein aber nur mit der Kraft des Geistes allmählich den Sohn Gottes erkannten, so sehen Gläubige auf dem Altar sinnlich Brot und Wein. Nur wer „*spiritualiter* schaut", kann erfahren, „dass es wahrhaft der heiligste Leib und das Blut unseres Herrn Jesus Christus ist" (Erm 1, 9). Jünger Jesu wie auch Gläubige späterer Zeiten müssen den Schritt vom Sehen zum Schauen, vom Sichtbaren und Begreifbaren zum Glauben wagen. Der Geist Gottes ist es, der die Jünger und Gefährtinnen oder den Hauptmann unter dem Kreuz dazu befähigt und inspiriert, im Menschen Jesus den Sohn Gottes zu erkennen. Der Geist ist es auch, der die Brüder durch Brot und Wein mit Christus vereint.

Franziskus erfährt in der Eucharistie erneut und ergreifend die „Demut Gottes", der in Galiläa als armer Wanderprediger erschienen ist und sich durch den Geist nun täglich im Zeichen des Brotes gegenwärtig macht. Zeilen an die Brüder spiegeln das Staunen spiritueller Ergriffenheit wieder:

Der ganze Mensch erschauere,
die ganze Welt erbebe und der Himmel juble,
wenn auf dem Altar in der Hand des Priesters
Christus erscheint –
der Sohn des lebendigen Gottes [Joh 11,27].
O wunderbare Hoheit
und staunenswerte Würdigung (des Menschen)!
O erhabene Erdnähe (humilitas sublimis),
o erdnahe Erhabenheit (sublimitas humilis):
der Herr des Alls – Gott und Gottes Sohn
macht sich klein und gering!
Für unser Heil verbirgt er sich
in der bescheidenen Gestalt des Brotes!
Seht, Brüder, die Demut Gottes (humilitas Dei),
schüttet vor ihm euer Herz aus …
Nichts von euch behaltet für euch zurück,
damit euch ganz aufnehme,
der sich euch ganz hingibt! (Ord 26–29)

Auch die Schöpfung wird, „im Geist" gesehen, durchsichtig auf den Schöpfer hin. Die erste Biografie ist geeignet, modernen Bildern eines naturromantischen Franziskus die verlorene Tiefendimension zurückzugeben: „Seine Liebe zu den Geschöpfen Gottes lässt sich schwer beschreiben. Mit innerstem Glück betrachtete er in ihnen die Weisheit, die Macht und die Güte des Schöpfers. Aus diesem Grund wurde sein Geist, wenn er Sonne, Mond oder Sterne am Himmel bewunderte, von Freude überwältigt. Welch schlichte Gottverbundenheit, und welch gottverbundene Schlichtheit! Sogar Würmern brachte er größte Liebe entgegen, weil die Heilige Schrift vom Herrn sagt: ‚Ich bin ein Wurm und kein Mensch mehr'; daher nahm er sie achtsam von der Straße und trug sie weg, damit sie nicht von Passanten zerquetscht würden." Vogelstimmen und Blumenwiesen, Weinberge und Wälder erinnern an den Auftrag des Auferstandenen, das „Evangelium allen Geschöpfen zu verkünden" (1 C 80–81). Autoren und Künstler haben bereits im 13. Jahrhundert dargestellt, wie der Heilige sich spontan zu Vogelpredigten bewegen lässt. Vor den Toren Roms geschieht es mit polemischen Zügen: Die Chronisten Roger of Wendover und Matthieu Paris erzählen, Franziskus habe auf die Ablehnung durch das römische Volk mit einer Zeichenhandlung reagiert, indem er vor der Stadt Raubvögeln und Raben predigte, die von Totem leben und auf Friedhöfen krähen.

Indem Franziskus die frohe Botschaft nicht nur für Menschen, sondern auch für die Geschöpfe erfahrbar macht, nimmt er sowohl Paulus als auch die Ostersendung des Auferstandenen Christus ernst. Der Römerbrief sagt die Erlösung allen Geschöpfen zu: „Die ganze Schöpfung wartet sehnsüchtig darauf, dass wir uns als Söhne und Töchter Gottes erweisen. … Doch Gott gab seinen Geschöpfen die Hoffnung, dass auch sie eines Tages von der Vergänglichkeit befreit werden und teilhaben an der unvergänglichen Herrlichkeit, die Gott seinen Kindern schenkt" (Röm 8,19–21). Dass sich Franziskus in Tierpredigten als neuer Apostel Jesu erweist, haben Künstler bereits im 13. Jahrhundert genial erfasst.

Eine „Magna Charta" christlicher Geschwisterlichkeit

Wie gottverbunden ein Mensch lebt, lässt sich nicht einfach an seiner äußeren Lebensweise erkennen, sondern erweist sich an seinen inneren Haltungen. Franziskus hat beim Erfahrungsaustausch an Generalkapiteln bisweilen mit „Ermahnungen" reagiert, die spirituelle Weisheit im Umgang miteinander verdichten. Kajetan Esser hat die gesammelten Ermahnungen als „Magna Charta" eines Lebens in christlicher Geschwisterlichkeit bezeichnet. Je mehr ein Mensch sich auf seine guten Werke einbildet, desto weniger lässt er sich vom „Geist des Herrn" leiten. Ein wahrer Minderbruder gehört nicht nur zur sozial niederen Klasse, sondern bevorzugt auch persönlich den niedrigeren Platz. Je mehr das eigensüchtige Ego zurücktritt, desto freier entfaltet sich der Geist des Herrn. So werden Selbstbeschei-

Maestro di San Francesco, Fresko „Vogelpredigt“ (Assisi, Basilica San Francesco, um 1265): Das älteste Fresko der Vogelpredigt in Assisi wird oft oberflächlich gedeutet. Der anonyme „Meister von San Francesco“ stellt alles andere als einen Naturromantiker dar: Franziskus geht mit seinen Füßen und verkündet mit seiner rechten Hand das Evangelium – das ihm sichtlich am Herzen liegt. Die Botschaft gilt allen Menschen und Geschöpfen bis an die Grenzen der Erde. Damit erfüllt der Bruder in einer neuen Zeit die österliche Sendung des Auferstandenen an die Apostel (Mk 16,15). Als „neue Apostel“ Jesu ziehen die Brüder denn auch zu zweit durch Dörfer und Städte (Lk 10,1; Mt 9,35–11,1). Wie ihr Meister im Evangelium verbinden sie dabei Wanderpastoral mit Rückzug in die Stille – Aktion mit Kontemplation: Während Franziskus handelt, verweilt sein Gefährte in Schweigen und Gebet.

dung, ruhiges Verhalten gegenüber Beleidigern und am radikalsten die Feindesliebe sichere Kennzeichen dafür, wieweit jemand ein spiritueller Mensch ist.

Franziskus erkennt „Armut im Geiste" zunächst im Verhalten Christi: Sie reinigt das Ego und hat die Kraft, Menschen tiefer miteinander zu verbinden. Die 14. Ermahnung erkennt, dass innere Armut Kritik annehmen und Dinge loslassen kann, ohne dass ein Mensch den Frieden dabei verliert:

„Selig sind die Armen im Geiste, denn ihrer ist das Himmelreich". Viele gibt es, die in Gebeten und Gottesdiensten eifrig sind und ihrem Leib viel Askese und Entsagungen auferlegen. Ein einziges Wort, das ihrem lieben Ich Unrecht zu tun scheint oder eine Kleinigkeit, die man ihnen wegnimmt, bringt sie jedoch sofort in Aufregung und macht sie aggressiv. Wer wirklich arm im Geiste ist, … liebt auch jene, die ihn auf die Wange schlagen (Erm 14).

Echte innere Armut verzichtet auf das eigene Richten und auf einen Ärger oder Zorn, der sich über den Nächsten stellt:

Einem Diener Gottes darf außer der Sünde nichts missfallen. Und wenn jemand irgendwie sündigt, darf der Diener Gottes daher aus keinem anderen Grund als aus Liebe sich aufregen und zornig sein. Sonst häuft er sich Reichtümer der Schuld an. Wirklich arm und ohne Eigentum lebt jener Diener, der sich über niemanden erzürnt noch erregt … Selig, wem (so) nichts übrig bleibt, indem er dem Kaiser gibt, was des Kaisers ist, und Gott, was Gottes ist (Erm 11).

Armut als innere Haltung vor Gott lehrt weiter, sich am Guten zu freuen, das durch andere geschieht. Neid belastet nicht nur zwischenmenschliche Beziehungen, sondern bedeutet auch eine Geringschätzung Gottes:

Wer immer seinen Bruder um des Guten willen beneidet, das der Herr in ihm redet und wirkt, der unterliegt der Sünde der Gotteslästerung, weil er den Allerhöchsten selbst beneidet (vgl. Mt 20,15), der jegliches Gute redet und wirkt (Erm 8).

Innere Armut verzichtet schließlich darauf, Ämter zu erstreben oder sich an Ämtern festzuklammern:

‚Ich bin nicht gekommen, mich bedienen zu lassen, sondern um zu dienen' (Mt 20, 28), sagt der Herr. Jene, die über andere gesetzt worden sind, sollen sich ihres Amtes nur so rühmen, wie sie es tun würden, wären sie zum Dienst der Fußwaschung an den Brüdern bestimmt. Versetzt sie der Entzug ihres verantwortlichen Amtes stärker in Aufregung als es beim Dienst der Fußwaschung geschähe, so häufen sie Reichtümer an, welche der Seele gefährlich sind (Erm 4, vgl. NbR 17).

Wie Jesus auf seinen Eigenwillen verzichtet hat und damit die Menschheit erlöste, so kann auch in jeder Gemeinschaft der Verzicht auf den Eigenwillen im Gehorsam (*obedientia*) spürbar werden. Franziskus unterscheidet dabei – für das Mittelalter beachtliche – Stufen engagierter „obedientia":

Was immer ein Mensch tut und redet im Wissen, dass es nicht gegen den Willen des Vorgesetzten ist, geschieht in wahrem Gehorsam – vera obedientia, sofern das, was er tut, gut ist.
Sieht der Untergebene einmal etwas, was für seine Seele besser und nützlicher wäre als das, was der Vorgesetzte ihm aufgetragen hat, so soll er seinen Willen im Vertrauen auf Gott zurückstellen und tatkräftig zu erfüllen suchen, was ihm aufgetragen ist. Das ist liebender Gehorsam – caritativa obedientia.
Wenn der Vorgesetzte aber einem Bruder etwas gegen seine Seele befehlen sollte, so darf dieser ihm nicht gehorchen, soll ihn aber nicht verlassen. Selbst wenn manche ihm dann einige Probleme bereiten, soll er all diese noch mehr lieben. Wer sich da nicht von ihnen trennt, lebt in vollkommenem Gehorsam – perfecta obedientia (Erm 3).

Franziskus versteht „obedientia" als spirituelle und zwischenmenschliche Wachheit – in scharfem Kontrast zum Kadavergehorsam, der ihm wie anderen Ordensgründern von mittelalterlichen wie modernen Autoren zu Unrecht angedichtet wird. Für den Poverello besteht „wahrer Gehorsam" darin, eigeninitiativ zu handeln und dem eigenen Gewissen folgend Gutes zu tun. „Liebender Gehorsam" ist in jedem menschlichen Miteinander gefragt und überall da sichtbar, wo Eigeninteressen zurückgenommen werden zum größeren Wohl des gemeinschaftlichen, partnerschaftlichen oder familiären Miteinanders. „Vollkommener Gehorsam“ folgt dem eigenen Gewissen auch da, wo Verantwortliche anderes anordnen. Der innersten Stimme folgen und dabei liebevoll ungehorsam sein, Spannungen aushalten und Konflikte geschwisterlich austragen wird zum Zeichen höchster „obedientia“.

Innere Armut führt den Bruder zu einer Liebe und einem Frieden, die sich durch nichts außer Fassung bringen oder vertreiben lassen (Erm 15). Armut zeigt – als äußere und innere Nachfolge Jesu – schließlich eine eschatologische Dimension (BR 6, 4–5):

> *Dies ist die Erhabenheit höchster Armut, meine geliebtesten Brüder, die euch zu Erben und Königen des Himmelreiches eingesetzt hat: sie macht arm an äußeren Dingen, aber reich an innerem Leben. Sie ist euer Anteil, der euch ins Land der Lebenden führt.*

In seinem Brief an die Gläubigen weitet Franziskus diese Verheißung auf alle Menschen aus, die den Weg der Umkehr einschlagen und nicht mehr verlassen: Kleriker und Laien, Frauen und Männer. In jedem und jeder, die Umkehr wagen, wird „der Geist des Herrn Wohnung nehmen“ (2 Gl).

Wohnung Gottes: Maria und die Kirche

Franziskus traut allen Gläubigen zu, dass sie, vom Geist Gottes erfüllt, Töchter und Söhne des einen Vaters wie auch Geschwister, Jünger und Mütter Jesu Christi werden. Persönliche Gotteserfahrungen werden zur Grundlage für die Kirche, die Franziskus nicht als Kirchenrechtler, sondern als Troubadour, Mystiker und Bruder beschreibt. Die Kirche ist eine Gemeinschaft, die auf intimer Gotteskindschaft, -freundschaft, -jüngerschaft und -mutterschaft gründet. In Maria von Nazaret erkennt der Poverello sichtbar, was Glaube in jedem Menschen spirituell bewirken kann: Gottes dreifaltiges Wohnen in jeder Person und jedem Leben. Mit Maria können Gläubige auch Sohn und „Tochter des himmlischen Vaters, Mutter unseres Herrn Jesus Christus“ und Wohnung des Heiligen Geistes sein (vgl. Off 0, 2), wobei Franziskus die Brautbeziehung nun auf Christus verlagert.

Maria wird dem Poverello nicht nur zum individuellen Urbild aller Glaubenden, sondern auch zum Urbild der Kirche. Eindringlich erinnert er daran, wie Maria den Weg ihres Sohnes mitgegangen ist und seine Armut geteilt hat (2 Gl 5, VermKl). In einem Minnelied an sie drückt der Poverello poetisch dicht aus, was Kirche ist und im Innersten kennzeichnen muss:

Sei gegrüßt, edle Frau, heilige Königin
heilige Gottesmutter Maria –
du Jungfrau, zur Kirche geworden
und erwählt vom heiligen Vater im Himmel
die er geweiht hat
mit seinem heiligsten geliebten Sohn
und dem Heiligen Geist, dem Tröster –
in Dir war und ist
die ganze Fülle seiner Zuwendung
und alles Gute.

Sei gegrüßt, du sein Palast –
sei gegrüßt, du sein Zelt!
sei gegrüßt, du seine Wohnung –
sei gegrüßt, du sein Gewand!
sei gegrüßt, du seine Dienerin –
sei gegrüßt, du seine Mutter!

Und gegrüßt seid ihr heiligen Tugenden alle:
durch Zuwendung (gratia)
und Erleuchtung des Heiligen Geistes
seid ihr ins Herz der Gläubigen gegossen,
um aus Ungläubigen Gott-Getreue zu machen (GrMar).

Zuwendung und Nähe Gottes schaffen eine intime Beziehung zu Vater-Sohn-Geist, der erwählt, weiht und mit allem Guten erfüllt. Maria wird zum Modell der Kirche. Wie Maria kann jede Gläubige und soll die Kirche insgesamt Tochter des Vaters, Braut des Geistes und Mutter, Gefährtin, Wohnung Jesu werden. Wie in Maria gießt Gott seine Tugenden „durch die Erleuchtung des Heiligen Geistes in die Herzen aller Gläubigen und ins Herz eines jeden Menschen" ein (GrMar 6).

Kirche als Volk Gottes und Gemeinschaft

Der zweite grundlegende Text zum Kirchenbild des Poverello findet sich in der Regel von 1221. Thaddée Matura kommentiert dazu: „Im Gegensatz zu einem klerikalen Verständnis, das um die Amtsträger kreist – und das einige Autoren an anderen Stellen der Schriften zu erkennen meinen – findet sich kein anderer Text, der so schön die wahrhaft ‚katholische' Dimension und die Sicht der Kirche als Volk Gottes ausdrückt". Nach einem feierlichen Dank an Gott, einer Anrufung des Sohnes und des Geistes und dem Aufruf an die Engel und Heiligen aller Zeiten zum Lob Gottes wendet sich Franziskus an alle, die Gott dienen wollen. Der Poverello lässt gleichsam eine Prozession der ganzen Kirche vor unseren Augen aufziehen. Sie beginnt mit dem Klerus (Priester, Diakone, niedere Weihen), um sich dann in 15 Ständen paarweise fortzusetzen, bis der Kreis sich am Ende auf alle Völker und alle Menschen ausweitet:

Und alle,
die in der heiligen, katholischen und apostolischen Kirche
Gott dem Herrn dienen wollen,
und alle folgenden Stände:
die Priester, Diakone, Subdiakone, Akolythen, Exorzisten,
Lektoren, Ostiarier und alle Kleriker,
alle Ordensmänner und Ordensfrauen,
alle Konversen und Kinder [die Klöstern anvertraut sind]
die Armen und die Notleidenden, die Könige und die Fürsten,
die Arbeiter und die Bauern, die Knechte und die Herren,
alle Jungfrauen, die enthaltsamen und die verheirateten Frauen,
die Laien, Männer und Frauen,
alle Kinder, Jugendlichen, Erwachsenen und Betagten,

Gesunde und Kranke,
alle Kleinen und Großen, –
und alle Völker, Geschlechter, Rassen und Sprachen,
alle Nationen und alle Menschen wo auch immer auf Erden,
die sind und sein werden,
bitten wir Minderen Brüder …
Lasst uns alle … Gott den Herrn lieben (NbR 23, 7–8).

Interessanterweise erwähnt Franziskus die Bischöfe nicht, er lässt den Klerus und Ordensstand aber vorangehen. Die Minderbrüder dagegen folgen literarisch und spirituell am Ende: als „unnütze Diener" aller. Nach dem Klerus kommen gleich die Armen und Bedrängten, Jesu Lieblingsgeschwister: Wie die Priester und Altardiener lassen sie Christi Gegenwart auf Erden in besonderer Art erfahren (Mt 25,35–40). Wie die Armen den Königen vorangehen, so lässt Franziskus die Herren den Arbeitern, Bauern und Knechten folgen und die Großen den Kleinen nachgehen. „Für Franziskus ist die Kirche eine unermessliche Gemeinschaft, in der die Armen, die Kleinen und die Kinder privilegiert sind – ohne dass er Hierarchie oder soziale Strukturen verneinen würde. Zugleich ist diese geordnete Gemeinschaft offen für alle Menschen, die heute leben oder morgen sein werden" (Thaddée Matura).

Auch in Rundbriefen überrascht der mittelalterliche Mystiker mit einer universalen Hoffnung, die „Völker, Geschlechter, Rassen und Sprachen, alle Nationen und alle Menschen wo auch immer auf Erden" in Gottes Liebe einbezieht. Der Brief an die Lenker der Völker wünscht zunächst Frieden „allen Bürgermeistern und Konsuln, Richtern und Statthaltern auf der ganzen Welt sowie allen anderen, zu denen dieser Brief kommt". Der Vorschlag des Poverello, nach dem Beispiel der Muslime überall auf Erden ein tägliches Gebetszeichen einzuführen, das alle Menschen und ihr ganzes Volk abends zum Lob Gottes aufruft (Lenk 1.7), greift dann ebenso weit über die Grenzen der eigenen Religion und ihrer kirchlichen Institution hinaus – wie der Geist Gottes, dessen Wirken keine Grenzen kennt.

Strukturen der Kirche und Amtsträger

Nachdem die mystische Tiefe und die universale Weite in Franziskus' Bild und Erfahrung der Kirche aufgezeigt wurden, können auch kurz die Strukturen angesprochen werden, die für seine Bewegung bedeutsam sind.

Da ist zunächst der „Herr Papst" – konkret Innozenz III. und Honorius III. –, dem Franziskus darlegt, was Gott in seiner Gemeinschaft wirkt. Die Päpste bestätigen mit der Urregel und schließlich in der endgültigen Regel die „inspiratio divina", Gottes Wirken in der Bruderschaft. „Gehorsam und Ehrerbietung", die Franziskus ihnen verspricht, stehen unter diesem Vorzeichen (NbR 0,3; BR 1,2; Test 15). Franziskus' Testamente an San Damiano und an die Brüder bestätigen die eindringliche Rückbindung seiner Bewegung an die höchste und entscheidende Instanz: den „Altissimus" und Christus.

In der Wachstumskrise seiner Bewegung überfordert, hat sich Franziskus um einen Kardinal bemüht, der „gubernator, protector et corrector", also „Lenker, Schützer und Verbesserer der ganzen Brüderschaft" sein sollte. Und der entstehende Orden hat ihn im „Herrn von Ostia" auch erhalten (BR 12, 3; Test 33). Er hat eine Art Oberaufsicht wahrzunehmen und bei möglichen Fällen von Häresie – der Text entsteht während der Albigenserkreuzzüge! – dann einzuschreiten, wenn die Minister überfordert sind. Bezeichnenderweise ordnet auch der Regeltext, an dem Kardinal Ugolino mitgearbeitet hat, dem Protektor erneut die entscheidende Instanz über: „... damit wir der hl. Kirche untertan ... die Armut und Demut und das Evangelium unseres Herrn Jesus Christus beobachten, was wir fest versprochen haben" (Schlusssatz der Regel).

Franziskus erkennt den Apostolischen Stuhl (BR 11, 2) und die römische Kurie an, verbietet aber zugleich streng, dass die Brüder sich bei Schwierigkeiten zu schnell an sie wenden und von ihr Privilegien erlangen (Test 25). Michel Hubaut hat jüngst in seinem Buch „Saint François et l'Église" schön herausgearbeitet, wie Franziskus Loyalität zu seiner Kirche lebt und zugleich eine prophetische Freiheit bewahrt. Patriarchale Autoritäten der Kirche werden im Geist Jesu geschwisterlich subversiv relativiert – und sollen im Fall von

„oboedientia perfecta“ auch mit respektvollem Ungehorsam geliebt werden (VermKl, 2 Agn).

Von Bischöfen ist die Rede, wenn es um rechtlich schwierige Fälle von Eintritten oder um die Predigttätigkeit geht (BR 2,4; 9,1). Antonius erhält seiner Aufgabe wegen den Ehrentitel „Bischof“ (Ant 1). Gefährtenberichte bezeugen ein herzliches Verhältnis zwischen den ersten Brüdern und ihrem heimatlichen Bischof Guido I. (1 C 32; 2 C 100; Per 6/CA 54). Bischof Mainardino Aldighieri von Imola, der sich der Predigttätigkeit der Brüder widersetzt, begegnet Franziskus in demütiger Hartnäckigkeit (2 C 147).

Als weitaus häufigste Vertreter der Amtskirche begegnen uns jedoch der Priester *(sacerdos)* mit 32 und der Kleriker *(clericus)* mit 28 Nennungen. Mit ihnen hatte die frühe Bruderschaft am meisten Kontakte – und auch die meisten Probleme. Der damals häufig mittelmäßige, ungebildete und oft skandalös lebende Klerus sah sich ohnehin der Kritik verschiedener Reformströmungen ausgesetzt. Auch in Franziskus' Schriften scheint die intellektuell und moralisch oft defizitäre Situation im Klerus durch: „... sollten sie auch Sünder sein“ (Erm 26, 2), „... da sie Sünder sind“ (2 Gl 33), „... und ich will in ihnen die Sünde nicht sehen“ (Test 9), „... armselige Priester dieser Welt“ (Test 7). Die Brüder erfahren auch, dass Priester sie verfolgen können (Test 6). Dennoch ruft Franziskus Brüder und Gläubige zur Ehrfurcht vor den Priestern auf (Test 6, Erm 26,2); man soll ihnen „ihres Amtes wegen“ oder „im Herrn Ehrfurcht erweisen“ (NbR 19,3; 2 Gl 33), sie „ehren“ und „lieben“ (Test 8), sie „wie Herren“ erachten (NbR 19,3), mit ihnen nicht in Streit treten (Test 6. 25) und die Sakramente nur von ihnen empfangen (Erm 26,3; 2 Gl 35; NbR 20,4; Test 40). Andererseits zögert Franziskus nicht, Priester in Wort, Tat und brieflich mit aller Klarheit zum Respekt vor der Eucharistie und der Heiligen Schrift aufzurufen (Kler). Mit der Kraft eines alttestamentlichen Propheten erinnert er sie an ihre Verantwortung – und an den allen gemeinsamen, einzigen und eigentlichen Herrn: „... und die dies nicht tun, sollen wissen, dass sie am Tage des Gerichtes vor unserem Herrn Jesus Christus Rechenschaft ablegen müssen“ (Kler 14; vgl. Per 18/CA 60). Ehrfurcht hindert den Poverello nicht daran, klarsichtig zu sein, Erwartungen zu haben und eine deutliche Sprache zu sprechen. Bisweilen sprechen dabei Taten noch deutlicher als Worte, so etwa, wenn Franziskus eigenhändig zur Reinigung vernachlässigter Kirchen schreitet (Per 18).

Schließlich erwähnen Regel und Testament auch Ordensleute („religiosi“: NbR 19,3) und Theologen, „welche Gottes heiligste Worte mitteilen“ (Test 13). Beide verdienen, wie „Herren“ betrachtet, geehrt und hochgeachtet zu werden (NbR 19,3; Test 13) – allerdings mit dem wichtigen Zusatz: „... in den Dingen, die das Heil der Seele angehen und nicht von unserer Lebensart abweichen“ (NbR 19,3).

Die Entscheidung, gebildete Brüder das Stundengebet nach der Ordnung der römischen Kirche beten zu lassen und die Eucharistie ebenfalls im Ritus von Rom zu feiern, hat zunächst praktische und dann auch ideelle Gründe: Die Bruderschaft wählt weder monastische oder ortskirchliche Riten noch entwickelt sie eine eigene liturgische Ordnung, sondern sie schließt sich den universal verwendbaren, praktischen und verbindenden Gebetsformularen der Kirche Roms an.

Franziskus wählt mit seiner Bruderschaft nicht nur eine kritisch-engagierte Distanz zur bürgerlichen Gesellschaft und den sozialen Standort am Rand, indem die Brüder außerhalb der Städte leben und in ihnen dienen. Ebenso wie Clara will auch er mit seiner *fraternitas* in der Kirche „ganz unten“ bleiben: Laien und Büßer, die den Fußspuren Jesu folgen und das Evangelium in aller Schlichtheit geschwisterlich leben.

Als Kardinal Ugolino die franziskanische Bewegung für amtskirchliche Aufgaben vereinnahmen will, antwortet der Poverello mit einem klaren Nein. Mit Blick auf das modellhaft evangelische und demütige Leben der Brüder wünscht der Kardinal um 1220 kirchliche Amtsträger aus ihren Reihen. Der „Herr von Ostia“ hat dabei zweifellos weit verbreitete und erfolgreiche Ketzergruppen vor Augen. Zu einer Zeit, als der Orden bereits über mehrere Bischöfe und Inquisitoren verfügte, berichtet Tommaso da Celano, wie Franziskus die eigentliche Sendung der Brüder ganz unten in Kirche und Gesellschaft sieht. Sein Gespräch mit Dominikus und Ugolino, das Ehre und Verantwortung kirchlicher Ämter ausschließt, wird uns weiter unten noch näher beschäftigen (2 C 148).

Kirchenkritische Geschichten

Zur Zeit des Poverello kämpft die römische Kirche mit der Waldenserbewegung, die nach ihrer Exkommunikation in Italien, Frankreich und Deutschland eine eigene Kirche aufzubauen beginnt, und mit den nicht weniger erfolgreichen Ketzergruppen der Katharer. Beißende Kritik beider Strömungen geißelt Priester und Bischöfe für ihr Leben in Reichtum und Sünde. Franziskus will mit seinen Brüdern auf verbale Kritik an der Kirche und auf jede Opposition gegen Kleriker verzichten. Solches steht „fratres minores" – Brüdern im Dienst aller – nicht zu. Sollten einzelne Brüder kirchenfeindliche Züge annehmen, sind sie im Notfall dem Kardinal als „protector und corrector" zu überstellen. Das entschiedene Leben nach dem Evangelium allerdings hat eine kritische Kraft, die auch ohne Worte wirkt. Zwei Beispiele können das zeichenhafte Verhalten des Poverello und seine Art prophetischer Kritik kurz veranschaulichen.

Wie bereits dargelegt, reist der Bruder 1219 mit Kreuzfahrern nach Ägypten. Wenige Jahre zuvor hat Innozenz III. den neuen Kreuzzug in Orvieto ausgerufen. 1213 warnt der Papst in dessen Vorbereitung davor, Christus die Gefolgstreue zu verweigern. Er lässt alle Provinzen der lateinischen Christenheit wissen: „Christus ruft mit seiner Stimme: ‚Wenn jemand zu mir kommen will, so … nehme er sein Kreuz auf sich und folge mir', oder um es deutlicher zu sagen: ‚Wenn jemand mir bis zur Krone folgen will, so soll er mir auch in den Kampf folgen, der allen Gläubigen als Prüfung angeboten wird.'" Jene, die dem Ruf zu folgen sich weigern, „wird der König der Könige, der Herr Jesus Christus verurteilen für ihre lasterhafte Undankbarkeit und ihre verbrecherische Untreue, indem sie ihm ihre Hilfe versagen, da er aus seinem Königreich vertrieben wurde, das er mit seinem eigenen Blut erworben hatte" (Quia vos). – Franziskus zieht gewaltlos und unbewaffnet nach Ägypten. Dort sucht er das Kreuzfahrerheer an das Evangelium des Friedens zu erinnern. Er teilt die Sicht der offiziellen Kirche nicht, dass das Töten von Moslems gottgefällig und die grausamen Gemetzel ein Kampf für Christus sei. Gegen Rat und Wunsch des militanten Kardinals Pelagius, der das Kreuzfahrerheer befehligt, tritt der kleine Bruder in Dialog mit dem Sultan. Mehrtägige Gespräche zeugen von Offenheit und Respekt für die andere Religion. Der Poverello lässt sich von der religiösen Praxis des Islam anregen und setzt sich nach seiner Rückkehr dafür ein, dass alle Völker sich täglich und öffentlich zum Gotteslob aufrufen lassen. – Wenige Jahre später wird der große Zeitgenosse und Stauferkaiser Friedrich II. vom Papst exkommuniziert, weil er, anstatt zu kämpfen, mit dem Sultan einen Friedensvertrag und freien Zugang nach Jerusalem aushandelt. Faktisch hat der Poverello mit seinem Verhalten kirchliche Feindbilder und Politik nicht weniger in Frage gestellt. Die zahlreichen Quellenberichte über die Begegnung mit Sultan Muhammad al-Kamil zeigen, dass Franziskus' Zeichen politisch zwar erfolglos blieb, menschlich aber mutig und herausfordernd wirkte.

Eine zweite Geschichte wird ebenfalls erstaunlich breit in offiziellen und inoffiziellen Quellen überliefert. Sogar der Pariser Magister, Ordensgeneral und spätere Kardinal Bonaventura da Bagnoregio fügt sie in seine offizielle Biografie des Heiligen ein. Die Geschichte ist für Kardinal Ugolino persönlich einigermaßen brisant, erscheint doch ausgerechnet dieser mächtige „Freund des Heiligen" darin in einem unvorteilhaften Licht. Sie wird in einer freien Übertragung nacherzählt:

Der Poverello findet sich wieder einmal in der Ewigen Stadt, und Kardinal Ugolino lädt ihn zum Essen ein. Der Bischof und „Herr von Ostia" nutzt die Gelegenheit, den unterdessen berühmt gewordenen Bruder seinen edlen Verwandten aus dem Grafengeschlecht der Segni und nahestehenden Prälaten vorzuführen. Eine reiche Tafel wird dazu gedeckt, um die sich die Herren zur Mittagszeit einfinden. Für Franziskus ist – für alle gut sichtbar – der Ehrenplatz an der Seite des Gastgebers bereit. Doch in der Gesellschaft der edlen Herren und Exzellenzen scheint der kleine Bruder sich nicht ganz wohl zu fühlen. Jedenfalls entschuldigt er sich für eine kurze Zeit, steigt hinunter in die Gasse und setzt sich unter die Bettler, die vor des Herrn Kardinals Türe Speisereste für ihr Mittagsmahl erbitten. Wie sich auch in Francescos Holznapf genügend Brotrinden und Gemüsereste sammeln, kehrt er in Ugolinos Runde zurück, teilt einem jeden Gast etwas von seinen Gaben zu und nimmt dann wieder Platz ... Nach dem Mahl nimmt Ugolino den Poverello zur Seite, umarmt ihn und fragt ihn etwas peinlich berührt, warum er ihn mit diesem Verhalten denn so bloß gestellt habe? „Habe ich Euch nicht geehrt" – so Franziskus' Antwort – „indem ich einen größeren Herrn ehrte? Gott selbst liebt die Armut, und ich will meinem Herrn folgen, der seinen Reichtum aufgab und unseretwegen arm geworden ist" (vgl. 2 C 73; Per 61/CA 97; Sp 23; LM 7 7).

Armut, wie Franziskus sie auf den Spuren Jesu lieb gewinnt, hat eine verbindende Kraft. Der Reichtum des Ugolino dagegen trennt. Der Poverello überwindet die Kluft zwischen der reichen Tafel des Kardinals und den Bettlern vor seiner Türe. Er folgt den Spuren eines einzigen Herrn, der über allem stand und sich selbst nicht gescheut hat, seinen Reichtum abzulegen (Phil 2), um Mensch unter Menschen zu sein, klein, arm und verachtet unter den Kleinsten. Der Poverello spricht durch sein Tun. In der Szene von der reichen Festtafel braucht es keine Worte, um ans Gleichnis vom Prasser und dem armen Lazarus vor dessen Haustüre zu erinnern: „Es war einmal ein reicher Mann, der sich in Purpur und feines Leinen kleidete und Tag für Tag herrlich und in Freuden lebte. Vor der Tür des Reichen aber lag ein armer Mann namens Lazarus, dessen Leib voller Geschwüre war. Er hätte gern seinen Hunger mit dem gestillt, was vom Tisch des Reichen herunterfiel. Stattdessen kamen die Hunde und leckten an seinen Geschwüren ..." (Lk 16). Verständlicherweise reagiert Ugolino denn auch peinlich berührt. Das Zeichen mag er verstanden haben, ohne allerdings die innere Handlungsfreiheit des Bruders zu verstehen. Denn der „Herr von Ostia", von Amts wegen „Nachfolger der Apostel", hat sie offensichtlich nicht gekannt – diese Armut, die alles gibt, was sie hat, deren Zuwendung verbindet und die Menschen aus ihrem Schattendasein befreit.

Liebe zur Kirche und „Liebe zur Liebe"

Thaddée Matura erkennt vier Grundfunktionen der Kirche in den Schriften des Franziskus. Kirche bietet Lebensraum für eine Vielzahl von Menschen, die Gott dienen und das Evangelium leben möchten. Jede und jeder kann sich darin in Glaube, Hoffnung und Liebe als Tochter und Sohn des Vaters, intim verbunden mit dem Geist, und als Bruder, Schwester, Mutter und Jüngerin Jesu Christi erweisen (NbR 23; FormKl; 2 Gl 48–56).

Kirche ist Ort, an dem Gottes Sohn gegenwärtig wird: neben den Armen einzigartig im Wort und in den Sakramenten. Die Diener des Wortes und der Sakramente sind daher zu ehren und an ihre Verantwortung zu erinnern. Eine Trennung von ihnen ist um jeden Preis zu meiden (Test 7–13; NbR 16; 20; 21; 2 Gl 22. 33; Erm 26; Test 7).

Die Kirche ist Garantin des wahren Glaubens: In einer Zeit vitaler religiöser Aufbrüche, die vielerorts häretische Züge annehmen und die institutionelle Kirche ablehnen, wünscht Franziskus seine Bruderschaft „verwurzelt im katholischen Glauben" (BR 12,4): daher sollen die Brüder „katholisch sein, leben und sprechen". Maßstab sind Lehre und Ordnungen der römischen Kirche (NbR 2; 19; 2 Gl 32; Test 31–33; Erm 26).

Die Kirche weist schließlich viertens wesentlichen Verhaltensweisen den Weg: Kleriker sollen die Sakramente nach „den Satzungen der heiligen Mutter Kirche" verwalten, ebenso sollen Aufnahme und Austritt aus der Bruderschaft und ihr Predigtwirken nach den Vorschriften der Kirche geschehen. Praktische Rahmenordnungen und Formen sollen allerdings nicht nach den Kategorien von ‚erlaubt oder verboten', sondern „aus Liebe zur Liebe" gefüllt werden. Nicht Gesetzesgehorsam, sondern die lebendige, persönliche und gemeinsame Christusbeziehung ist auch Maßstab des liturgischen Verhaltens, wie Franziskus am Beispiel der einen täglichen Messe schön darlegt (Kler 13; NbR 2; 17; BR 2; 3; Ord 30. 39–42; Test 31–33).

Die fraternitas – „eine Kirche in der Kirche"?

Ganz unten in der Kirche, auf den einen Vater vertrauend, in der Freiheit des Geistes, radikal evangelisch, mit einer Hoffnung für alle Menschen, solidarisch zu den Armen und Ausgeschlossenen, demokratisch organisiert und brüderlich unterwegs – so hat sich die frühe *fraternitas* des Poverello bisher profiliert. Helmut Feld glaubt mit Paul Sabatier, eine „Kirche in der Kirche" ausmachen zu können, die von der Amtskirche mühsam gezähmt werden musste. Für das Sendungsbewusstsein des Poverello und das Leben der frühen Bruderschaft lässt sich aufgrund der Primärquellen festhalten:

Die franziskanische *fraternitas* besteht ursprünglich zum größten Teil aus Laien. Vorwiegend bürgerlicher und adeliger Herkunft, zeichnen sie sich sozial durch freiwilligen Verzicht auf Güter und Standesrechte aus, durch ein Leben am Rand der Gesellschaft, in größter Armut, mit einfacher Arbeit und schlichter Wanderpredigt nach dem Vorbild der Apostel.

Die sozialen Gegensätze zwischen Armen und Reichen, Gebildeten und Handwerkern, Priestern und Laien verschwinden im gemeinsamen Leben. Zu zweit unterwegs oder in Herbergen, Siechenhäusern oder Eremitorien vereint, erweisen sich die Gefährten unterschiedslos als „Brüder": untereinander und zu allen Menschen, vor allem den Armen, Bettlern und Aussätzigen. „Fraternitas" und „minoritas" – ihr Dasein als schlichte „Brüder aller" also und nicht irgendwelche Tätigkeiten – kennzeichnen das Neue in ihrer Lebensform und entsprechend ihren Namen.

Die Brüder ernähren sich von Handarbeit und Dienstaufgaben auf den Feldern der Bauern, in städtischen Häusern und bei Aussätzigen. Indem sie auf Geld für ihre Arbeit verzichten und nur Naturalien annehmen, fliehen sie in der Not wie die Bettler zum „Tisch des Herrn".

Kleriker, die zur Gemeinschaft stoßen, unterscheiden sich weder durch Kleidung noch Arbeit von den anderen Brüdern. Mit ihren kirchlichen Standesrechten verzichten sie auch auf bisherige Seelsorgeaufgaben. Sie treten nach außen nicht als Priester in Erscheinung, es sei denn durch das Beten der Psalmen – vor allem wenn sie es mangels Büchern zusammen mit den Klerikern verrichten, in deren Kirchen sie einkehren. Franziskus möchte, dass Klerikerbrüder weiterhin das lateinische Stundengebet beten: für sich, die Bruderschaft und die ganze Welt. Er nimmt im Stundengebet – und nur da – eine Aufteilung seiner Gemeinschaft in Kauf. Leseunkundige Brüder beten zu den kanonischen Stunden eine Anzahl Vaterunser, während Klerikerbrüder das Offizium der „Römischen Kirche" verrichten.

Mangels eigener Kirchen und noch ohne Erlaubnis zur Zelebration an tragbaren Altären feiern die Brüder in Eremitorien und an den meisten Aufenthaltsorten bis 1224 keine Eucharistie. Liturgischer Versammlungsort sind dazu noch Pfarr- und Klosterkirchen. Bis in die Dreißigerjahre nehmen die Brüder vielerorts an der Messe der Gläubigen teil.

Das Leben in den Fußspuren Jesu lässt die frühen Brüder bedenken, wie offen ihr Meister jedem Menschen begegnete, mit welchem Vertrauen er die Jünger zu den Leuten sandte und wie vielfältig der Vater für jene sorgt, die nichts mit auf den Weg nehmen. In ihrer Armut auf offene Menschen angewiesen, lernen die Brüder jeden offen aufzunehmen, der ihnen begegnet. Die Regel hält denn auch fest: „... wer immer zu ihnen kommt, ob Freund oder Feind, Dieb oder Räuber, werde mit Güte aufgenommen" (NbR 7, 14). Die Brüder möchten niemanden – auch keine Reichen – verurteilen oder verachten (BR 2,17–18). „Wenn sie durch die Welt ziehen, sollen sie mit niemandem streiten, sich in keine Wortgefechte einlassen noch jemanden richten; vielmehr sollen sie sich friedfertig, sanftmütig und bescheiden zeigen" (BR 3,10–11). Hoffnung für alle Menschen und der Wille, sich jedem dienstbar zu erweisen, spricht auch aus Franziskus' Briefen (1–2 Gl). Keines seiner eigenen Schreiben lässt das Sendungsbewusstsein einer „Erlösergestalt" (Helmut Feld) erkennen.

Franziskus erhält seine ersten Gefährten nach langen Jahren persönlicher Suche in dem Moment, da er sich von der Apostelaussendung ansprechen lässt und „apostolisch" wird (Gef 25–35). Nicht Abkehr von der Welt, sondern der Weg zu den Menschen kennzeichnet die neuen „Männer der Umkehr aus Assisi" (Gef 37). Ihre einfachen Dienste und ihre schlichte Botschaft treffen eine pastorale Misere. Die schnell wachsenden Städte Mittelitaliens und ganz Europas erleben im frühen 13. Jahrhundert einen seelsorglichen Notstand. Es fehlt den neuen Zentren an Seelsorgern. Viele Pfarrer sind schlecht gebildet, leben moralisch bedenklich und können weder den Lebensfragen noch den kulturellen Bedürfnissen der neuen Bürgerschicht entsprechen. Abteien, die traditionellen Träger der Kultur und Bildung, liegen abseits der neuen Städte auf dem Land. Seelsorge reduziert sich oft auf die rechte oder schlechte Sakramentenspendung. Die Predigttätigkeit liegt vielerorts im Argen, so dass spirituell Suchende auf evangelische Bewegungen ansprechen, ohne deren Rechtgläubigkeit prüfen zu können. Die *fraternitas* aus Assisi ist eine Antwort von Laien auf diese Situation. Selbst Priester, die sich ihr anschließen, „deklassieren sich" in Leben und Wirken zu Laien (Raoul Manselli).

Zum Erfolg des Franziskusordens und seinem Preis

Die franziskanische Bruderschaft entsteht in der mobilen, reisefreudigen und kulturell wachen Bürgerschicht mittelitalienischer Städte. Wie sein Vater Pietro als Tuchhändler bis nach Frankreich reist, wird auch der Poverello seine Brüder anspornen, „durch die Welt zu ziehen" (NbR 14; BR 3). Doch sie tun es nicht mehr aus wirtschaftlichen, sondern aus spirituell-pastoralen Gründen. Wanderpredigt wird als Kernbestand der „vita apostolica" neu entdeckt und soll mit dem Evangelium Friede in die Städte und Häuser bringen (NbR 14; BR 3; 1 C 29). Die ersten Brüder wirken durch ihre Offenheit für jeden Menschen, als Handarbeiter durch ihr Zeugnis, im Dienst der Leprosen durch ihre Liebe, als schlichte Bußprediger durch ihre Armut und als Friedensstifter durch ihre Worte (vgl. Mt 10,1–14). Raoul Manselli hat dargelegt, wie der franziskanische Predigtstil sich stärker an städtischen Volksversammlungen und den Auftritten von Spielleuten orientierte als an den mehr oder weniger gelehrten Kanzelreden des Klerus. Diese neue bürgernahe Pastoral versprach in der neuen Welt der schnell wachsenden Städte Scharen von Menschen zu erreichen, die der Kirche verloren zu gehen drohten.

Innozenz III. zeigt sich weitsichtig, wenn er die ersten zwölf Brüder 1209 ermutigt, mit ihrer lebenspraktischen Predigt weitere Erfahrungen zu sammeln. Wenige Jahre später wird das Laterankonzil auf den pastoralen Notstand in den Städten reagieren und Bischöfe verpflichten, selbst oder über andere Kräfte die qualifizierte Verkündigung der Botschaft in den Städten sicherzustellen. Die Dominikaner reagieren schnell und sensibel auf die Konzilspolitik. Die Franziskaner werden ihnen nach Franziskus' Tod folgen und ihre Brüder zur Lehrpredigt befähigen. Der Poverello reagiert vernünftig auf die ersten Tendenzen dieser Neuorientierung und Spezialisierung: Er bejaht Studien (Ant) und erste Häuser. Emotional aber leidet er, und bisweilen hat er das Gefühl, dass ihm sein Orden entrissen wird.

Der Erfolg der franziskanischen Predigt in der Frühzeit lässt sich mit verschiedenen Faktoren erklären, die dann auch die Umwandlung der Minoriten zum Zwillingsorden der Predigerbrüder erleichtern. Zu nennen sind:

- der spirituelle Hunger der urbanen Bevölkerung, die pastoral unterversorgt auf eine menschennahe Verkündigung dankbar reagiert;
- Stil und Sprache von Predigern, die in jener bürgerlichen Kultur aufgewachsen sind, zu der sie sprechen und deren Welt ihnen vertraut ist;
- die überzeugende Verbindung von gelebter „vita apostolica" und verkündetem Evangelium, zu zweit unterwegs und mit dem Mut, Jesu Ruf ungeschmälert ins eigene Leben umzusetzen;
- die Friedfertigkeit, mit der die Brüder Feindseligkeiten ertragen (AP 19–24) sowie ihre Friedensbotschaft und ihr Geschick, zwischen verfeindeten Parteien Frieden zu vermitteln (1 C 23);
- das einzigartige Charisma eines Franziskus, Antonius und anderer Brüder, die Tausende von Zuhörern auf den Stadtplätzen in ihren Bann ziehen;
- die Freiheit der „fratres minores", die ohne konkrete kirchliche Aufträge oder Zweckbestimmung unterwegs den vielfältigen Bedürfnissen der Menschen offen begegnen und diesen mit ihren Talenten entgegenkommen – mit jeglichen Arbeiten und Diensten, sofern sie „niedrig" sind;
- ihr Respekt vor Priestern und Bischöfen, ohne deren Erlaubnis die Brüder nicht mit Worten predigen (während die Predigt durch Werke allen jederzeit möglich ist: NbR 17,3);
- der regelmäßige Erfahrungsaustausch an „Orten, wo die Brüder zusammenfinden", und an ihren Kapiteln, die Lernprozesse über kleinräumige und kulturelle Grenzen hinaus ermöglichen;
- und die universale Ausrichtung in einer mutigen Offenheit, die Brüder selbst „unter Sarazenen" wirken lässt und Dialog statt Kreuzzüge wagt.

Bereits wenige Jahre nach dem Tod des Poverello wandelt sich seine „religio" zu einem Orden von Predigern, Gelehrten und Seelsorgern. Städtische Klöster, konventuales Leben und wachsende Bedeutung in Wissenschaft, Pastoral und Kirchenpolitik kennzeichnen in ganz Europa den Erfolg der Minderbrüder, die zum größten der anerkannten Bettelorden werden. In der Zusammenschau der Motive und Einflüsse erweisen sich immer wieder vorgebrachte Anklagen – die Kurie habe den Orden vereinnahmt oder die gebildeten Brüder hätten Franziskus' Ideal verraten – als einseitig und kurzschlüssig. Folgende Triebkräfte haben zusammengewirkt und dem jungen Franziskusorden den Weg gewiesen, den er nach 1250 fast ohne Laienbrüder ging.

- Die *neue städtische Gesellschaft* des 13. Jahrhunderts brauchte dringend bewegliche Seelsorger und gebildete Prediger. Bettelorden boten sich als dynamische Kräfte an, die – aus der bürgerlichen Gesellschaft erwachsen und in sie gesandt – schnell neue Formen der Seelsorge entwickelten. Dabei haben die Predigerbrüder des Dominikus schon zu Lebzeiten des Poverello jenes praktische Modell vorgelegt, das in den folgenden Jahrzehnten neben den Minoriten auch von Augustinern und Karmeliten übernommen wurde, um drängender kultureller und seelsorgerischer Not in Europas Städten antworten zu können.
- Auch der *Kirchenhierarchie* war mit armen Predigern und gebildeten Seelsorgern weit besser gedient als mit Laien, die als einfache Wanderprediger und Bußbrüder das Evangelium lebten. Päpste förderten die Mendikanten gezielt als jene Kräfte, die das Pastoralprogramm der Laterankonzilien umzusetzen versprachen. Predigt gegen Ketzer, Ordensstudien und städtische Seelsorge etablieren sich dank römischer Unterstützung bereits in den Zwanzigerjahren. Die zentral organisierten Bettelbrüder wurden ab 1230 gegen den wachsenden Widerstand von Weltklerus und Bischöfen zu kraftvollen Werkzeugen päpstlicher Hirtensorge und Kirchenpolitik.
- Der *kirchliche und kulturelle Hintergrund* war im 13. Jahrhundert insgesamt „klerikal" geprägt: Im geistlichen und weltlichen Sinn galt geistige Arbeit mehr als manuelle, wurden Gebildete den Ungebildeten vorgezogen. Kleriker waren den Laien – bis in die Moderne – übergeordnet. Franziskus lebte mit seinen ersten Brüdern eine deutliche Alternative: als Gemeinschaft ohne Unterschiede und als „Mindere" in Kirche und Gesellschaft. Seine *fraternitas* konnte aber, gerade weil sie in ihrer klerikal gesinnten Kirche und Gesellschaft leben wollte, deren Werten auf Dauer nur schwer widerstehen.
- Nicht unterschätzt werden darf die *wirtschaftliche Dimension:* Als Mendikantenorden ernährten sich die Brüder vom Arbeiten und Betteln in ihrer Gesellschaft. Diese konnte und wollte nicht schnell wachsende Zahlen von Einsiedlern und freiwilligen Büßern ernähren. Soziale und ökonomische Unterstützung konnte auf die Dauer nur Religiosen gelten, von denen die bürgerliche Gesellschaft Gegenleistungen und eigenen Nutzen erwarten durfte. Ein Orden mit

Tausenden von Brüdern musste sich zu Recht fragen, wovon er leben wollte. Die Antwort der englischen Provinz – konventuales Leben mit eigenen Gärten und Almosen als Lohn für geleistete Seelsorge – erwies sich in Orden und Gesellschaft als tragfähige materielle Basis mit Zukunft.

• Franziskus wurde gewissermaßen auch das *Opfer seines Erfolgs*. Das unbesorgte Wanderleben, das einer kleinen Gruppe meist noch jüngerer Brüder um 1210 möglich gewesen war, konnte sich ein Orden mit Tausenden von Mitgliedern (unter ihnen zunehmend ältere und kranke) nicht mehr leisten. Die Bewegung drohte zudem schon früh außer Kontrolle zu geraten und rief nach Organisation: Gliederung in Provinzen, Ernennung von Ministern, Einführung des Noviziats, Hilfe eines Protektors, Errichtung fester Häuser, Studien, Sanktionen gegen zügellose Brüder, griffigere Bestimmungen durch Kapitelsentscheide, Regel, päpstliche Privilegien und Konstitutionen markieren die Suche nach einer geordneten Entwicklung. Franziskus selbst sah sich spätestens 1220 in der Organisation seiner schnell wachsenden Bewegung überfordert. Gebildete Brüder schritten zusammen mit Kurienvertretern zur Tat. Sie orientierten sich in der Wachstumskrise der Bewegung zunächst für kurze Zeit am monastischen, dann zunehmend am dominikanischen Vorbild. In der Folgezeit konnten weder die Spiritualen noch spätere Reformen – bei aller Sehnsucht nach dem ursprünglichen Ideal – eine echte und dauerhafte Alternative zum erfolgreichen franziskanischen „Predigerorden" und der klösterlichen Lebensweise finden.

Erst der Missionseinsatz in der „Neuen Welt", Brüdergemeinschaften in Afrika und Asien, der Boom karitativer oder pädagogischer Schwesternkongregationen im 19. Jahrhundert, der Aufschwung des Dritten Ordens im 20. Jahrhundert und die Rückbesinnung aller drei Ordenszweige auf das ursprüngliche Charisma nach dem Zweiten Vatikanischen Konzil haben die Vitalität der frühfranziskanischen Bewegung außerhalb klösterlicher Strukturen neu erweckt. Dass Franziskus vom Time-Magazin zum „Mann des Jahrtausends" gewählt werden konnte, liegt nicht nur an seinem außergewöhnlichen Leben und seiner Ausstrahlung, sondern auch an seiner Bewegung, die das „Personideal" des Gründers (Isnard Frank), ob gelegen oder ungelegen, mit durch bewegte Jahrhunderte getragen hat.

III. AKTUALITÄT

Franziskus hat bei seinem Gang zu Innozenz III. im Frühling 1209 wohl kaum geahnt, dass sein kleiner Kreis von „Büßern aus Assisi" weit mehr als eine *fraternitas* würde, die ganz Italien durchwandert. Nichts deutete in jenen Maitagen vor 800 Jahren darauf hin, dass die Bruderschaft bald auch Frauen aufnehmen und Verheiratete erfassen, dass sie schon zu Lebzeiten des Gründers zu einer europäischen Bewegung anwachsen und dass ihre Offenheit für neue Kulturen die Brüder ab 1500 zum größten Weltorden der katholischen Kirche machen würde. Weder Franziskus noch seine gelehrten Brüder in den ersten europäischen Universitätsstädten hätten je gedacht, dass sich 800 Jahre später die großen und kleinen Religionen der Welt in Assisi versammeln würden, um bei Beratungen und im gemeinsamen Gebet dem bedrohten Weltfrieden Wege in die Zukunft zu eröffnen. Nicht Mekka oder Jerusalem, nicht Rom oder New York, wurde zum Treffpunkt der Religionen: Das kleine Assisi ist zu dem Ort geworden, an dem die universale Verwandtschaft der Menschheit mehr als anderswo spürbar wird. Franziskus ermutigt heute weit über die christliche Welt hinaus als „Bruder aller Menschen" mit einer Lebenskunst, die überzeitlich anspricht, mit einer Weltliebe, die jedes Geschöpf achtet, und mit einer Mystik, die auch andere Religionen aufhorchen lässt.

Als „Bruder aller Menschen" findet Franziskus heute in die unterschiedlichsten Kulturen und Subkulturen. Seine Gestalt fasziniert selbst gegensätzliche Milieus. Das amerikanische Time-Magazin hat andere Gründe, Franziskus zum „Mann des zweiten Jahrtausends" zu küren als die Geschäftsinhaber in Assisi, die den Heiligen phantasiereich vermarkten. Großzügige Spenden von Weltkonzernen für die Basilica San Francesco folgten nach dem Erdbeben anderen

Motiven als Ökogruppen, die den Dichter des Sonnengesangs zitieren. Mit ihrer „Option für die Armen" knüpft die südamerikanische Befreiungstheologie an Franziskus an, und Basisgemeinden lassen sich von seinen heutigen Brüdern ermutigen, die ganz unten in der Gesellschaft an eine menschlichere Welt glauben. Friedensbewegungen berufen sich auf die gewaltlose Geschwisterlichkeit des Heiligen. Eine nicht mehr zählbare Vielfalt franziskanischer Gemeinschaften, Orden und Kongregationen aktualisieren das Charisma ihres Gründers je verschieden auf allen Kontinenten und in den unterschiedlichsten Milieus. Der Religionswissenschaftler Martin Kämpchen stellte 2002 erneut fest, dass „Franziskus überall lebt", weil sich seine „Spuren in allen Weltreligionen" finden. Missiologen erkennen in seinem Lebensmodell eine inkulturierte Art von Ordensleben für Indiens Landgebiete. Luise Rinser „verpoppt" in ihrem Bestseller von 1978 Franziskus als „Bruder Feuer" für junge Leute. Moderne Jugendgruppen entdecken in Assisi auf kreative Art ihren eigenen Francesco. Olivier Messiaens abendfüllende Oper „François d'Assise" (1983) begeistert musikalisch Anspruchsvolle, während Franco Zeffirellis Kinohit „Fratello Sole, Sorella luna" seit 1973 alljährlich für ein breites Publikum über Fernsehschirme flimmert. 1986 hatten die Führer der Weltreligionen andere Gründe, warum ausgerechnet Assisi sich für ihr erstes gemeinsames Friedensgebet eignete, als der Worl Wildlife Fund, der sein 25-jähriges Bestehen 1986 mit Queen Elizabeths Gemahl Prinz Philip in Assisis Franziskuskirche feierte.

Die Aktualität des Franziskus zu skizzieren, wird spätestens bei einem Blick ins Internet illusorisch: Eine Google-Recherche Ende 2013 ergibt auf Anhieb 1,7 Millionen Interneteinträge zu „Franziskus" allein für den deutschen Sprachraum. Selbst wenn ein beachtlicher Teil davon neu auf den Papst zutrifft oder weniger bekannte Franziskusse meint, die ihren Namen Pietro di Bernardones Sohn verdanken: Zahllos sind die Kreise und Gemeinschaften, kaum zählbar die Institutionen und Initiativen, ungezählt die Kunstobjekte, Studien und literarischen Werke, die sich auf Franz von Assisi beziehen. Neu sorgt die Orientierung des Papstes an Franziskus für einen unerwarteten Frühling in der katholischen Kirche. Dieser wird in Kürze in einem eigenen Buch beleuchtet, welches das erste Amtsjahr des Papstes aus franziskanischer Sicht würdigt (*Der Mann der Armut. Franziskus – ein Name wird Programm*, Freiburg 2014).

Der dritte Teil dieses Buches betreibt denn auch keine Feldforschung, um das Unmögliche zu versuchen. Er wählt einen franziskanischen Weg, um Geschichte und Gegenwart ins Gespräch zu bringen. Zehn Themen sollen anhand schlichter Quellentexte zur heutigen Welt sprechen, mit Franziskus' innerer Freiheit zu neuen Grenzüberschreitungen ermutigen und Streiflichter von der prophetischen Hoffnung des Heiligen in die Moderne leuchten lassen. Die ausgewählten Texte greifen je einen Aspekt aus der spirituellen Erfahrung und der Lebenskunst des Poverello auf. Der „menschlichste unter den Heiligen" (Friedrich Prinz) erscheint wie andere Prophetinnen und Propheten der Weltgeschichte mal faszinierend und mal fremd, wenn er in zentrale Herausforderungen unserer Zeit spricht. Die zehn ausgewählten Texte handeln von Erfolgsdenken und wahrem Wachstum, von Hoffnung für die Feinde, dem Zusammenleben der Religionen, der Kluft zwischen Reich und Arm, von Selbstgefährdungen der Kirche, vom Umgang mit Sexualität und Beziehungen, von einem Dekalog für die Schöpfung, vom Frieden unter allen Nationen und von Schwester Tod.

8. Grenzüberschreitungen

„Wahre Freude" – oder: Von Erfolg, Expansion und echtem Wachstum

Eine der bekanntesten Franziskusgeschichten handelt von Erfolg und Expansion, Anerkennung und Prestige – und setzt ein überraschendes „Wachstumsziel". Die Erzählung entsteht am Morgen der Moderne und wird von einem ehemaligen Kaufmann diktiert, der die Logik der erwachenden Geldwirtschaft früh durchschaut. In der Gleichnisgeschichte von der „Vera laetitia" scheint der wachsende Erfolg der franziskanischen Bewegung nach 1220 durch. Assisi zählt und ernährt 1221 bei der Pfingstversammlung 3000 bis 5000 Brüder. Unter ihnen findet sich eine steigende Zahl Gelehrter. Prominente Beispiele sind Tommaso da Celano, der in Palästina gewonnene bibelgewandte Prediger Cäsar von Speyer und der hochgelehrte Ex-Augustiner Antonius von Lissabon. 1225 treten in Paris gleich mehrere Magister der Universität in den Orden ein. Der Poverello steigert die möglichen Erfolgsaussichten seiner Bewegung. Was das Handelshaus Pietro di Bernardone in der Textilbranche erstrebt, kann auch einem Orden gelingen: Wachstum, Expansion, neue Felder der Präsenz, durchschlagende Erfolge und eine überbordende Nachfrage. Doch liegen darin wahre Freude und echtes Wachstum, liegen darin das Heil der Seele und die Fülle des Lebens? Das Glück des Menschen und der Friede der Welt wurzeln in Erfolgen anderer Art:

> *Franziskus ruft eines Tages bei der Portiuncula den Frate Leone. Dieser antwortet: ‚Ich höre – und bin bereit!' – ‚Schreibe', sagte er, ‚was die wahre Freude ist. Es kommt ein Bote und sagt, dass alle Universitätsgelehrten von Paris in unsere Gemeinschaft eingetreten sind. Schreibe: Darin liegt nicht die wahre Freude! Ebenso, dass alle Prälaten jenseits der Alpen, die Bischöfe und Erzbischöfe in Frankreich und Deutschland sich uns anschließen! Ebenso der König von Frankreich und der König von England! Schreibe: Es wäre nicht die wahre Freude!*

Ebenso, dass meine Brüder zu den Ungläubigen gegangen sind und sie alle zum Glauben bekehrt haben, und dass ich von Gott so große Gnade erhielte, dass ich Kranke heile und Wunder wirke. Ich sage dir, dass in all dem nicht die wahre Freude ist!' – ,Was aber ist die wahre Freude?' – ,Ich kehre von Perugia zurück und komme in tiefer Nacht hierher, zur Winterszeit, schmutzig, mit gefrorener Kutte und blutenden Schienbeinen, und muss in Schmutz, Kälte und Eis lange an der Pforte klopfen, bis ein Bruder kommt. Nach dem Namen gefragt, werde ich dann unfreundlich behandelt und im Dunkeln draußen stehengelassen mit den Worten: ,Geh weg, du bist ein Einfacher und Ungebildeter. Wir sind so zahlreich und so, dass wir dich nicht brauchen ...' Beim erneuten Anklopfen schickt er mich ins Hospital der Kreuzträger. Ich sage dir, wenn ich meine Geduld nicht verliere und nicht aggressiv werde, liegt darin wahre Freude, echte Tugend und das Heil der Seele (WahrFreud).

Der größte Erfolg des Menschen – so lehrt diese franziskanische „Erfolgsgeschichte" – liegt darin, einen Frieden in sich zu tragen, der in keiner Situation verlorengeht. Grund zu wahrer Freude ist ein innerer Frieden, der mich in jeder Situation frei und handlungsfähig bleiben lässt. Franziskus wünscht sich nicht demütige Lämmer! Ebenso wenig tragen aggressiv gereizte Reaktionen zum Frieden bei. Friede wird auch nicht durch beleidigte Leberwürste geschaffen: *„Ich sage dir, wenn ich meine Geduld nicht verliere und nicht aggressiv werde, liegt darin wahre Freude und das Heil der Seele!"* Der größte Erfolg eines Menschen ist es, handlungsfähig zu bleiben, aus innerstem Frieden! Sich nicht bestimmen, nicht steuern und besiegen zu lassen vom Verhalten anderer. Sich nicht hinreißen lassen zu unguten Reaktionen. „Jene bringen der Welt den wahren Frieden, die bei allem, was sie auf dieser Erde erleben und erleiden, an Seele und Leib den Frieden bewahren" (Erm 15). Sie sind es, die sich als „Söhne und Töchter Gottes erweisen": Menschen, die „von Gottes Liebe getragen" innerlich frei und in jeder Situation handlungsfähig bleiben, die aufrecht und befreiend reagieren können (Sonn). So hat es Jesus getan, von der Krippe bis ans Kreuz.

Franziskus' Erzählung von der Freude zeigt, wie sehr er sich vom Konkurrenzdenken und Erfolgszwang seiner Zunft befreit hat. Er ist Bruder geworden – jedem Menschen, auch Räubern und „feindlichen" Moslems. Der neue Weg als „frater minor" lehrt ihn, keinem Menschen von oben herab zu begegnen und sich über keinen zu stellen. Die Pointe der Erzählung von der Freude weist in eine strapazierende Alltagssituation. Sie kann auch modernen Menschen die Frage stellen: Wo lasse ich mich lähmen, wo lasse ich mich hinreißen zu unguten Reaktionen, wo bleibe ich gekränkt und wie gehe ich damit um? Oder positiv: Was hilft mir, innerlich frei zu bleiben, auch in stressigen und anstrengenden Situationen? Wo erfahre ich, dass die Kraft der Geduld und des inneren Friedens stärker ist als Unverständnis und Ablehnung? Wo leuchtet aus dem eigenen Erleben Grund zu „wahrer Freude" auf?

Universale Hoffnung – oder: Warum es keine Feinde gibt

Nach dem Religionspädagogen Hubertus Halbfas lässt sich die Echtheit des christlichen Glaubens an drei markanten Kennzeichen messen: 1. „Glaube an uns selbst, denn jede und jeder ist nach dem Bilde Gottes geschaffen". 2. „Glaube an den Mitmenschen, der nach demselben Bild geschaffen ist, was alle einander schwesterlich-brüderlich verpflichtet". 3. „Glaube an die Menschheit: die Menschen aller Völker und Rassen sind Kinder Gottes, ihr Leben hat die gleiche Würde und erlaubt keine Missachtung." Zwischen dieser Aussage eines aufgeklärten Menschen unserer Zeit und dem hohen Mittelalter liegen Jahrhunderte. Halbfas' drei Kriterien lassen sich dennoch – mit allem historischen Respekt – auf Franziskus anwenden. Die Erzählung von der wahren Freude hat das zweite Kennzeichen am Beispiel zwischenmenschlicher Spannungen angesprochen. Weil Menschen sich bereits in Ungeduld und Zorn über andere erheben, sollen sie sich in einer inneren Friedfertigkeit üben, die in keiner Situation die Fassung verliert. Die Dreigefährten erinnern an den tiefsten Grund solcher Ehrfurcht vor jeder Person: Liebe, die auf Glaube und radikale Hoffnung baut.

Franziskus bestand darauf, dass die Brüder niemanden richteten oder verurteilten und auch jene nicht verachteten, die in Luxus lebten oder sich mit auserlesenem Tuch kleideten: Denn unser Gott ist auch ihr Herr und hat die Macht, jene in seine Nähe zu berufen und als Berufene auch zu rechtfertigen. Die Brüder sollen auch diese Leute als ihre Geschwister und Herren hoch achten – sind diese doch wahrhaft Geschwister, da sie vom einen Schöpfer geschaffen sind, und Herren, insofern sie das zum Leben Notwendige gewähren. … Der Umgang der Brüder mit allen Menschen soll so sein, dass jeder, der sie sieht oder hört, den Vater im Himmel preist. … Menschen mögen uns als Verbündete des Teufels erscheinen und können doch Jünger Christi werden (Gef 58).

Moderne Politiker, Friedensbewegte und Predigerinnen sprechen „vom Geist des Friedens" oder vom „Geist der Einheit". Franziskus dreht solche Begriffe um und verdeutlicht damit, dass er die Quelle des Friedens nicht einfach in menschlicher Weisheit und Verhandlungskunst erkennt. Jesus selbst hat „seinen Frieden" unterschieden vom „Frieden, wie die Welt ihn gibt" (Joh 14,27). So wünscht der Poverello in seinen Briefanreden „wahren Frieden vom Himmel und aufrichtige Liebe im Herrn" (2 Gl 1) oder „Frieden im Herrn" (2 Kust 1). Wahrer, umfassender und dauerhafter Friede wurzelt im Glauben und braucht weit mehr als menschliche Kraft, Anstrengung und Versöhnungsarbeit.

Als junger Kaufmann in die ehrgeizige Politik seiner Zunft eingeführt, an der städtischen Revolution beteiligt, aktiv im Krieg und persönlich von Träumen einer ritterlicheren Welt bewegt, erfährt Franziskus schmerzlich das Zerbrechen seiner Illusionen und menschlicher Taktiken. Als er später als Bruder quer durch Mittelitalien in städtische Konflikte eingreift, setzt er tiefer an als politische Friedensstrategien: Wahrer Friede und echte Einheit entstehen erst, wenn Menschen ihre innerste Verwandtschaft erkennen. Aus eigener jahrelanger Umkehr-Erfahrung weiß Franziskus, dass man sich dafür dem Geheimnis über dieser Welt öffnen, vom Geist des Herrn ergreifen lassen und menschlich umwandeln muss. Spirituelle Früchte davon sind „Demut und Geduld, reine Einfalt und wahrer Friede des Geistes" (NbR 17,15; vgl. 2 Gl 45–53). In dieser Grundhaltung hat der Poverello sich in Stadtrepubliken mit leeren Händen zwischen Bürgerkriegsparteien gestellt, ist in Damiette vor die christlichen Kreuzfahrer getreten und hat sich durch die feindlichen Reihen der Moslems zum Sultan vorgewagt. „Friede des Geistes" ermöglicht, was kein Friedensentwurf und keine Friedensverhandlung erreicht.

Die „Liebe des Geistes" meint ebenfalls weit mehr als ein kirchlich oft beschworener „Geist der Liebe". Franziskus nimmt Verse der Bergpredigt auf, wenn er das Böse durch das Gute zu überwinden sucht: Natürlichem oder egoistischem *(carnalis)* Verhalten entgegengesetzt, lässt sich nur „durch die Liebe des Geistes" oder „per lo tuo amore" Böses verzeihen (Sonn), auf verletzende Worte oder üble Taten „Gutes sagen und Gutes tun und Gott loben" (NbR 17,19). Einzig eine Liebe, die eigene Kräfte übersteigt, vermag ehrgeiziges Streben nach oben zum Blick nach unten zu den Kleinen *(humiles)* zu wenden. Quelle der Einsicht ist auch hier wiederum keine menschliche Philosophie und schon gar nicht die Lebensweisheit von Assisis Bürgerschicht, sondern Jesu Verhalten und seine *humilitas*: die Liebe des Rabbi, der den Freunden die Füße wäscht und sich am Kreuz mit den Letzten solidarisiert. Vorbild ist die Menschlichkeit Jesu, der selbst seinen Verräter noch Freund nennt und am Kreuz für seine Henker betet, weil er an ihren guten Kern glaubt.

Der zitierte Gefährtenbericht lässt sich auf eine ebenso kurze wie radikale Frage verdichten: „Wenn Gott der Vater aller Menschen ist – wer ist mir dann nicht Schwester und Bruder?" „Liebe im Geist" will die Menschheit im Großen und die eigene Lebensgemeinschaft im Kleinen einen. Franziskus' Bewegung gründet nicht auf Verwandtschaft, Sympathie oder ein gemeinsames Ziel, sondern auf der gemeinsamen „inspiratio divina": „Vom gleichen Geist bewegt, haben Schwestern und Brüder ein neues Leben begonnen" (2 C 204). „Wo immer Brüder sind und sich treffen, sollen sie sich *spiritualiter* und liebevoll wiedersehen" (NbR 7,15). Dieser Geist lässt einander einst fremde Menschen zu Geschwistern werden, die sich lieben (*diligere fratrem suum spiritualem,* BR 6,8). Freiwillige und einfühlsame gegenseitige Sorge kann nur *per caritatem spiritus* geschehen. Sie eröffnet geistig eine Alternative sowohl zur feudalen Gesellschaft wie auch zur kirchlich-hierarchischen und zur frühkapitalistischen Welt, die Franziskus zunächst fasziniert hat und die ihn dann zunehmend erschreckt.

Nicht Rückzug von der Welt, sondern Wachsamkeit in ihrem Dienst ist Franziskus' Antwort. Die Brüder sollen der „Weisheit Gottes“ folgen (NbR 17,16). Sie lehrt sie in den Fußspuren des armen Rabbi zeichenhaft „minores“ und „allen dienstbar“ zu sein (7,1–2). Was das mit Blick auf „Ungläubige“ (16,6) und auf kirchliche Ämter (2 Cel 148) bedeutet, werden folgende Geschichten illustrieren.

Franziskus hat als „Bruder aller Menschen“ keine Allversöhnung gelehrt, wie es Origenes tat. Allerdings hat er für alle gehofft in einem Vertrauen auf Gottes gewinnende Zuwendung. Der Theologe Hans Urs von Balthasar hat diese Hoffnung für alle im „Kleinen Diskurs über die Hölle“ auch modernen Menschen ans Herz gelegt: Christinnen und Christen können, so Balthasars Schluss, eine Allversöhnung zwar nicht lehren, weil Gottes Liebe niemanden in seine Gemeinschaft zwingt. Dass es Christus jedoch tatsächlich gelingen wird, seine Sendung zu erfüllen und „alles im Himmel und auf Erden zu versöhnen“ (Kol 1,19–20; vgl. Phil 2,10), dürfen Glaubende hoffen, ja sie müssen es geradezu. Luise Rinser sagte es auf ihre Weise: Sie traue der Liebe Gottes lieber zu viel zu als zu wenig! – Die Frage, die sich dann aus Franziskus' glaubender Hoffnung stellt, kann auch so lauten: Wenn Gott am Ziel aller Wege einmal all seine Töchter und Söhne vereint, wem werde ich da nicht wieder begegnen?

„Unter Sarazenen leben“ – oder: Von Konfrontation zu Mission

Die österliche Sendung der Apostel weitet ihren Horizont über Israel hinaus bis an die Grenzen der Erde. Der Auferstandene will „das Evangelium allen Geschöpfen verkünden“ lassen (Mk 16,15; vgl. Abb. Seite 151). Franziskus' ungewöhnliche Orientreise erklärt sich aus seiner „vita evangelica et apostolica“. Auch bei seiner Kreuzzugsintervention geht es um mehr als eine politische Friedensmission: Der „Friede des Geistes“ setzt tiefer an und kennt keine Frontlinien.
Im Widerspruch zu seinen Päpsten sieht Franziskus in den bekämpften Moslems nicht Teufelssöhne, die von Kreuzrittern „zur Ehre Gottes“ niedergemacht werden sollen. Der kleine Bruder aus

Kreuzikone von San Damiano – Gestalten im Kreis des Auferstandenen

Assisi wagt sich unbewaffnet zu ihnen, traut ihnen mehr Verstand zu als den kämpfenden Christen und begegnet ihrem Sultan mit Vorschuss-Vertrauen. Mehrtägige Gespräche sind von Offenheit und Respekt gekennzeichnet, sowohl von Seiten des hoch gebildeten Malik al-Kâmil wie auch des bettelarmen Mystikers aus Assisi.
Mit Martina Kreidler-Kos habe ich kürzlich auf dem Kreuz von San Damiano, eigentliche Ur-Ikone der franziskanischen Bewegung, einen kleinen „Patron" dieser interreligiösen Begegnung entdeckt.

Das Tafelkreuz von San Damiano, das sich dem suchenden Franziskus ein Jahr lang tief eingeprägt hat, zeigt verschiedene Personen im Kreis des auferstandenen Christus. Links stehen seine Mutter Maria und sein Lieblingsjünger Johannes. Nach franziskanischer Lesart stehen sie modellhaft für diejenigen Schwestern und Brüder, die ihre Nachfolge ehelos leben und sich dabei gegenseitig stützen. Auf der rechten Seite zeigen Jesu Freundin Maria von Magdala, Jesu Tante Maria Jacobi und der Hauptmann der Passionsgeschichte das Spektrum „weltlicher" Nachfolge auf: Magdalena ermutigt moderne Singles, ihren Weg individuell zu gehen, die dritte Maria ist Familienfrau und der Centurio ein Berufsmann: Christusfreundschaft und -nachfolge kann auch ganz individuelle, familiäre und weltliche Wege gehen. Alle fünf Personen stehen in gleicher Größe und Würde in der Glaubensgemeinschaft. Unter ihnen sind zwei kleinere Gestalten sichtbar. Sie sind kleiner gemalt, weil sie den Messias noch nicht erkennen: Der Soldat Longinus mit der Lanze steht links als Vertreter des römischen Imperiums, der Jude rechts für Israel. Mit diesen beiden Gestalten stehen das erwählte Volk und die vielen Völker ebenfalls unter der segnenden Hand des einen Vaters und im Lichtkreis des Auferstandenen, auch wenn sie diesen noch nicht erkennen. Das Damianokreuz rückt mit der Komposition dieser sieben Personen die Kirche, das Volk des ersten Bundes und die vielen Völker in den einen Kreis der Menschheitsfamilie, die unter der Hand des gemeinsamen Vaters steht. Auch Andersgläubige sind Gottes Söhne und Töchter und dazu berufen, im Glauben zu wachsen.

Dass Franziskus entgegen der Lehre seiner Kirche auch „in Sarazenen", in islamischen Menschen und Andersgläubigen seine Geschwister sieht, findet biografisch eine erste Ermutigung im Damianokreuz. Nicht Kampf, sondern Dialog ist die Konsequenz dieses Glaubens – nicht heiliger Krieg, sondern geschwisterliche Begegnung.

Das Missionsstatut der Ordensregel hofft, auch Andersgläubige für die Lebensfülle auf Erden und das Glück im Himmel zu gewinnen. Der Islam, den die damalige Kirche zu ihrem größten Feind deklariert, wird zum ersten Adressaten der franziskanischen Mission. Die Brüder unterscheiden sich damit diametral von jenen irischen Wandermönchen, die sich weigerten, England zu missionieren, um ihre angelsächsischen Erzfeinde nicht im Himmel wiederzusehen.

Obwohl die mittelalterliche Kirche lehrt, dass es keine Heilswege außerhalb des Christentums gibt, beginnen erste Zeitgenossen des Franziskus die Grenzen der Hoffnung zu weiten. So lernt der Stauferkaiser Friedrich II. Arabisch, um sich tiefer mit der orientalischen Kultur und Geisteswelt vertraut zu machen. Der Franke Wolfram von Eschenbach (1170–1220) lässt in seinem 1210 vollendeten Versroman „Parzival" den islamischen Sohn eines christlichen Edelmannes und einer orientalischen „Mohrenkönigin" zu einem modellhaften Ritter werden, der auch nach christlichem Ethos überzeugt. Als Halbbruder Parzivals beeindruckt Feirefiz das Abendland durch seine guten Taten. Wolfram überschreitet in seiner Versdichtung die Grenzen zwischen den Religionen mutig: Karl Rahner hätte seinen islamischen Helden wohl als „anonymen Christen" bezeichnet. Allerdings wird Feirefiz dann Christ und zieht mit der Gralsträgerin Repanse de la Schoye verheiratet aus, um Indien zu christianisieren. Ein „Happy End" wäre nach der mittelalterlichen Heilslehre der Kirche undenkbar, wenn der Held nicht zur Taufe gelangt.

Wenn Franziskus in Ägypten zum Sultan von Jesus spricht, tut er es mit einer Hoffnung, die im Evangelium wurzelt: „Jesus sagte zu ihnen: Amen, amen, das sage ich euch: ... Wer mein Fleisch isst und mein Blut trinkt, hat das ewige Leben, und ich werde ihn auferwecken am Letzten Tag" (Joh 6). Nicht Leidenssehnsucht führt ihn in den Orient, sondern christliche Hoffnung bis „an die Grenzen der Welt" und damit verbunden Leidensbereitschaft. Der Dialog gelingt überraschend und gewinnt dem Bruder die Sympathie islamischer Größen. Seine zweifache Hoffnung – politisch der freie Zugang zu Jerusalem und damit Frieden sowie religiös die Bekehrung des Sultans zu Christus – bleibt zunächst unerfüllt. Doch die Erfahrung, in al-Kâmil einen vermeintlichen Feind zum Freund gewonnen zu haben, trägt ihre Früchte. Die geglückte Grenzüberschreitung im Orient und das unglücklich provozierte Martyrium fanatischer Brüder in Marokko fließen 1221 in ein innovatives Regelkapitel über das „Leben unter Nichtchristen" ein. Obwohl nach damaliger Überzeugung nur die Taufe ewiges Leben erschließt, zeichnet sich der Poverello im Missionsstatut der Regel durch höchste Behutsamkeit aus. Die Brüder sollen sich primär und grundlegend in den Dienst Andersgläubiger stellen:

Jeder Bruder, der auf göttliche Eingebung hin unter die Sarazenen und andere Ungläubige gehen will, soll mit der Erlaubnis seines Ministers und Dieners gehen. Dieser soll ohne Widerspruch die Erlaubnis geben, wenn er sieht, dass sie zur Mission tauglich sind. ... Die Brüder aber, die hinausziehen, können in zweifacher Weise vom Geist geleitet unter ihnen leben. Die erste Art besteht darin, dass sie weder Streit noch Zank beginnen, sondern ‚um Gottes willen jeder menschlichen Kreatur' (1 Petr 2,13) dienstbar sind und bekennen, dass sie an Christus glauben. Die andere Art ist – wenn sie sehen, dass es dem Herrn gefällt – das Wort Gottes zu verkünden: dass man so zum Glauben kommt an den allmächtigen Gott, den Schöpfer aller Dinge, den Sohn, Erlöser und Retter, und durch die Taufe Christ wird.

Dieser mittelalterliche Text ist in dreifacher Weise revolutionär: Indem er Zuwendung zu Andersgläubigen statt Glaubenskampf propagiert, distanziert er sich von jeder Form „Heiliger Kriege", wie sie bis heute von christlicher und islamischer Seite gepredigt und blutig ausgetragen werden. Indem er Brüder in den Dienst Andersgläubiger stellt, vertritt er lange vor Lessing eine Mission der Tat: Das eigene Tun spricht von der Wahrheit des Glaubens, und christlicher Glaube ist in den Fußspuren Jesu menschenfreundlich, befreiend, verbindend sowie „dienstbar". Brüder sollen wohltuend unter Andersgläubigen leben und durch ihren Dienst bezeugen, dass sie an den gemeinsamen Vater glauben. Drittens muss Mission schließlich, wenn sie das Evangelium mit Worten verkündigen will, zwei Grundvoraussetzungen erfüllen: Die Brüder müssen vertraut sein mit der Kultur, in der sie auftreten, sich integriert und dienstbar gemacht haben und geschwisterlich zu Andersgläubigen sprechen; und sie müssen sich vergewissern, dass der Schritt zur Wortverkündigung „Gott gefällt".

Durch die wirtschaftliche, politische und geistige Globalisierung werden die Religionen heute im zusammenrückenden Weltdorf zu Nachbarinnen. Religiöser Pluralismus prägt in Europa bereits die Medien, den Alltag vieler Leute und die Schulzimmer unzähliger Kinder. Wir müssen nicht mehr „zu den Sarazenen gehen", um anderen Religionen zu begegnen – die anderen Religionen haben ihre Tempel, Moscheen und Meditationszentren schon längst mitten in unserer europäischen Welt aufgeschlagen. Franziskus' Grundhaltung spricht auch da prophetisch ins Zusammenleben verschiedener Religionen: vertrauensvolle Zuwendung statt trennender Klischees, geschwisterliche Grundhaltung und wohltuende Begegnungen, und religiöser Dialog aus der Vertrautheit mit der Kultur der anderen.

„Mein Mantel ist Leihgabe" – oder: Wenn der Ärmste zum Maßstab wird

Gefährten erinnern an verschiedene Situationen, in denen der Poverello seine Kutte, ein wärmendes Fell oder den Mantel weggab. Wenn er einen materiell Ärmeren sah als er selbst, konnte er diesen nicht im Stich lassen und suchte konkreten Nöten mit den verfügbaren Mitteln zu begegnen. Diese Praxis muss nicht nachahmenswert erscheinen. Sie hat schon damals bisweilen das Verhältnis zu den eigenen Brüdern belastet, die dem Kranken eine neue Decke oder einen Mantel besorgen mussten. Entscheidender ist die Haltung, die hinter solchem Verhalten steht. Sie zeigt eine entschiedene Absage an die Werte, Ziele und Methoden des bürgerlichen Frühkapitalismus, der damals am Morgen der Moderne erwacht ist und dessen süße Früchte auch der Kaufmann in jungen Jahren auf der Sonnenseite Assisis ausgekostet hat.

Auf Gewerbe, Handel und Geldgeschäfte gestützt, hat die neue Stadtkultur damals die alte feudale Gesellschaftspyramide im eigenen Umfeld entmachtet und vielerorts eine republikanische Gemeindeordnung durchgesetzt. Gleichzeitig hat sie aber eine neue soziale Pyramide geschaffen, die seither nicht mehr auf Adel oder klerikalen Würden beruht, sondern auf Geld und Produktivität. Großkaufleute errichten Textilmanufakturen und stürzen damit Weber in die Arbeitslosigkeit, während sie selbst Haus um Haus dazukaufen können. Arbeitsteilung, technische Innovationen, Großproduktion und weiträumige Handelsbeziehungen führen zwischen 1100 und 1300 zu einer ökonomischen Revolution in Europa. Zwar verdoppelt sich damit die Bevölkerung, die am Ende mehrheitlich in Städten wohnt, doch zeigen sich gleichzeitig die ersten Formen massiver struktureller Armut. Arbeitsunfähige und Arbeitslose oder schlechtverdienende Handwerker bilden ein städtisches Proletariat, das in Städten wie Florenz, Augsburg, Wien und Basel schließlich 50–70% der Bevölkerung ausmacht. Franziskus lebt um 1200 in der beginnenden Hochblüte des Textilhandels. Viele Jahre lang genießt er mit Geschäftssinn, ehrgeizigen Plänen und Festfreude ein Leben, das leicht über die Schattenseite der neuen Gesellschaft hinweg sieht. Erst die eigene Krise führt zu Begegnungen in der Unterstadt und bringt ihn mit den Opfern der führenden Zünfte und mit Assisis Randständigen in Berührung. Das Streben nach oben weicht einem entschiedenen Abstieg. Franziskus wechselt Perspektive und Standort. Künftig erfährt und erlebt er die Realität nicht mehr vom Zentrum seiner Stadt aus, sondern an ihrem Rand. Der Kleinste und Ärmste gewinnt die volle Aufmerksamkeit. Dessen Situation und sein Überlebenskampf stellen sich schließlich über alle anderen Prioritäten:

> *Als Franziskus aus Siena zurückkehrte, traf er unterwegs mit einem Armen zusammen. Der Heilige sprach zu seinem Gefährten: ‚Bruder, wir müssen den Mantel diesem kleinen Armen (pauperculus) zurückgeben, denn er gehört ihm. Wir haben ihn ausgeliehen für solange, wie uns kein ärmerer begegnet.' Der Gefährte, der an die eigene Bedürftigkeit des mitfühlenden Franziskus dachte, widersetzte sich mit aller Entschiedenheit: Er solle nicht für andere sorgen und dabei sich selber vernachlässigen. ‚Ich will kein Dieb sein – antwortete der Heilige – und wir würden des Diebstahls angeklagt, wenn wir den Mantel nicht einem Bedürftigeren gäben.' Darauf gab der andere nach, und Franziskus schenkte den Mantel weg (2 C 87).*

Franziskus folgt weder einem Helfertrip noch selbstloser Askese. Er nennt den Armen mit seiner eigenen Selbstbezeichnung „poverello" und will sich ihm als *frater minor* erweisen. Erneut schimmert die eigentliche Regel durch: das Evangelium, das der Bruder meditiert und in den Alltag umsetzt. Die zweifache Begründung für die Rückgabe erinnert mit dem Motiv des Diebes an einen Konflikt zwischen Jesus und Judas, der „als Dieb" Arme missbraucht, um Maria von Betanien zu kritisieren (Joh 12,6). Das Motiv des Ausleihens ist der Feldrede des Lukas (Lk 6,34) entnommen, die Franziskus auswendig kennt. Der Stelle gehen Weherufe voraus: „Wehe euch, ihr Reichen: ihr habt nichts mehr zu erwarten! Wehe euch, die ihr jetzt satt seid: ihr werdet hungern! Wehe euch, die ihr jetzt lacht: ihr werdet weinen!" (Lk 6,24–25).

Der ehemalige Kaufmann hat mit einem Leben und einem Denken gebrochen, das eine Elite Reicher hoch über einer wachsenden Zahl Armer prassen und das Leben genießen lässt. Sein Aus-, Ab- und Umsteigen kehrt die Logik um: vom Raffen und Besitzen zum Teilen und Geben. Nicht der Reichste legt ihm länger die Latte eigener Ziele, sondern der Ärmste. Denn aus eigener Erfahrung kennt der Poverello inzwischen nur zu gut, wie sehr das Leben ganz unten auf offene Augen und Hände angewiesen ist. Brüder kommen zudem mittlerweile leichter zum Lebensnotwendigen als irgendwelche Elende am Weg. Die pragmatische Solidarität des Franziskus löst radikal ein, was Hubertus Halbfas als zweites Merkmal echten Glaubens formuliert hat: „Glaube an den Mitmenschen, der nach demselben Bild geschaffen ist, was alle einander schwesterlich-brüderlich verpflichtet." Die Minderbrüder haben keine gesellschaftstaugliche Alternative zu einem frühkapitalistischen System entwickelt, aus dem sie ausstiegen – um ihm den Spiegel hinzuhalten. Ihre Inspiration war schlicht evangelisch und ihr Verhalten dann prophetisch im biblischen Sinn. Als Brüder der Ärmsten und als Wanderprediger erinnerten sie selbstvergessene Bürger an die Lieblingsgeschwister Jesu (Mt 25). Sie konnten mit leeren Händen weder Theoretiker noch Caritaspioniere werden. Franziskus widersetzte sich daher auch den Plänen des Giovanni della Cappella, der einen Aussätzigenorden gründen wollte.

Die heutige Weltwirtschaft, in der die Reichen immer reicher und die Armen nur zahlreicher werden, transponiert die damals noch lokale Kluft auf ganze Erdteile. Heute kämpfen Länder und Ländergruppen an der Armutsgrenze gegen Hunger, medizinischen Notstand und Elend. In vielen für Europa uninteressanten Staaten grassieren Hunger und Seuchen, ohne dass die Medien davon Notiz nehmen. Franziskus findet heute Gefährten in kleinen Organisationen wie den Médecins sans Frontières, Hilfswerken oder Amnesty International, die die Aufmerksamkeit der westlichen Welt bewusst auf vergessene Nöte lenken. Helfer lassen sich allerdings selten so sehr auf Nöte ein, dass sie am Ende weniger haben als die Ärmsten. Das trifft selbst auf Franziskanerinnen und Franziskaner zu, die in Slums des südlichen Erdteils leben oder in Zürichs Gassen unter Drogensüchtigen anzutreffen sind. Die Radikalität des Poverello wird diesbezüglich nur von Einzelnen eingeholt, die sich beispielsweise für ein Leben in den Amazonas-Wäldern oder unter europäischen Clochards entschieden haben.

Das prophetische Anliegen dagegen nehmen viele franziskanische Gemeinschaften auch heute wahr: Sie erinnern in Verkündigung, mit ihren Medien und dem eigenen Teilen die sozial Gutgestellten an die Schattenseiten ihrer sonnigen Welt; sie begegnen einem allgegenwärtigen Konkurrenzdenken mit einer sozialen Sensibilität, die von der fundamentalen Gleichheit aller Menschen ausgeht; und sie richten ihre Budgets deshalb auf einen möglichst einfachen Lebensstil aus, um möglichst viel mit Bedrängten in aller Welt teilen zu können.

„Bruder Leib" – oder: Vom Umgang mit der Sexualität

Verschiedene Gefährtenberichte lassen uns vermuten, dass der Heilige mit einer vitalen Sexualität zu ringen hatte. Sein Umgang mit erotischen Träumen und sexuellen Regungen stellt vermutlich jenen Bereich dar, in dem er uns nur als Negativbeispiel dienen kann.

Augustinus, der prägendste Kirchenlehrer für das frühe und hohe Mittelalter, hat dem Christentum eine neuplatonische Leibfeindlichkeit mit auf den Weg gegeben, die der semitischen Kultur Jesu fremd ist. Der Körper wurde zum verführerischen Gegner der Seele. Mit der gregorianischen Reform setzte sich 100 Jahre vor Franziskus eine Sicht religiöser Vollkommenheit durch, die auf einem asexuellen Leben beruhte. Verheiratete Priester hatten sich von ihren Frauen und Kindern zu trennen. Der heilige Dienst setzte „reine Hände" voraus.

Als Franziskus sich von seinem ausgelassenen Leben in Assisi löste und ein Büßer wurde, „zeigte ihm niemand, was er tun soll". Ohne erfahrenen spirituellen Begleiter und diesbezüglich ohne Weisung aus den Evangelien konnte er sich nur an die allgemeine Verkündigung halten, die leibfeindlich zum „Kampf gegen die Verlockungen des Fleisches“ aufrief. Wenn Trieb und natürliche Leidenschaften die „Reinheit der Seele“ bedrohten, waren sie mit asketischen Praktiken zu vertreiben oder „abzutöten“. Heiligenviten boten dazu ein ganzes Arsenal von Methoden, welche von den asketischen Heroen angeblich mit Erfolg praktiziert worden waren. Einige Mittel, die auch der Poverello gegen seine vitale Sexualität einsetzte, versprachen tatsächlich, erotische Phantasien effizient zu ersticken. „Wenn ihn die Versuchung des Fleisches, wie das allen geschieht, einmal trieb, stieg er zur Winterzeit in einen Graben voll Eis und harrte da solange aus, bis jede leibliche Verlockung wich“ (1 C 42). Die frühe Bruderschaft folgte seinem Beispiel – und dem aller radikalen Lebensformen ihrer Zeit: Mönche, Eremiten und Büßer. „Sie mühten sich, die Regungen des Fleisches mit aller Strenge zu beherrschen. Häufig zögerten sie nicht, in eisiges Wasser zu tauchen oder den Leib zwischen stacheligen Dornbeersträuchern zu martern, bis das Blut rann“ (1 C 40). Interessanterweise begnügt sich die erste Biografie mit diesen beiden kurzen und nüchternen Hinweisen.

Die zweite Biografie erzählt eine interessante Erinnerung aus dem Eremo von Sarteano. Franziskus habe da eine „überaus heftige sinnliche Versuchung“ erfolglos zu überwinden gesucht, indem er sich mit einem Strick züchtigte. Darauf habe er sich nackt tief in den hohen Schnee gelegt. „Dann nahm er mit beiden Händen Schnee und formte ihn zu sieben puppenähnlichen Figuren, reihte diese vor sich auf und sprach zu seinem Leib: ‚Schau, diese größere Figur ist deine Gattin; von diesen vier sind zwei deine Söhne und zwei deine Töchter; die beiden weiteren sind ein Diener und eine Magd. Eile und kleide sie, denn sie sterben sonst vor Kälte. Ist dir diese vielfache Sorge aber zu mühsam, dann diene mit Liebe einzig dem Herrn“ (2 C 117).

Franziskus bindet das aktive Sexualleben in die Familie ein, vielleicht natürlicher, als es seine moralisch verkrampfte Kirche tat. Sexuelle Lust ist mit Fruchtbarkeit verbunden und erfordert vom Mann Sorge für Frau und Kinder. Die sexuelle Revolution hat nach 1968 zu Recht den Eigenwert der Sexualität betont, die auch ohne Kinderwunsch zur Freude der Partner gelebt werden kann. Sie hat dabei aber die Sorge vergessen, die dem anderen sensibel, auch seelisch intim und ganzheitlich begegnen lehrt. Nur so sind heutige Klagen über den „Sexualzwang“ und sexuellen Erfolgsdruck unserer freien Gesellschaft, über zunehmenden Frauenhandel und die Ausbeutung Tausender von „sexworkers" aus armen Ländern, über Kinderpornografie im Internet und das Drängen junger Frauen nach modischen Genitaloperationen sowie über die weitere Ausbreitung von AIDS zu erklären.

Eine neue Leibfeindlichkeit zeigt sich auch in anderen Lebensbereichen. Die moderne *fun*-Kultur und der Leistungsdruck im Spitzensport erwecken den Eindruck, dass Menschen ihren Leib heute auf neue Art „kasteien" oder gar „martern". Risikosportarten, die Nerven und Körper strapazierende Suche nach dem Extra-Kick, Sportinvalidität in den besten Lebensjahren nach Höchstleistungen, vielfältige Formen der Sucht, sich häufende Dopingskandale, aber auch verbreitete „Zivilisationskrankheiten" wie Übergewicht oder Magersucht, Schönheitschirurgie und zunehmende Allergien infolge Umweltbelastung mahnen zur Besinnung über unseren eigenen Umgang mit Leib und Seele.

Der junge Kaufmann Franziskus ließ sich von hagiographischen Vorbildern und von der kirchlichen Sexualmoral zu einem ungesunden Umgang mit dem eigenen Leib verleiten. Er erwachte allerdings – auch da *spiritualiter* – allmählich zu einer sensibleren Haltung. Als seine eigene Gesundheit schon erschüttert war, versuchte er seine jüngere Schwester Clara von exzessivem Fasten abzuhalten. Als seine Ratschläge zu mehr Achtsamkeit und sein Drängen keine Wirkung zeigten, schaltete der Poverello auch den Ortsbischof ein. Er selbst erkannte zu spät, dass er in seiner Liebe zu allen Geschöpfen ausgerechnet dem vertrautesten Geschöpf und „treuen Freund", seinem Leib, zu wenig Sorge getragen hatte (2 C 211). Krank in Rieti, zeigte der Poverello im Herbst 1225 zärtliche Farben für seine Leiblichkeit: „Er rief einen Gefährten, der vor dem Eintritt in den Orden ein Zitherspieler war, und sprach zu ihm: Bruder, ... ich möchte, dass du heimlich eine Zither ausleihst und herbringst, um meinem Bruder Leib, der voller Schmerzen ist, mit einem schönen Vers Trost zu spenden" (2 C 126).

Belastete die kirchliche Leibfeindlichkeit seinen Umgang mit körperlichen Bedürfnissen, so öffnete die Poesie der Troubadours glücklicherweise auf der Beziehungsebene einen weit positiveren Umgang mit Frauen. Wie bereits dargelegt, personifiziert Franziskus die wichtigsten Werte seines Lebens in der Gestalt edler Frauen, denen er mit dem ganzen Leben gefallen will. Indem er in ihnen Gefährtinnen seines Herrn erkennt, kann er ihnen Minnelieder singen. Die Liebe zu den „edlen Schwestern", Tugenden, die Jesus selbst sich erwählt hat, färbt sein Gottesbild mit erstaunlich fraulichen Zügen ein. Der Troubadour Gottes findet durch die höfische Minne zudem eine geeignete Beziehungsform mit ihm nahestehenden Frauen. Sei es Jacoba de' Settesoli, seien es die Schwestern von San Damiano oder andere: der Poverello kann erstere seine „carissima" nennen und „in Rom jeweils" gerne bei ihr „weilen", und er spricht Claras Gefährtinnen zärtlich als „Poverelle" an (MahnKl). Sie alle sind für ihn jedoch zugleich „dominae": edle Frauen, zu denen er aufschaut und die er bewundert. Gefährten bestätigen, was die Lebensform für San Damiano bereits anzeigt: Ehrfurcht vor Frauen, die durch ihre Lebenswahl ganz Christus gehören. Wenn Franziskus Clara „Christiana" nennt, drückt dies die Wahrnehmung ihrer nahen Christusverbundenheit aus. Der Name bedeutet im Latein wie im Italienischen nichts anderes als „Du gehörst Christus". Eine schöne Parabel über die beiden Boten eines Königs verdeutlicht die Ehrfurcht, mit der Franziskus einer „Erwählten Christi" begegnet:

Ein überaus mächtiger König sandte nacheinander zwei Boten zur Königin. Der erste kehrte zurück und richtete lediglich ihre Antwort auf die Botschaft aus. Als weiser Mann behielt er nämlich die Augen im Kopf und ließ sie nicht frei schweifen. Da kehrte auch der andere zurück, berichtete die kurze Antwort und wob dann in aller Länge eine Beschreibung von der Schönheit der Königin. ‚In der Tat, Herr, habe ich eine überaus schöne Frau gesehen. Glücklich, wer sie genießen darf!' Der König erwiderte ihm: ‚Liederlicher Diener, auf meine Braut hast du deine schamlosen Blicke gelegt. Natürlich wolltest du die Sache kaufen, die du so genau betrachtet hast!' Darauf ließ er den ersten wieder rufen und fragte ihn: ‚Was hältst du von der Königin?' Dieser antwortete: ‚Das Beste, denn sie hat schweigend zugehört und scharfsinnig geantwortet!' –‚Und Schönheit ist nicht an ihr?' – ‚Dir steht es zu, mein Herr, dies näher zu betrachten. Mein Auftrag bestand nur darin, eine Botschaft zu überbringen.' Darauf fällte der König folgendes Urteil: ‚Du, der du rein bist in deinen Blicken, kannst noch reiner im Leib in meiner Wohnung bleiben! Der da aber soll mein Haus verlassen, damit er nicht mein Ehebett befleckt!' (2 C 113, CA 37).

Auch diese Geschichte folgt den Regeln der Minnekunst und gehört in den Lebensentwurf eines mittelalterlichen Bruders. Sie mag mit ihrer Finesse aber eine Moderne, die weibliche Schönheit schamlos vermarktet, Frauenhandel betreibt und Seitensprünge für Kavaliersdelikte hält, an die Ehrfurcht erinnern, die jedem Menschen als ‚Bild Gottes' gebührt (Halbfas). Ehebruch oder freundschaftliche Untreue beginnen zudem auch für Jesus im Herzen (Mt 5,28) – und sie belasten immer eine in sich einzigartige Beziehung. Die Parabel wäre heute von manchen Partnern auf ihr Beziehungsnetz hin umzuschreiben.

9. Prophetisches

„Arm an Dingen und reich an Leben" – oder: Die reiche Freiheit des Evangeliums

Franziskus hatte den bürgerlichen Werten seiner Stadt und dem Gewinnstreben seiner Zunft den Rücken gekehrt – und kam nach einer Eremitenzeit als Prophet in seine vertraute Welt zurück. Auf seiner Suche nach einem neuen Lebenssinn hat der ehemalige Kaufmann einen Schatz entdeckt, für den sich aller Verzicht lohnt. Die Regel von 1221 bewahrt ein Evangelienzitat, das vermutlich bereits in der Urregel von 1209 stand. Es gibt die Antwort Jesu auf Petrus' Frage wieder, was jene erhalten, die alles hergegeben haben. Der „Tausch" ist mit grenzenlosem Gewinn verbunden: „Hundertfaches wird jeder erhalten – an Müttern, Brüdern, Schwestern, Häusern und Äckern" (Mk 10,29; Mt 19,19). Der Biograf und die Gefährten sprechen im Zusammenhang mit der erwählten Armut bald von einem *commercium*. Dieses lateinische Wort bedeutet weit mehr als Kommerz: einen „Bund", der einen wundervollen „Tausch" einschließt. Zwischen 1228 und 1253 sucht ein literarisches Juwel den Wert der franziskanischen Lebensweise anschaulich auszufalten. Das allegorische Mysterienspiel, welches das „Sacrum Commercium" des Franziskus mit der edlen Frau Armut beschreibt, gipfelt in einer Mahlszene und einem weiten Blick in die Welt:

> *Die Brüder führten Frau Armut (domina paupertas) von ihrem Berg hinunter zum Ort, wo sie leben. Es war gegen Mittag. Als alles vorbereitet war, drängten sie die Herrin mit ihnen zu essen. Jene aber erwiderte: ‚Zeigt mir zuvor noch euer Oratorium, den Kapitelsaal, den Kreuzgang, das Refektorium, Küche, Dormitorium und den Stall, schöne Sitze, polierte Tische und weite Gebäude [wie sie alle Klöster zu haben pflegen]. Ich sehe nichts davon. Nur euch sehe ich, heiter und fröhlich, von überfließender Freude und tiefgründigem Frieden, als ob euch alles auf einen Ruf hin gegeben würde'. Sie erwiderten: ‚Unsere Herrin und Königin, wir, deine Diener, sind müde vom langen Weg,*

und auch du hast dich unterwegs mit uns nicht wenig angestrengt. Lass uns zuerst essen, um dann neu gestärkt auf deinen Wunsch hin alles auszuführen'. – Nach einem sehr improvisierten, ärmlichen Mahl singen sie gemeinsam das Gotteslob und die Brüder lassen Frau Armut Siesta machen. – Sie führen die Frau zu einem Ruheplatz, weil sie müde war. Da streckte sie sich nackt auf der nackten Erde aus. Sie erbat sich ein Kopfkissen, und da die Brüder keines hatten, brachten sie ihr einen geeigneten Stein unter den Kopf. Wie sie sich nach einem überaus geruhsamen Schlaf und ohne schweren Magen leichtfüßig wieder erhob, bat sie wieder, dass ihr das Kloster gezeigt werde. Die Brüder führten sie auf eine Anhöhe. Von da zeigten sie ihr die ganze Welt, soweit ihr Blick reichte, und sagten: ‚Das ist unser Kloster, edle Frau!' (SC 29–30).

Das Mysterienspiel drückt in meisterhafter Art die franziskanische Freude an der irdischen Welt, die weiten Horizonte von Wanderbrüdern und den Reichtum ihrer Armut aus. Betonten Mönchs- und Kanonikergemeinschaften die „vita communis" über alles – gemeinsamer Gebetsraum, Refektorium und Schlafsaal, uniforme Tagesrhythmen und Gebräuche als Ausdruck innerer Einheit –, ließ Franziskus seine Brüder mit leeren Händen und improvisiert „durch die Welt ziehen" (NbR 14–15). Tatsächlich finden sich weder der Begriff „Gemeinschaft" *(communitas)* noch Ausdrücke für Kloster *(claustrum, coenobium)* in seinen Schriften. „Wo immer die Brüder sind oder sich treffen": näher können die einzelnen Regelkapitel ihre Lebensorte und ihre Gemeinschaftsform nicht umschreiben. Grundlegend ist ihr gemeinsames Vertrauen auf den einen Vater, die gemeinsame *inspiratio divina*, das gemeinsame Leben in den Fußspuren Jesu, der radikale Standortwechsel an den Rand der Gesellschaft, ihr Dienen als „fratres minores" aller Menschen (1 C 38) – und eine brüderlich-mütterliche Sorge füreinander (BR 6). Tommaso da Celano spricht 1228 von einer „Familie", deren Mitglieder sich unterwegs immer wieder freudig treffen: „Wenn sie sich irgendwo trafen oder auf dem Weg begegneten, erfasste sie eine Liebe, die stärker als alle natürliche Zuneigung von höherer Liebe genährt war. Sie sprach aus ihren Umarmungen, ihrer Zuwendung …, ihrer Offenheit füreinander, herzlicher Bescheidenheit, strahlenden Gesichtern … und ihrer Dienstfertigkeit. Mit Sehnsucht wünschten sie, dass der Weg sie zusammenführt, umso größer war die Freude, wenn sie vereint waren, schwer dagegen jede Trennung und das Auseinandergehen" (1 C 38–39).

Die Bruderschaft wird sich in dieser Haltung bald durch eine Vielfalt an Originalen und Charismen auszeichnen. Durch ihr Wanderleben und ihre radikal geschwisterliche Weltsicht erfüllt sich ihnen tatsächlich, was die Zusage Jesu an seine Apostel verheißen hat: Sie werden überall in den Häusern, Dörfern und Städten *spiritualiter* Geschwister finden, Mütter und ein Zuhause – wenn auch als Pilger. Ihre Äcker und Einsatzfelder liegen bald in ganz Europa, von der Nordsee bis Sizilien und von Syrien bis Spanien. In der *fraternitas* fielen soziale Trennungen und Wertungen, und es wurde eine grundlegende Geschwisterlichkeit erfahrbar, die keine familiären, nationalen, sprachlichen und kulturellen Grenzen kennt. Indem Arme, Analphabeten, Kleine und Unbedeutende gleichwertige Brüder neben Reichen, Gebildeten, Angesehenen und Adeligen wurden, fand der neue Orden Zugang zu allen Bevölkerungsschichten. Damit geschah eine Befreiung, die viel weiter ging als die städtisch-bürgerliche. Sie führte zu einer fundamentalen *fraternité, liberté et égalité,* hinter der die französische Revolution herhinken wird. Im Glauben an den allen gemeinsamen Vater und im Wagnis, an die Geschwisterlichkeit aller Menschen zu glauben, liegt die revolutionäre Kraft biblischer Inspiration. Indem das ganze Schöpfungshaus der „Mutter Erde" als gemeinsame Lebenswelt gesehen und erfahren wird, beziehen die ersten Brüder auch die Geschöpfe in die weltweite Großfamilie ein. Jesu Verheißung an die Jünger, dass sie Lebensfülle finden und hundertfach bekommen werden – Schwestern, Brüder, Häuser, Äcker – erfüllt sich in einer *interpretatio franciscana* „so weit das Auge reicht" (SC 30).

Der Blick der Brüder mit Frau Armut vom Berg behält aber auch in sesshaften Lebensweisen und oft kleinräumigen Alltagswelten seine aktuelle Ermutigung. Michail Gorbatschow hat das Bild vom „einen Haus Europa" geprägt, und Kofi Annan hat daran anknüpfend gesagt: „Europa wird ein Haus und die Welt zu einem Dorf". Positive Ereignisse wie auch Krisen in einem Teil der Welt schlagen Wellen rund um den Globus. So verbreitete sich etwa die Vogelgrippe 2005 von Thailand und Südkorea aus in Windeseile über Asien, Europa und Afrika. Verantwortungslose Banker in den USA stürzten 2008 die Börsen global in eine Krise und innerhalb weniger Monate die gesamte Weltwirtschaft in eine Rezession. Armut in Afrika treibt Tausende von Flüchtlingen in die Länder des Nordens. Fair-Trade-Shops nennen sich heute „Eine-Welt-Läden": Die Erdteile leben inzwischen so eng verflochten, dass die Unterscheidung in Erste, Zweite und Dritte Welt überholt erscheint. Tagtäglich bringt uns das Fernsehen Ereignisse aus allen Kontinenten in die eigene Stube. Stieg Franziskus noch mit Frau Armut auf einen Berg, um ihr seine Welt zu zeigen, blicken wir heute zuhause und schon morgens früh im Pendlerzug medial über alle Horizonte ins Weltgeschehen. Die Brüder begnügten sich nicht mit einem Panoramablick vom Berg aus – sie stiegen hinunter in die Welt und handelten selbst im bewegten Zeitgeschehen. Sie lebten dort mit weiten Horizonten und dem inneren Wissen, eine einzige große Familie zu sein. Das moderne Öko-Motto „think globally, act locally" lässt sich franziskanisch weit über die Ökologie hinaus leben: Auch sozial, wirtschaftlich, politisch, kirchlich – und spirituell im Glauben an den Geist, der in jedem Menschen auf Erden wirkt und alle zu einer einzigen *fraternitas* verbindet.

„In den Fußspuren Jesu" – oder: Von Selbstgefährdungen der Kirche

Seit Franziskus' frühen Erfahrungen mit Aussätzigen sowie in San Damiano weiß seine Bewegung, dass Christus mit Vorliebe unter den Ärmsten begegnet. Wenn Menschen ganz unten in der Gesellschaft und an ihrem Rand die liebsten Geschwister Jesu sind (Mt 25), werden „gottgewollte" soziale Klassenunterschiede wie auch Thron-Altar-Allianzen in Frage gestellt. Die ersten Franziskaner distanzieren sich auch von einer monastischen Ordnung, die in Kloster und Stall klare Unterscheidungen traf: „Wer wird wohl sein Vieh zu einer Herde im Stall vereinigen? Rinder, Esel, Schafe, Ziegen, ohne sie zu trennen? ... Gott setzte bei seinem Volk auf Erden und auch im Himmel klare Unterschiede" (Hildegard von Bingen). Die Brüder stellen – nonverbal und durch ihr Leben – auch die gesamtkirchlichen Kategorien in Frage, die damals drei Stufen der Vollkommenheit unterschieden: „Zum ersten Stand gehören die Laien, zum zweiten die Kleriker und zum dritten die Mönche. Obwohl keiner der drei frei von Sünde ist, ist der erste gut, der zweite besser und der dritte am besten." Franziskus wählt in den „Fußspuren des Herrn" für seine *fraternitas* den letzten Platz in Kirche und Gesellschaft:

> *In Rom hatten sich bei dem Herrn von Ostia, der später Papst war, die beiden Leuchten des Erdkreises eingefunden: der hl. Dominikus und der hl. Franziskus. Wie sie mit großer Ergriffenheit und Liebe über Christus, ihren Herrn, sprachen, sagte schließlich der Bischof zu ihnen: ‚Unter den ersten Christen waren die Hirten der Kirche arm und Menschen, die von Liebe erglühten, nicht von Habgier. Warum nehmen wir nicht aus euren Brüdern Bischöfe und Prälaten, die durch Lehre und Leben den anderen voranleuchten?' … Dominikus gab dem Bischof zur Antwort: ‚Herr, meine Brüder sind, wenn sie es recht erkennen, auf eine hohe Stufe gestellt und ich werde, soweit in meinen Kräften steht, nicht erlauben, dass sie eine andere Art der Würde erlangen.' Als er so in Kürze seine Antwort gegeben hatte, verneigte sich Franziskus vor dem Bischof und sprach: ‚Herr, Mindere sind meine Brüder deswegen genannt, damit sie sich nicht herausnehmen, Höhere zu werden. Ihre Berufung lehrt sie, den letzten Platz einzunehmen und den Spuren des demütigen Jesus zu folgen … Wenn ihr wollt, dass sie in der Kirche Gottes Frucht bringen, dann erhaltet und bewahret sie im Stande, zu dem sie berufen sind, und führt sie, selbst wider ihren Willen, auf den letzten Platz zurück!' (2 C 148, vgl. CA 49, LM 6, 5, SP 43).*

Ugolinos Klagen über mangelnde Glaubwürdigkeit vieler Bischöfe und Prälaten bestätigen sich beim Blick auf damalige Konzilsbeschlüsse. So ordnet das Dritte Laterankonzil 1179 an, dass Erzbischöfe „auf ihren Reisen nicht mehr als 40 bis 50 Pferde bei sich haben" und darauf verzichten sollen, „mit Jagdhunden und Vögeln auszureiten". Das Vierte Laterankonzil beklagt öffentlich „das Verhalten mancher vom niederen Klerus, aber auch unter den Prälaten der Kirche; sie verbringen fast halbe Nächte mit überflüssigen Schmausereien und unanständigem Geschwätz, von anderem ganz zu schweigen". Wahrscheinlich erröteten nicht wenige der 2000 Teilnehmer am prächtigen Konzil von 1215 betroffen unter ihrem Purpur bei den Klagen über das Tun der Apostelnachfolger in der feierlichen Versammlung.

Wie die ersten Franziskaner kein alternatives Gesellschaftsmodell vorgelegt haben, träumen sie auch nicht von einer anderen oder neuen Kirchenstruktur. Solches wird erst in einer zweiten Generation mit der Joachimismuskrise ab 1250 geschehen. Sozial wie kirchlich leben sie ihr Reformprogramm jedoch tatkräftig und unpolemisch innerhalb der Gesellschaft und der Kirche: Sie erneuern Kirche und Gesellschaft von innen und ganz unten.

Der Poverello vertraut dabei darauf, dass das Evangelium selbst erneuernde Kraft hat. Wie es seinem Leben und seiner Bruderschaft die Richtung weist, wie es den Schwestern in San Damiano einen eigenen Weg der *perfectio evangelii* eröffnet und Laien in Familien eine dritte Form der Nachfolge zeigt (1–2 Gl), kann es auch die „Nachfolger der Apostel" inspirieren. Aufgabe der Brüder ist es, von ihrer Seite her das Evangelium hörbar und sichtbar zu machen – in Wort und Tat, auch Amtsträgern gegenüber (SP 115). Franziskus tut es manchmal provokativ: Sprechende Handlungen wie der Gang zum Sultan oder das Betteln während Ugolinos Festmahl erinnern unangenehm an die Kluft, die da oder dort die kirchliche Realität vom Evangelium trennt.

In ihrer eigenen Bewegung entwickeln die Brüder auch alternative Strukturen, die jedes Machtgebaren ausschließen. Während Innozenz III. als selbsternannter *vicarius Christi* machtvoll über halb Europa herrscht und sich mit der Sonne vergleicht, von der der Kaiser als Mond sein ganzes Licht empfängt, hält sich die franziskanische *fraternitas* die Fußwaschung Jesu vor Augen (Erm 4). Wer Verantwortung übernimmt, soll seinen Dienst im Geist jenes Meisters ausüben, der vor seinen Freunden beim letzten Mahl auf den Boden kniet, um ihnen eigenhändig die Füße zu waschen. Nicht die *maiestas Domini*, sondern seine *humilitas* wird Vorbild für Ämter. Keiner nenne sich Prior, denn alle sind Brüder „und einer wasche des anderen Füße". Wer größer sein will, mache sich nach dem Beispiel Jesu zum Geringeren. „Ebenso soll kein Bruder eine Machtstellung oder ein Herrscheramt innehaben, vor allem nicht unter den Brüdern selbst. Denn wie der Herr im Evangelium sagt: ‚Die Fürsten der Völker herrschen über diese, und die die Größeren sind, üben Macht unter ihnen aus.' So darf es unter Brüdern nicht sein" (NbR 6). Die Bruderschaft entwickelt nach dem Modell der städtischen *Comune* eine demokratische Struktur: jährliche Kapitel entscheiden die wichtigen Fragen gemeinsam und wählen ihren „Minister und Diener". Ab 1217 werden auch Provinzialminister gewählt, die wiederum ein demokratisches Kollegium bilden. „Sollte es jemals der Gesamtheit der Provinzialminister … erscheinen, ein Minister sei zum Dienst und zum gemeinsamen Wohl der Brüder unzureichend, dann sollen die wahlberechtigten Brüder gehalten sein, im Namen des Herrn einen anderen Hüter zu wählen" (BR 8). Franziskus nennt den Heiligen Geist den eigentlichen Leiter des Ordens: „Er wollte, dass seine Bruderschaft Armen und Ungebildeten gleichermaßen zugänglich ist wie Reichen und Gebildeten, … denn der Heilige Geist, eigentlicher Generalminister des Ordens, ruht gleicherweise auf dem Armen und dem Einfachen" (2 C 193). Gottes Geist als Generalminister einer Bewegung, die auf Inspiration jedes einzelnen, Gelehrter wie Einfacher, und auf demokratische Wahlen vertraut! Die römische Kirchenhierarchie tut sich dagegen bis heute schwer mit demokratischen Strukturen im „Volk Gottes".

Nicht nur mit dem Aufteilen von Gottes geschwisterlicher Familie in soziale Klassen und kirchliche Stände, nicht nur mit herrschaftlichen Theologien, die Christus hoch über die Köpfe einfacher Menschen erheben, und mit dem Machtgebaren der eigenen Hierarchie gefährdet die Kirche sich selbst.

Eine Franziskusgeschichte aus dem Winter 1220/21 verdeutlicht, dass der christliche Glaube nicht nur gelehrt, verkündet und gefeiert, sondern in der Praxis gelebt werden muss. Jede Lehre ist frucht- und heillos, wenn sie nicht das alltägliche Leben und Handeln inspiriert:

Als Franziskus ein andermal bei der Kirche Santa Maria von der Portiuncula weilte, kam eine uns bekannte alte und arme Frau (vetula et paupercula), die zwei Söhne in der Brüdergemeinschaft hatte, zu jenem Ort. Sie bat den seligen Franziskus um ein Almosen, da ihr in jenem Jahr jeder Lebensunterhalt genommen war. Der selige Franzis-

kus sagte zu Bruder Pietro Cattani, der damals Generalminister war: ‚Können wir unserer Mutter etwas geben?' … Pietro antwortete ihm: ‚… sie bräuchte eine beträchtliche Gabe, um davon leben zu können. Wir haben da nur das Neue Testament in der Kirche, aus dem wir unsere Morgenlesungen nehmen.' Die Brüder verfügten damals noch nicht über Breviere und hatten nur wenige Psalterien. Franziskus fuhr fort: ‚Dann gib unserer Mutter das Neue Testament. Sie soll es verkaufen und mit dem Erlös ihrer Not abhelfen. Ich glaube fest, dass dieses Tun unserem Herrn und seiner seligen Jungfrau Maria mehr gefällt als wenn wir aus dem Buch lesen.' Und so schenkte Pietro es der Frau (Per 56/CA 93).

Zu einer Zeit, als der Orden bereits in städtischen Konventen wohnt, über große Theologen verfügt und Bibliotheken aufbaut, erinnern die Gefährten und der offizielle Biograf (2 C 91) eindringlich daran, dass der Glaube gelebt werden will. Im Notfall soll selbst das einzige Evangelium weggegeben werden: Es ist gottgefälliger, Jesu Botschaft zu tun als sie nur zu kennen, vorzulesen, gelehrt auszulegen und zu feiern.

„Schwester Wasser" – oder: Ein neuer Blick auf die Schöpfung

Zur universalen Familie, in die Franziskus durch sein Wanderleben, in den verschiedensten Städten und all seinen Eremitagen hineinwächst, gehören mehr und mehr auch die Geschöpfe. Tiere aller Art werden ihm zu Geschwistern. Der Poverello nennt mit der Zeit nicht nur jedes Geschöpf „Bruder" und „Schwester", sondern lernt auch mit ihnen zu kommunizieren (Per 49; 51/CA 86; 88; 1 C 60–61; 77–79; 2 C 168; 170–171). Modernen Menschen bleibt dieser Zugang zur geschaffenen Welt weitgehend verschlossen. Wir denken zu sehr in einem Subjekt-Objekt-Verhältnis zur Natur. Selbst Naturforscher bewegen sich meist „in evolutiven Bahnen, botanischen und zoologischen Systemen" (Halbfas). Nur Kindern, Narren, Verliebten und Dichterinnen fällt es noch ein, mit Tieren, Pflanzen und Steinen zu sprechen.

Als Franziskus aus seiner städtischen Welt aussteigt, unbehaust den Lebensraum der Geschöpfe teilt und mit ihnen alltäglich vertraut wird, beginnt er immer tiefer in die Erfahrung gemeinsamer Verwandtschaft einzutauchen. Wenn Papst Johannes Paul II. ihn 1979 zum Patron des Umweltschutzes ernannt hat, dann nicht eines griffigen Öko-Programms wegen. Wegweisend ist die gelebte Naturverbundenheit des Poverello. Sein ganzheitliches Denken und seine Liebe zu jedem Wesen führen zu einem Subjekt-Subjekt-Dialog mit den Geschöpfen. Was der Biograf Tommaso da Celano an reichen Beispielen illustriert (1 C 81, 2 C 165–166), findet sich analog bei Mystikern aller Religionen und heutigen Naturvölkern. Der Poverello würde Kwakiutl-Indianer zweifellos verstehen, die beim Sammeln von Zedernrinde singen: „Sieh mich an, Freund, ich komme, dich um dein Kleid zu bitten ... Kaum etwas gibt es an dir, das uns nicht helfen kann. Sag unseren Freunden, den Zedern, den andern, worum ich bitte, hilf mir, Freund, und halte Krankheit ab von mir, damit ich nicht sterbe, Freund."

Franziskus verhält sich den Geschöpfen gegenüber nicht nur brüderlich-sensibel, sondern verbindet sich mit ihnen naturmystisch zum gemeinsamen Gotteslob.

Welche Freude und Heiterkeit weckte in ihm die Schönheit der Blumen, wenn er ihre Gestalt bewunderte und ihren süßen Duft atmete. Sie erinnerten sein inneres Auge an die Schönheit jener anderen Blume, die mitten im Winter leuchtend aus der Wurzel Jesses hervor wuchs und mit ihrem Duft Tausende von Verstorbenen ins Leben zurückholte. Wenn er blühende Wiesen fand, so predigte er den Blumen und lud sie zum Lob Gottes ein, wie wenn sie Verstand hätten. Auf dieselbe Weise begegnete er Saatfeldern und Weinbergen, Steinen, Wäldern und schönen Landschaften, fließendem Quellwasser und blühenden Gärten, Erde und Feuer, Luft und Wind, die er alle mit aufrichtigem und reinem Herzen einlud, den Herrn selbst zu preisen und zu lieben. Alle Geschöpfe nannte er Schwester und Bruder, und auf einzigartige Weise sah er ins verborgene Herz der Geschöpfe, war er doch schon zur Freiheit der Kinder Gottes gelangt (1 C 81).

Franziskus mag moderne Menschen nicht zu Naturmystikern machen. Er kann allerdings in der ökologischen Gefährdung des blauen Planeten und unserer näheren Lebensräume Antwort auf ein Grundproblem unserer wissenschaftlich-technischen Vernunft geben.

- Nützliche Dinge? – Die westliche Kultur reduziert die Gaben der Erde auf ihre Brauchbarkeit. Die Natur, ihre Schätze und Lebewesen werden zu Objekten, die über die menschlichen Grundbedürfnisse hinaus gesteigerte Wünsche einer künstlichen Welt zu befriedigen haben. Mit Rohstoffen, Tropenholz, Schneebergen, Delphinarien, Froschschenkeln, Nerzmänteln und unberührten Naturlandschaften lässt sich zudem Profit machen. Der Eigenwert der Geschöpfe wird dabei verletzt und missachtet.
- Wertvolle Wesen! – Franziskus hat das rücksichtlose Profit-, Genuss- und Nützlichkeitsdenken, das seine jungen Jahre prägte, überwunden. Auch die Natur erscheint ihm nicht mehr als Selbstbedienungsmarkt voller Gebrauchsobjekte, sondern sie wird zum gemeinsamen Lebensraum vieler eigenständiger Wesen. Diese spielen in einer wunderbaren Ordnung zusammen und sind dem Menschen natürlicherweise verwandt. Ökologie spricht vom gemeinsam bewohnten Haus *(oikos)*, Franziskus sieht es von lauter „Geschwistern" bewohnt. Kein Leben darf unnötig ausgelöscht und kein Geschöpf aus seinem Lebensraum verbannt werden. So sollen die Gärten der Brüder auch wilden Kräutern einen guten Platz geben.
- Sprechende Kunstwerke! – Alles, was ist, hat zudem eine Sprache: Es weist über sich hinaus auf das große Du, das die Welt ins Dasein gerufen hat und sie am Leben erhält. Wie die Sonne – „Gleichnis des *Altissimu*" (Sonn) – verweist jedes Geschöpf in seiner Art auf den Schöpfer. Kunstwerke erzählen vom Künstler. Ein unsensibler, zerstörerischer Umgang mit Kunst verletzt daher auch den Künstler.

Jahrzehnte nach Franziskus wird der große Franziskanertheologe Bonaventura Zeilen schreiben, die auch moderne Menschen zu einer neuen Sinnlichkeit aufrufen (Itinerarium Mentis I 15):

Wer vom Glanz der geschaffenen Dinge
nicht erleuchtet wird, ist blind!
Wer durch das leise Rufen der Natur
nicht erweckt wird, ist taub!

Wer von all den Wundern der Schöpfung beeindruckt
Gott nicht lobt, ist stumm!
Wer durch all die Signale der Welt
nicht auf den Urheber hingewiesen wird, ist dumm.

Schärfere Normen für ein ökologischeres Verhalten werden die Erde nicht retten: Sie wartet auf ein Umdenken und neue Sensibilität der Menschen. Letztlich können nur eine neue Ehrfurcht und eine neue Beziehungsfähigkeit die grundlegende Wende einleiten. Wenn das Wasser wieder zur „kostbaren, nützlichen und reinen Schwester" wird (Sonn), lässt sich verhindern, was Boutros Boutros-Ghali als UNO-Generalsekretär befürchtet hat: dass der nächste Weltkrieg durch den Kampf um Trinkwasser ausbricht.

„Überall auf Erden Gott lieben" – oder: Warum Assisi alle Weltreligionen verbindet

Warum weder Jerusalem noch Mekka oder Rom und auch kein UNO-Sitz, sondern ein Städtchen in Mittelitalien die kleinen und großen Religionen der Welt zum gemeinsamen Friedensgebet vereint, hat der Zen-Buddhist Shido Munan 2002 mit dem „Geist des Franziskus" erklärt. Tatsächlich zeigte Franz von Assisi erstaunliche Offenheit für andere Religionen. Nach seinem mutigen Weg zu Sultan al-Malik Muhammad al-Kâmil fordert Franziskus alle Menschen auf Erden in Rundbriefen auf, von der alltäglichen Gebetspraxis der Muslime zu lernen.

Der „franziskanische Weg" des interreligiösen Dialogs knüpft heute neu am Beispiel des Poverello an. Aus der Sultansbegegnung und dem Regeltext lassen sich zehn Grundsätze zum folgenden „Dekalog" für den Dialog und die Begegnung der Religionen vereinen:

1. *Dialog aus der Dynamik des Gebetes*: Jede gelungene Begegnung ist nicht allein Menschenwerk, sondern Geschenk Gottes. Deshalb hat Franziskus vor dem Weg zu al-Kâmil um Kraft und Vertrauen für den gewagten Weg gebetet (LM 9, 7). Der Sultan bittet schließlich seinen Gast, für ihn zu Gott zu beten, dass er ihn im Glauben er-

Gedenktafel des ersten Friedensgebetes der Weltreligionen, das am 27. Oktober 1986 in Assisi stattfand (Basilica Santa Maria degli Angeli, Portiuncula). Das Relief zeigt den einladenden Papst Johannes Paul II., flankiert vom Dalai Lama und vom anglikanischen Erzbischof Casey von Canterbury sowie Delegationen großer und kleiner Kirchen und Religionen vor der Portiuncula-Kapelle.

leuchte. Unterschiedliche Bekenntnisse finden sich im Vertrauen auf das eigene und das Gebet des Dialogpartners.

2. *Die Initiative ergreifen:* Die Begegnung mit dem Sultan kommt zustande, weil der Poverello initiativ wird. Er vertraut auch unter ungünstigen Bedingungen auf den guten Willen der Gegenseite und macht sich gegen alles Abraten des eigenen Lagers auf den Weg (Vitry 1220; Bernard le Trésorier). Sein Mut und die Offenheit des Sultans lassen eine gewagte Begegnung gelingen.

3. *In allem den Frieden suchen:* Der Poverello findet in Damiette die Eskalation eines Religionskrieges vor. Er sucht zunächst das eigene Lager von Gewalttaten abzuhalten. Ausgelacht und unverstanden, traut er dem Gegner größere Verständigkeit zu. Gewaltlos und mit leeren Händen nähert er sich der Frontlinie der Moslems, lässt sich rau anfassen und als Gefangener vorführen. Innerer Friede und gewaltlose Hoffnung überwinden gegnerische Vorurteile und ermöglichen den Dialog unter vermeintlichen Feinden.

4. *Vertrauen*: Franziskus erfährt seinen Gesprächspartner aufrichtig um den wahren Glauben bemüht und entdeckt Gottesliebe außerhalb der eigenen Religionsgemeinschaft. Vertrauen in die Gottverbundenheit des je anderen schlägt Brücken und schließt Freundschaften über Glaubensgrenzen hinweg.

5. *Jedem Menschen hilfreich sein*: Wer anderen Gutes will und tut, verbindet durch Taten, die stärker sind als Worte. Franziskanische Menschen („Minores") fügen sich in die menschlichen Ordnungen anderer Kulturen, verstehen sich als Brüder und Schwestern jeder Kreatur (1 Petr 2,13) und suchen „jedem Menschen dienstbar zu sein" (NbR 16).

6. *Die eigene Identität zeigen*: Im Dialog begegnen sich Partner, die sich um Verständigung bemühen. Gelungene Begegnungen verdanken sich nicht nur Ort, Rollenverteilung und Wortwahl, sondern wesentlich dem klaren Profil der Gesprächspartner. Franziskus fordert seine Brüder auf, sich aufrichtig als Christen zu verhalten und zu bekennen (NbR 16).

7. *Mitten unter ihnen leben*: Begegnung und Dialog finden eine andere Basis, wenn Christinnen und Christen nicht einfach „zu" Andersgläubigen gehen oder „für" sie wirken, sondern „unter ihnen" leben. Franziskus ermutigt seine Brüder, die Lebensbedingungen der Moslems zu teilen, ihnen hilfreich zu sein und aus dem Miteinander sensibel zu spüren, ob und wann Glaubensgespräche gut sind.

8. *Durch das Leben und durch Worte wirken*: Franziskus unterscheidet zwei Formen der Glaubensverkündigung: durch die schlichte Sprache des eigenen Lebens und Handelns, und durch die Sprache der Worte. Er zieht die erste der zweiten vor (NbR 16). Erst wenn Brüder mit der anderen Kultur und Religion vertraut sind und nur wenn sie deutlich spüren, dass es Gott gefällt, sollen sie das Evangelium verkünden.

9. *Nicht allein, sondern gemeinsam begegnen*: Franziskus handelt nicht als Individualist. Auf den Weg zum Sultan begleitet ihn Bruder Illuminato (LM 9,8). Franziskus' Regel sendet auch die Brüder zu zweit oder in kleinen Gruppen, um Frieden und das Evangelium in die Welt zu tragen. Ihr Verhalten im eigenen Kreis soll sichtbar machen und bekräftigen, was sie verkünden (1 C 29).

Moderne Ikone von Laura Goeldlin de Tiefenau: Franziskus begegnet dem Sultan al-Kâmil.

10. *Zuhören und voneinander lernen*: Im Vertrauen in die Offenheit des Sultans ist Franziskus über den Nil gerudert. Er zeigt sich offen, entdeckt wahre Gottesliebe in der anderen Religion, lässt sich beeindrucken vom täglichen Beten der Moslems und gewinnt daraus Anregungen für den Alltag der eigenen Religionsgemeinschaft (Lenk).

Der franziskanische Weg des Dialogs ist einer unter vielen. Er sucht ganzheitlich und schlicht beizutragen, dass sich die Hoffnung von Hans Küngs Stiftung Weltethos erfüllt: „Friede unter den Nationen durch Friede unter den Religionen".

Im Zeitalter neuer Kreuzzüge gegen „Terroristen in aller Welt" und hochgerüsteter Drohungen gegen fremd deklarierte „Schurkenstaaten" verliert der gewaltlose und vertrauensvolle Weg des Poverello leider nicht an Aktualität. Und angesichts fundamentalistischer Strömungen aller Art, die Andersdenkende mit Füßen treten, provoziert Franziskus mit einem Glauben, der Gottes Geist ohne Grenzen wirken sieht, und mit einer Liebe, die auf jeden Menschen geschwisterlich zugeht.

„Schwester Tod" – oder: Wenn das Sterben zur Hoffnung wird

Die Freude am Leben, an der Welt und seiner Stadt, an Schwestern und Brüdern begleitet den Poverello bis in seine letzten Stunden. Sein Sterben wird zu einer Gemeinschaftserfahrung dichtester Art. Assisi möchte den großen Bruder innerhalb seiner Mauern sterben lassen, sicher verwahrt und gut abgeschottet im Bischofspalast. Das Verhalten der Bürger erinnert ungewollt an das verborgene Sterben vieler heutiger Menschen in Kliniken oder ihren Wohnungen. Oft sind es nicht einmal mehr Angehörige, sondern Sterbebegleiterinnen und -begleiter, die den letzten Weg eines Menschen mitgehen. Der Tod wird aus der modernen Lebenswelt verdrängt. Viele Zeitgenossen mögen weder das Sterben noch Verstorbene sehen: Kein menschlicher Abschied – eine Urne genügt in der Trauer. Das Sterben des Poverello bleibt dagegen allen Beteiligten unvergesslich und voller Hoffnung. Er hat im Tod schon zuvor eine „sorella" erkannt: von Gott geschaffen und den Menschen eine schwesterliche Begleiterin in die ewige Welt. Viele fliehen sie (Sonn) und könnten sie doch am Ziel des Erdenweges dankbar begrüßen (Per 64/CA 99, 2 C 217).

Franziskus bricht sterbend aus der Isolation der Bischofsresidenz aus. Er verbringt die letzten Tage in seiner geliebten Portiuncula, segnet die Heimatstadt über ihm voller Liebe, sendet eine Trostbotschaft an die Schwestern von San Damiano, lässt seine Freundin Jacoba rufen, genießt noch einmal Mandelkuchen, möchte den Sonnengesang hören, segnet seine Brüder und setzt Bernardo als sein lebendiges Testament ein, spricht über seine Gefühle und lässt die Brüder ihre Gefühle ausdrücken. Wie Franziskus dann seine

Stunde kommen spürt, feiert er mit seinen Liebsten ein eindrückliches Mahl, bevor er nackt auf der nackten Erde „Schwester Tod" erwartet. Die letzte Feier in seinem Leben erinnert die Gefährten mit der Freiheit ihrer *vita apostolica* ans letzte Abendmahl Jesu. Der Jesuit Peter Köster hat die höchste Stufe religiöser Reifung in einer Gottesbeziehung erkannt, in der Gott weit mehr wird als Gefährte, Freund und Partner: „Gott wird der Grund meines Grundes". Franziskus drückt in Erinnerung an Jesu vertrauensvolles Vermächtnis aus, in wessen Hände er sein Leben legen darf:

> *Während die Brüder schluchzten, weinten und trostlos klagten, ließ er sich Brot bringen. Er segnete es, brach es und gab jedem von ihnen ein Stück davon zu essen. Er verlangte auch nach dem Evangeliar und ließ das Johannesevangelium aufschlagen, um jenen Abschnitt zu hören, der mit den Worten beginnt: ‚Vor dem Paschafest, als Jesus wusste, dass seine Stunde kam, um von dieser Welt zum Vater hinüberzugehen (transeat ex hoc mundo ad Patrem) …' So erinnerte er in jener Stunde an das heiligste Abendmahl, das der Herr mit seinen Jüngern zum letzten Mal gefeiert hatte. Er tat dies alles, um ehrwürdig an jenes Mahl zu erinnern und um seinen Brüdern die ganze Zärtlichkeit seiner Liebe zu zeigen. – Und da er bald wieder Erde und Asche sein würde, ließ er sich ein graues Bußkleid umlegen und seinen Leib mit Asche bestreuen. Viele Brüder … umstanden ihn voller Ehrfurcht und erwarteten mit ihm den glücklichen Auszug (exitus) und das gesegnete Ende. Da löste sich seine heilige Seele vom Fleisch, um ins ewige Licht aufzusteigen, und der Leib entschlief im Herrn (2 C 217, 1 C 110).*

Bewusste Schritte auf den Tod zu, das Mitgehen der Nächsten, die je stimmigen Zeichen und Worte, geteilte Trauer und Hoffnung können das Sterben zum eindrücklichen Lebenszeichen machen – für die Sterbenden wie auch für ihre Liebsten. Die moderne Verbannung des Todes hinter Wände und medizinische Apparate beraubt Menschen, ihre Verwandten und Freunde dagegen um eine letzte existenzielle Gemeinschaftserfahrung. Wäre diese menschlich und existenziell nicht größer als jede greifbare Hinterlassenschaft?

Die Farben des Franziskus

Sag, Francesco,
welches waren deine Farben?
War deine Kutte braun, schwarz oder grau?
Viele Farben tragen die Leute heute
in deinem Namen …
Auch Rot und Grün berufen sich auf dich.
Wer sind deine wahren Schwestern und Brüder?

„Die Fußspuren Jesu,
die Freiheit leerer Hände,
lebendiger Glaube, Hoffnung für alle,
Liebe zu Menschen und Geschöpfen
war mir das Maß,
nicht Normen und nicht der Schein."

Welche Farbe also?
„Die des Regenbogens!"

(Zeilen aus San Masseo in Assisi)

Der Name wird Programm

Franz von Assisi.
Er ist für mich der Mann der Armut,
der Mann des Friedens,
der Mann, der die Schöpfung liebt und bewahrt …
Ach, wie möchte ich eine arme Kirche
für die Armen!

(Papst Franziskus zu seiner Namenswahl)

Chronologie

1182 Geburt des Franziskus in Assisi und Taufe auf den Namen Johannes.

1187 Sultan Saladin erobert Jerusalem: dritter (1189–92), vierter (1202–04) und fünfter Kreuzzug (1217–29).

1194 Geburt Claras in einer der zwanzig Adelssippen Assisis.

1196 Franziskus wird erwachsen und tritt in die Zunft seines Vaters ein.

1197 Tod des Staufers Heinrich VI. Sein Graf zieht sich aus Assisi zurück.

1198 Der neue Papst Innozenz III. greift nach dem Herzogtum Spoleto. Assisi stürmt die herrenlose Burg. Bürger setzen eine *Comune*-Ordnung durch. Der Adel flieht; in der Oberstadt brennen Wohntürme.

1202 Städtekrieg zwischen Assisi und Perugia. November: Schlacht von Collestrada am Tiber. Assisi unterliegt. Franziskus wandert kriegsgefangen nach Perugia.

1203 Assisis Adel erzwingt einen Friedensvertrag: Die *charta pacis* (vom 6. November) stellt alte Privilegien wieder her. Rückkehr der Kriegsgefangenen aus Perugia.

1204 Franziskus wird krank. Das frühere Leben verliert seine Farben.

1205 Franziskus will mit Gautier de Brienne in Apulien kämpfen, bricht den Weg aber in Spoleto ab. Rückkehr und Beginn einer intensiven Sinnsuche.

1206 Frühjahr: Aussätzigenbegegnungen, mystisches Erlebnis in San Damiano. Prozess vor Bischof Guido I. und Enterbung. Franziskus verlässt Assisi, dient in der Abtei Vallingegno und flieht nach Gubbio.

1206 Sommer: Einsatz für Gubbios Aussätzige, Rückkehr nach San Damiano und Aufbau der Kirche mit Randständigen; Schwesternprophetie.

1207 Wiederaufbau von San Pietro della Spina und der Portiuncula.

1208 25. Februar (verschobenes Matthias-Fest): Franziskus findet in der Portiuncula seinen Auftrag. Das Einsiedlerkleid weicht der Kutte eines Wanderbruders.

16. April: Erste Gefährtenschließen sich an: Bernardo da Quintavalle und Pietro Cattani.
23. April: Egidio stößt dazu. Predigtreise durch Toskana und Mark Ancona.
Im Sommer schließen sich Sabbatinus, Johannes de Capella und Moricus an.
Im Herbst folgen Philippus Longus (Abruzzen) und Johannes de S. Constantio. Assisi verdrängt die Brüder. Sie verbringen den Winter im Rietital. Barbarus und Bernardus Vigilantis ziehen mit ins Exil. Angelus Tancredi kommt als erster Ritter in die *fraternitas*, die in der Einsiedelei Poggio Bustone lebt.

1208/09 Innozenz III. gliedert einzelne Waldensergruppen wieder in die Kirche ein. In Frankreich beginnt der Kreuzzug gegen Albigenser (Katharer und Waldenser).

1209 Franziskus zieht mit elf Gefährten nach Rom. Kardinal Giovanni erwirkt eine Audienz bei Innozenz III.: Er segnet den Lebensentwurf und erlaubt die praktische Predigt der Brüder. Aufenthalt im Tibertal, im Frühsommer Rückkehr nach Assisi, Lager in Rivotorto. Im Spätherbst überlassen die Mönche von San Benedetto al Subasio Franziskus die Portiuncula. Sie wird zum Mittelpunkt der neuen Bewegung.

1210/11 Predigtreisen zu zweit wechseln sich ab mit sesshaften Zeiten bei Assisi. Handarbeit im Dienst aller Schichten.
Erste Priester stoßen zur Laienbewegung: Silvestro und Leone, der spätere Sekretär des Poverello. Der Friedensvertrag vom 9. November söhnt die Bürgerkriegsparteien in Assisi definitiv aus. Eintritt von Rufino aus dem Offreduccio-Clan. Dessen Cousine Clara di Favarone verweigert Heiratsprojekte. Bei heimlichen Treffen mit Franziskus bereitet sie über den Winter die Flucht aus der Stadt vor.

1211 Clara flieht in der Palmsonntagsnacht (27./28. März) zur Portiuncula. Konfliktreiche Karwoche bei den Benediktinerinnen von San Paolo delle Abbadesse, Wechsel zu den Waldschwestern von Sant' Angelo di Panzo. 12. April: Ankunft erster Gefährtinnen. Gründung einer eigenen Gemeinschaft in San Damiano.
Franziskus' erste Orientreise; er strandet wegen eines Seesturms in Dalmatien. Rückkehr über die Adria.

1212 Franziskus schreibt die „Lebensform von San Damiano": das älteste erhaltene *scriptum* des Heiligen.

Zweite Romreise zu Innozenz III.; Franziskus lernt die junge Witwe Jacoba dei Settesoli kennen. – In Assisi folgt Guido II. seinem gleichnamigen Vorgänger auf den Bischofsstuhl.

1213 Am 8. Mai bietet Graf Orlando von Chiusi Franziskus den Berg La Verna an.

1213 April: Innozenz III. ruft zum 5. Kreuzzug auf. Franziskus bleibt immun gegen jede Kreuzzugspropaganda.

1214 Konflikt zwischen Franziskus und Clara in San Damiano um die Leitung der Gemeinschaft. Franziskus bricht nach Spanien auf. Dort erkrankt er und erreicht Marokko, das Ziel seiner Mission, nicht.

1215 Frühling: Rückkehr zur Portiuncula. Eintritt von Gelehrten in seine Bewegung. Regelmäßige Generalkapitel zum Pfingstfest in Portiuncula: Die Regel wächst von Jahr zu Jahr.

11. November: Innozenz III. eröffnet in Rom das *Vierte Laterankonzil*, das bis Ende des Monats tagt.

Franziskus trifft dort Dominikus. Das Konzil verbietet neue Ordensregeln. – Clara erreicht mit einem Armutsprivileg die Anerkennung ihrer Gemeinschaft, die weit über das Spoletotal hinaus auch andere Frauengemeinschaften inspiriert.

1216 Innozenz III. stirbt am 16. Juli in Perugia. Franziskus ehrt den toten Papst. Im Oktober berichtet Jacques de Vitry hoffnungsvoll von „fratres minores" und „sorores minores" in Umbrien.

1217 Das Pfingstkapitel (5. Mai) errichtet Provinzen. Expeditionen über die Alpen und das Mittelmeer. Franziskus wählt Frankreich aus, Kardinal Ugolino hält ihn in Florenz zurück. Pacifico übernimmt die Gruppe.

1218 3. Juni: Generalkapitel in Portiuncula. Franziskus hält in Rom eine mutige Predigt vor Honorius III.

1219 26. Mai: Das Generalkapitel wertet die missratene Deutschlandmission aus. Ugolino erwirkt in Rieti ein Schreiben Honorius' III. an alle Bischöfe. Dieses spricht erstmals von einem Orden („religio Minorum Fratrum").

Franziskus reist im Juni mit Gefährten über Ancona nach Syrien und ins Nildelta, wo die Kreuzritter bei der Festungsstadt Damiette das Kernland von Sultan al-Kâmil bedrohen.

September: Franziskus verbringt Tage im Lager des Sultans. November: Rückkehr nach Syrien.

29. September: „Seniorenkapitel" in Assisi unter Matteo da Narni und Gregorio da Napoli. Es erlässt monastische Fastenvorschriften, die Franziskus später widerrufen lässt.

1220 16. Januar: Fünf Minderbrüder provozieren in Marokko ihr Martyrium.

Ugolino verbringt die Karwoche in Assisi und bewundert dort Claras Gemeinschaft.

29. Mai: Der Papst empfiehlt mit der Bulle *Pro dilectis filiis* die Brüder den Prälaten Frankreichs.

Das Schreiben bezeichnet die *Fratres Minores* als Mitglieder eines anerkannten *Ordo*.

Sommer: Zurück in Italien zieht Franziskus von Venedig nach Bologna, zwingt Brüder zum Auszug aus ihrem Stadthaus und trifft den Papst in Orvieto: Ernennung von Kardinal Ugolino zum Protektor des Ordens.

Am 22. September führt die Bulle *Cum secundum consilium* das Noviziatsjahr ein. Beim Herbstkapitel vom 29. September überträgt Franziskus die Ordensleitung an den Juristen Pietro Cattani. Die Ordensversammlung entwirft ein friedliches Regelkapitel für Missionare: Es ist das erste Missionsstatut eines Ordens.

1221 Am 10. März stirbt Pietro Cattani in Assisi. Franziskus ernennt Elia zum Generalvikar des Ordens.

Pfingsten, 30. Mai: Letzte Vollversammlung der Brüder als Mattenkapitel. Es verabschiedet die *Regula non bullata*. – 27 Brüder werden zur zweiten Deutschland-Expedition bestimmt. Der Provinzial der Romagna nimmt Antonius von Lissabon in die Einsiedelei Montepaolo bei Forlì mit.

16. Oktober: Cäsar von Speyer trifft mit seiner Brüderschar in Augsburg ein und sendet Teams nach Straßburg, Worms, Speyer, Mainz und Köln sowie Würzburg, Regensburg und Salzburg.

Franziskus zieht predigend durch Mittel- und Süditalien.

1222 Frühjahr: Die Provinz Teutonia hält ihr erstes Kapitel in Worms ab.

22. Mai: Erstes Generalkapitel mit Delegierten bei der Portiuncula.

15. August: Franziskus predigt an Maria Himmelfahrt in Bologna vor Tausenden Gläubigen.

1222/23 Winter: Franziskus erarbeitet mit Leone und Bonizzo in Fontecolombo die definitive Regel. Kardinal Ugolino nimmt vom Rom aus Einfluss auf das juristische Profil der Regel.
8. März: Giordano da Giano empfängt als erster Franziskaner in Deutschland die Priesterweihe.
11. Juni: Das Generalkapitel in der Portiuncula sichtet die revidierte Regelfassung. Sie wird hier oder am Herbstkapitel vom 29. September verabschiedet.
Die Teutonia gründet im Norden Konvente: Hildesheim, Braunschweig, Goslar, Halberstadt, Madgeburg.
29. November bestätigt Honorius III. mit der Bulle „Solet annuere" die Regel der Minderbrüder.
Franziskus verbringt den Advent in der Einsiedelei Greccio: Weihnachtsfeier in der Grotte des Eremo.

1224 2. Juni: Das Generalkapitel beschließt in Assisi die Aussendung erster Brüder nach England.
Im Brief an Antonius heißt Franziskus das Theologiestudium im Orden gut.
Im Herbst erreichen die Minderbrüder Thüringen.
Um den 14. September: Franziskus empfängt auf La Verna in einer Seraphenvision die Stigmata.
Gegen Ende Oktober gelangt er über San Sepolcro, Montecasale und Città di Castello nach Assisi.
Das Tragaltarprivileg vom 3. Dezember erlaubt die Feier der Messe in den eigenen Niederlassungen.
Nach Weihnachten zieht Franziskus predigend durch Umbrien und die Mark Ancona.
Danach zwingt ihn sein Augenleiden, in San Damiano eine lichtlose Hütte zu beziehen.

1225 Frühling: Erste ärztliche Eingriffe an Franziskus. Wochen tiefster innerer und äußerer Dunkelheit bei San Damiano, wo der Sonnengesang entsteht. Ugolino ruft Franziskus zur Augenoperation ins Rietital. Er übersteht die erfolglose Tortur in Fontecolombo.

1226 Frühling: Franziskus wird in Siena ärztlich behandelt. Ernste Krise, „kleines Testament".
Im Eremo der Celle di Cortona entsteht daraufhin das große Testament.

Den Sommer übersteht der Schwerkranke im Topinotal bei Bagnara nahe Nocera Umbra.

Im September wird Franziskus nach Assisi gebracht und in der Bischofsresidenz betreut. Ende des Monats zur Portiuncula getragen, diktiert er Briefe an San Damiano und an seine römische Freundin Jacoba.

3. Oktober: Abschiedsmahl und Tod des Franziskus. Die Stadt bestattet ihn tags darauf in San Giorgio.

Elia teilt in einem Rundbrief an den Orden das Wunder der Stigmata mit.

1227 18. März: Honorius III. stirbt in Rom. Ugolino folgt als Gregor IX. Schneller Heiligsprechungsprozess.

Am 27. Mai wählt das Pfingstkapitel den Juristen Giovanni Parenti zum Generalminister.

In Ceuta erleiden sieben Franziskaner das Martyrium.

Dezember: Gregor IX. zwingt die Minderbrüder zur Seelsorge an den „Armen Klausurnonnen".

1228 Generalminister Giovanni Parenti baut die Studien im Orden aus.

In Subiaco, der Wiege des benediktinischen Mönchtums, entsteht das älteste Fresko des Franziskus.

Am 19. April veranlasst Gregor IX. den Bau einer päpstlichen Grabeskirche für Franziskus in Assisi.

Am 16. Juli spricht Gregor IX. Franziskus in Assisi heilig und beauftragt Tommaso da Celano mit der Redaktion einer offiziellen Vita des Heiligen. Gregor IX. besucht Claras Gemeinschaft: Konflikt. Clara lässt sich ihre Lebensweise im Armutsprivileg vom 17. September bestätigen.

1230 25. Mai: feierliche Übertragung des Franziskus von San Giorgio in die Unterkirche von San Francesco.

Quellen

Franz von Assisi hat sich selbst als „einfältig und ungebildet“ bezeichnet. Umso mehr erstaunt die Zahl persönlicher Schriften, die wir von ihm kennen – im Gegensatz zu seinem gelehrten Zeitgenossen Dominikus, von dem nur administrative Anweisungen überliefert sind. 29 selbstverfasste oder diktierte Texte reichen Inhalts umfasst die heutige Sammlung der Franziskusschriften, die durch acht Fragmente ergänzt wird. Die authentischen Quellen füllen in der lateinischen Gesamtedition der *Fontes Franciscani* 220 Seiten.

Alle Texte von und über Franziskus und Klara liegen neu in einer deutschen Gesamtausgabe vor:
Zeugnisse des 13. und 14. Jahrhunderts zur Franziskanischen Bewegung
Band I: *Franziskus-Quellen*, hg. von Dieter Berg / Leonhard Lehmann, Kevelaer 2009;
Band II: *Klara-Quellen*, hg. von Johannes Schneider / Paul Zahner, Kevelaer 2013.

Die einzelnen Quellen werden im Text mit folgenden Abkürzungen zitiert:

Gebete:

GebKr	Gebet vor dem Kreuzbild von San Damiano
Auff	Aufforderung zum Lob Gottes
PreisHor	Preisgebet zu allen Horen
Off	Offizium vom Leiden des Herrn
Vat	Meditation zum Vaterunser
GrMar	Gruß an die selige Jungfrau Maria
GrTug	Gruß an die Tugenden
LobGott	Lobpreis Gottes – für Bruder Leo
SegLeo	Segen für Bruder Leo
Sonn	Sonnengesang

Vermächtnisse:

Erm	Ermahnungen
Test	Testament
VermKl	Vermächtnis für Klara und ihre Schwestern
MahnKl	Mahnlied für Klara und ihre Schwestern

Regeln:

NbR	Nichtbullierte Regel
BR	Bullierte Regel
REins	Regel für Einsiedeleien
FormKl	Lebensform für Klara und ihre Schwestern

Briefe:

Leo	Brief an Bruder Leo
Ant	Brief an Bruder Antonius
Min	Brief an einen Minister
1 Kust	erster Rundbrief an die Kustoden
2 Kust	zweiter Rundbrief an die Kustoden
Ord	Rundbrief an alle Brüder des Ordens
Kler	Rundbrief an alle Kleriker der Kirche
1 Gl	erster Rundbrief an alle Gläubigen
2 Gl	zweiter Rundbrief an alle Gläubigen
Lenk	Rundbrief an die Lenker der Völker

Fragmente:

Bol	Brief an die Bürger von Bologna
Frank	Brief an die Brüder in Frankreich
Jak	Brief an Frau Jakoba
Klar	Brief an Klara und ihre Schwestern über das Fasten
WahrFreud	Diktat über die wahre Freude
SegBern	Segen für Bruder Bernhard
SegKlar	Segen für Klara und ihre Schwestern
TestS	Testament von Siena

Biografien:

1 C	erste Lebensbeschreibung des Thomas von Celano
2 C	zweite Lebensbeschreibung oder *Memoriale* des Thomas von Celano
3 C	Mirakelbuch des Thomas von Celano
4 C	Chorlegende des Thomas von Celano
LM	Legenda Maior des Bonaventura von Bagnoregio

Gefährtenberichte:

Gef	Die Dreigefährtenlegende
AP	Anonymus von Perugia
Per	Textsammlung von Perugia, entspricht: (CA = Compilatio Assisiensis)
SP	Speculum Pefectionis
Stef	Zeugnis des Bruders Stefan von Narni

Chroniken:

Jord	Jordan von Giano, Chronik der ersten Brüder in Deutschland
Eccl	Thomas von Eccleston, Chronik der ersten Brüder in England

Andere Werke:

SC	Sacrum Commercium (Bund des Franziskus mit Frau Armut)
Fior	Fioretti oder „Blümlein des seligen Franziskus"

Klara-Quellen:

1–4 Agn	vier Briefe Klaras an Agnes von Prag
KlReg	Regel der Klara von Assisi
KlTest	Testament der Klara von Assisi
ProKl	Prozessakten aus der Kanonisation Klaras
LebKl	Lebensbeschreibung über Klara von Assisi

Beobachter:

1 Vitry	Brief des Jakob von Vitry aus Genua 1216
2 Vitry	Brief des Jakob von Vitry aus Damiette 1220
3 Vitry	Historia Occidentalis des Jakob von Vitry
Split	Thomas von Spalato/Split, Historia Pontificum Salonitanorum
Wend	Roger von Wendover, Chronik oder Flores Historiarum
Richer	Richerius von Sens, Gesta Senonensis Ecclesiae
Ern	Chronik des Ernoul und des Bernard le Trésorier

Literaturauswahl

Den aktuellen Stand der Franziskus- und der Klaraforschung spiegeln für den deutschen Sprachraum die folgenden Sammelwerke:

Dieter R. BAUER / Helmut FELD / Ulrich KÖPF (Hg), *Franziskus von Assisi. Das Bild des Heiligen aus neuer Sicht* (Beihefte zum Archiv für Kulturgeschichte, 54), Köln 2005.

Klara von Assisi: Zwischen Bettelarmut und Beziehungsreichtum. Beiträge zur neueren deutschsprachigen Klara-Forschung, hg. von Bernd SCHMIES, Münster 2011.

Basiswerke zu den Quellen

Kajetan ESSER, *Die Opuscula des hl. Franziskus von Assisi. Neue textkritische Edition*, zweite, erweiterte und verbesserte Auflage, hg. von Engelbert Grau, Grottaferrata 1989.

Enrico MENESTÒ, *Gli Scritti di Francesco d'Assisi*, in *Frate Francesco d'Assisi. Atti del XXI Convegno internazionale, Assisi 14–16 ottobre 1993*, Spoleto 1994, 161–181.

Fontes Franciscani, hg. von Enrico MENESTÒ / Stefano BRUFANI, Assisi 1995 (Quellenkompendium mit lateinischen Originaltexten und kritischen Einleitungen).

Stanislao DA CAMPAGNOLA, *Francesco e Francescanesimo nella società dei secoli XIII–XIV*, Assisi 1999.

Edith PÁSZTOR, *Francesco d'Assisi e la „questione francescana"*, hg. von Alfonso MARINI, Assisi 2000.

Los escritos de Francisco y Clara de Asís. Textos y apuntes de lectura, hg. von Julio HERRANZ / Javier GARRIDO / Jose Antonio GUERRA, Oñati 2001.

Francis of Assisi. Early Documents. 1–3, hg. von Regis J. ARMSTRONG / Wayne HELLMANN / William SHORT, New York – London – Manila 1999, Index-Band 2002.

Fernando URIBE, *Introduzione alle fonti agiografi che di san Francesco e santa Chiara d'Assisi (secc. XIII–XIV)*, Assisi 2002.

Roberto RUSCONI, *Francesco d'Assisi nelle fonti e negli scritti*, Padova 2002.

Niklaus KUSTER, *Schriften des Franziskus an Klara von Assisi. Eine Spurensuche zwischen „plura scripta" und dem Schweigen der Quellen*, in *WiWei* 65 (2002) 163–179.

Los escritos de san Francisco de Asís. Comentario filológico, segunda edición revisada por Juan Ortín García, Murcia 2003.
Verba Domini mei – Gli Opuscula di Francesco d'Assisi a 25 anni dalla edizione di Kajetan Esser ofm. Atti del Convegno internazionale, Roma 10–12 aprile 2002, (Collana Medioevo 6), hg. von Alvaro Cacciotti, Roma 2003.
Federazione S. Chiara di Assisi, *Chiara di Assisi e le sue fonti legislative. Sinossi cromatica*, Padova 2003.
Santa Chiara d'Assisi sotto Processo. Lettura storico-spirituale degli Atti di canonizzazione, hg. von Giovanni Boccali, Assisi 2003.
Fonti Francescane. Nuova Edizione, hg. von Ernesto Caroli, Padova 2004 (mit Einleitungen, synoptischen Tafeln und reichen Indices).
Franciscus van Assisi, *De Geschriften*, vertaald, ingeleid en toegelicht door Gerard Pieter Freeman u. a., Haarlem 2004.
Clara claris praeclara. Atti del Convegno Internazionale, Assisi 20–22 novembre 2003, in *Convivium Assisiense* 6 (2004) 1–558.
Federazione S. Chiara di Assisi, *Chiara di Assisi: Una vita prende forma. Iter storico*, Padova 2005.
Armstrong, The Lady: *Clare of Assisi. The Lady: Early Documents*, hg. von Regis J. Armstrong, New York – London – Manila 2006.
Regel und Leben: *Regel und Leben. Materialien zur Franziskus-Regel I*, hg. von der Werkstatt Franziskanische Forschung, Münster 2007.
La regola di frate Francesco. Eredità e sfida, a cura di Pietro Maranesi / Felice Accrocca, Padova 2012.
François d'Assise, Écrits, Vies, témoignages. Sources franciscaines – Édition du VIIIe centenaire sous la direction de Jacques Dalarun, Paris 2010.

Grundlagen zu dieser Biografie

Giovanni Miccoli, *Francesco d'Assisi. Realtà e memoria di un'esperienza cristiana*, Torino 1991.
Raoul Manselli, *Franziskus – der solidarische Bruder. Eine historische Biografie*, Freiburg 1995.
Raoul Manselli, *Francesco e i suoi compagni*, Roma 1995.
Roberto Rusconi, *Francesco d'Assisi*, in *Dizionario Biografico degli Italiani*. 49, Roma 1997, 664–678.
Chiara Frugoni, *Franz von Assisi. Die Lebensgeschichte eines Menschen*, Zürich 1997.
Giovanni Miccoli, *Francesco d'Assisi e l'Ordine dei Minori*, Milano 1999.

O. SCHMUCKI, *Franziskus von Assisi*, in *RGG*, Tübingen ^{3}2000, 250–254.
R. MANSELLI, *San Francesco d'Assisi. Editio maior*, Cinisello Balsamo 2002.
Nicolangelo D'ACUNTO, *Assisi nel Medioevo. Studi di storia ecclesiastica e civile* (Quaderni dell'Accademia Properziana del Subasio 8), Assisi 2002.
Grado Giovanni MERLO, *Nel nome di san Francesco. Storia dei frati Minori e del francescanesimo sino agli inizi del XV secolo*, Padova 2003.
Paul ZAHNER, *Franz von Assisi begegnen*, Augsburg 2004.
Niklaus KUSTER / Martina KREIDLER-KOS, *Neue Chronologie zu Clara von Assisi*, in *WiWei* 69 (2006) 3–46.
Jacques LEGOFF, *Franz von Assisi*, Stuttgart ^{2}2007.
Oktavian SCHMUCKI, *Beiträge zur Franziskusforschung*, hg. von Ulrich KÖPF / Leonhard LEHMANN (Franziskanische Forschungen 48), Kevelaer 2007.
André VAUCHEZ, *François d'Assise. Entre histoire et mémoire*, Paris 2009.
G. MICCOLI, *Francesco d'Assisi. Memoria, storia e storiografia*, Milano 2010.
Luigi PELLEGRINI, *I luoghi di frate Francesco. Memoria agiografica e realtà storica*, Milano 2010.
Chiara FRUGONI, *Storia di Chiara e Francesco*, Torino 2011.

Quer-Einstiege

Helmut FELD, *Franziskus von Assisi und seine Bewegung*, Darmstadt 1994; kürzer: *Franziskus von Assisi*, München 2001.
Stephan WYSS, *Der Heilige Franziskus von Assisi. Vom Durchschauen der Dinge*, Luzern 2000.
Klaus REBLIN, *Franziskus von Assisi. Der rebellische Bruder*, Göttingen 2006.
Peter KAMMERER / Ekkehart KRIPPENDORF / Wolf-Dieter NARR, *Franz von Assisi – Zeitgenosse für eine andere Politik*, Düsseldorf 2008.

Literatur für spezielle Themen

Felice ROSSETTI, *I genitori di San Francesco*, Città di Castello 1992.
Grado Giovanni MERLO, *Intorno a frate Francesco*, Milano 1993.
Carlo PAOLAZZI, *Francesco per Chiara*, Milano 1994.
David Elcid CELIGUETA, *I primi compagni di san Francesco*, Padova 1995.
Nicolangelo D'ACUNTO, *Vescovi e canonici ad Assisi nella prima metà del secolo XIII (Quaderni dell'Accademia properziana del Subasio 3)*, Assisi 1996.
A. THOMPSON, *Predicatori e politica nell'Italia del XIII secolo*, Milano 1996.
Francesco d'Assisi e il primo secolo di storia francescana, hg. von Attilio BARTOLI LANGELI / Emanuela PRINZIVALLI, Torino 1997.

Werner MALECZEK, *Franziskus, Innocenz III., Honorius III. und die Anfänge des Minoritenordens. Ein neuer Versuch zu einem alten Problem,* in *Il Papato Duecentesco e gli Ordini mendicanti. Atti del XXV convegno internazionale,* Spoleto 1998, 23–80.

Felice ACCROCCA / Antonio CICERI, *Francesco e i suoi frati. La Regola non bollata: una regola in cammino,* Milano 1998.

Giulio BARONE, *Da frate Elia agli Spirituali,* Milano 1999.

Jan HOEBERICHTS, *Feuerwandler. Franziskus und der Islam,* Kevelaer 2001.

Servus GIEBEN, *Das Tafelkreuz von San Damiano in der Geschichte,* in *Collectanea Franciscana* 71 (2001) 47–63.

Martina KREIDLER-KOS, *Klara von Assisi. Schattenfrau und Lichtgestalt,* Tübingen – Basel [2]2003.

Martina KREIDLER-KOS / Niklaus KUSTER / Ancilla RÖTTGER, *„Den armen Christus arm umarmen": Das bewegte Leben der Klara von Assisi – Antworten der aktuellen Forschung und neue Fragen,* in *WiWei* 66 (2003) 1–79.

Martina KREIDLER-KOS / Niklaus KUSTER, *Die Tafel-Ikone der Clara von Assisi. Ein neues Bild von Heiligkeit,* in *WiWei* 67 (2004) 3–32.

Pellegrini e forestieri. L'itineranza francescana, hg. von Luigi PADOVESE, Bologna 2004.

Gerhard RUF, *Die Fresken der Oberkirche San Francesco in Assisi. Ikonographie und Theologie,* Regensburg 2004.

Volker STADLER, *„Ich kenne Christus, den Armen, den Gekreuzigten". Die Rezeption des Apostels Paulus bei Franziskus von Assisi,* Salzburg 2004.

Pacifico STELLA, *San Francesco e l'incontro con il sultano d'Egitto,* in *Antonianum* 80 (2005) 485–498.

Paul BÖSCH, *Franz von Assisi – neuer Christus. Die Geschichte einer Verklärung,* Düsseldorf 2005.

Thomasz JANK, *L'icona della Croce di San Damiano,* Padova 2005.

Indagini archeologiche nella chiesa di San Damiano in Assisi, hg. von Letizia ERMINI PANI / Maria G. FICHERA / Maria Letizia MANCINELLI, Assisi 2005.

Jacques LEGOFF, *Kaufleute und Bankiers im Mittelalter,* Berlin 2005.

Martina KREIDLER-KOS / ANCILLA RÖTTGER / NIKLAUS KUSTER, *Klara von Assisi. Freundin der Stille – Schwester der Stadt,* Kevelaer 2005, [2]2006.

Jacques DALARUN, *François d'Assise ou le Pouvoir en question. Principes et modalités du gouvernement dans l'Ordre des Frères Mineurs,* Bruxelles – Paris 1999; engl.: *Francis of Assisi and power,* Saint Bonaventure NY 2007.

Storici arabi delle Crociate, hg. von Francesco GABRIELI, Torino 2007.

Giotto com'era. Il colore perduto delle Storie di San Francesco nella Basilica di Assisi, hg. vom Sacro Convento di San Francesco und vom Istituto centrale per il Restauro ICR, Rom 2007.
Cornelius Bohl, *Mein Franz von Assisi – Dein Franz von Assisi. Neuere deutschsprachige Franziskus-Publikationen*, in *WiWei* 70 (2007) 262–303.
Oktavian Schmucki, *Die Vogelpredigt des hl. Franziskus von Assisi. Überlieferung und Kommentar*, in *WiWei* 71 (2008) 3–34.
Édouard d'Alençon, *Frate Jacopa. La nobildonna romana amica di San Francesco*, Assisi 2008.
San Francesco e la Porziuncola. Dalla „chiesa piccola e povera" alla Basilica di Santa Maria degli Angeli. Atti del Convegno di studi storici, Assisi 2–3 marzo 2007, hg. von Pietro Messa, Assisi 2008.
Inspirierte Freiheit. 800 Jahre Franz von Assisi und seine Bewegung, hg. von N. Kuster / T. Dienberg / M. Jungbluth in Zusammenarbeit mit der Fachstelle Franziskanische Forschung FFF Münster, Freiburg 2009.
Francesco a Roma dal Signor Papa, Atti del VI Convegno storico di Greccio, 9–10 maggio 2008, a cura di Alvaro Cacciotti / Maria Melli, Milano 2008.
Jacques Dalarun, *«Dieu changea de sexe, pour ainsi dire». La religion faite femme (XIe–XVe siècle)*, Berlin 2008.
John Tolan, *Il santo dal sultano. L'incontro di Francesco d'Assisi e l'islam*, Roma – Bari 2009.
Niklaus Kuster, *Franziskus – Restaurator der Portiunkula? Neue Quellendiskussionen über den Berufungsort des Poverello und die „Wiege" des Franziskanerordens*, in *WiWei* 73 (2010) 5–55.
Giovanna Casagrande, *Intorno a Chiara. Il tempo della svolta: le compagne, i monasteri, la devozione*, Assisi 2011.
Martina Kreidler-Kos / Ancilla Röttger, *Gewagtes Leben. 800 Jahre Klara von Assisi und ihre Schwestern*, Freiburg 2011.
Elke Pahud de Mortanges, *Unheilige Paare? Liebesgeschichten, die keine sein durften*, München 2011.
Niklaus Kuster, *„Eine asymmetrische Beziehung"? Fragen zu Jacques Dalaruns Blick auf Franziskus und Klara*, in *WiWei* 74 (2011) 282–287.
Gregorio IX e gli Ordini Mendicanti. Atti del XXXVIII Convegno internazionale, Assisi, 7–9 ottobre 2010, Spoleto 2011.
Niklaus Kuster, *San Damiano und der päpstliche Damiansorden. Die spannungsvolle Gründungsgeschichte der Klarissen im Licht der neuesten Forschung*, in *CFr* 42 (2012) 253–340.

Niklaus KUSTER, *La santa relazione. Amicizia e autonomia tra Francesco e Chiara d'Assisi* (sguardi, collana a cura di Pier Luigi CABRI / Roberto ALESSANDRINI), Bologna 2013.
Niklaus KUSTER, *Francisco y Clara de Asís: ¿enamorados, amantes, amigos, aliados? La relación de los dos santos interpretada por autores renombrados*, in *Estudios Franciscanos* 114 (2013) 97–119.
Niklaus KUSTER, *Franz und Klara von Assisi. Eine Doppelbiografie*, Ostfildern [2]2012.

Zur Spiritualität des Franziskus

Thaddée MATURA, *Francesco parla di Dio. Studi sui temi degli scritti di San Francesco*, Milano 1992.
Bernhard HOLTER, *„Zum besonderen Dienst bestellt". Die Sicht des Priesteramtes bei Franz von Assisi und die Spuren seines Diakonats in den „Opuscula"*, (Franziskanische Forschungen 36), Werl 1992.
Benedikt MERTENS, *„In eremi vastitate resedit". Der Widerhall der eremitischen Bewegung des Hochmittelalters bei Franziskus von Assisi*, in *Franziskanische Studien* 74 (1992) 285–374.
Franciscan Solitude, hg. von Andre CIRINO / Josef RAISCHL, Saint Bonaventure 1995.
Thaddée MATURA, *François d'Assise „Auteur spirituel". Le message de ses écrits*, Paris 1996.
Jacques DALARUN, *François d'Assise: un passage. Femmes et féminité dans les écrits et les légendes franciscaines*, Arles 1997.
Leonhard LEHMANN, *Die Bedeutung des Geistes bei Franziskus und Klara von Assisi*, in *WiWei* 61 (1998) 3–32.
Leonhard LEHMANN, *Wenn Leben Beten wird: Franz von Assisi*, Werl 1998.
Edith VAN DEN GOORBERGH / Theo ZWEERMAN, *Was getekend: Franciscus van Assisi. Aspecten van zijn schrijverschap en brandpunten van zijn spiritualiteit*, Assen 1998.
Anton ROTZETTER / Willibrord-Christian VAN DIJK / Thaddée MATURA, *Franz von Assisi. Ein Anfang und was davon bleibt*, Zürich – Düsseldorf 1999.
Pietro MESSA, *Le fonti patristiche negli scritti di Francesco di Assisi*, Assisi 1999.
O. SCHMUCKI, *Die Naturmystik des hl. Franziskus von Assisi*, in *Vita Fratrum* 1 (2000) 67–77.
Anton ROTZETTER, *Mit Gott im Heute. Grundkurs franziskanischen Lebens*, Freiburg 2000.

Jan Hoebrichts, *Der Feuerwandler. Franziskus und der Islam,* Kevelaer 2001.
Benedikt Mertens, *Die evangelische Wanderschaft in der Praxis und Debatte der Minderbrüder im 13. Jahrhundert,* in *WiWei* 63 (2000) 9–60.
Johannes Schneider, *„Virgo ecclesia facta". Die Gegenwart Marias auf dem Kreuzbild von San Damiano und im „Officium Passionis" des heiligen Franziskus von Assisi,* St. Ottilien 1998; ital. *„Virgo ecclesia facta". La presenza di Maria nel Crocifisso di San Damiano e nel ‚Officium passionis' di san Francesco d'Assisi,* Assisi 2003.
Gottessehnsucht. Einübungen in die franziskanische Spiritualität, hg. von Margareta Gruber / Christina Mülling / Herbert Schneider / Paul Zahner, München 2005.
Niklaus Kuster, *Franz von Assisi und Benedikt von Nursia. Was Bettelbruder und Mönchsvater spannungsvoll verbindet,* in *Verum, pulchrum et bonum. Miscellanea di studi offerti a Servus Gieben in occasione del suo 80° compleanno* (Bibliotheca seraphico-capuccina 81), a cura di Yoannes Teklemariam, Roma 2006, 185–228.
Friedrich Doormann, *Voll Vertrauen will ich handeln und mich nicht fürchten. Der Jahrespsalter des heiligen Franziskus von Assisi,* Münster 2006.
Michel Hubaut, *Saint François et l'Église,* Paris 2007.
Giovanni Immarrone, *Il crocifisso e la croce in Francesco, Chiara e nel primo francescanesimo,* Padova 2007.
Leonhard Lehmann, *Franziskus – Meister des Gebetes. Eine Einführung,* Kevelaer 2007.
Stefan Knobloch, *Der von Gott Berührte. Franz von Assisi im Lichte seiner Schriften* (Theologie der Spiritualität 12), Berlin 2007.
Niklaus Kuster, *„Pax et bonum – Pace e bene". Ein franziskanischer Gruß, der nicht von Franziskus stammt,* in *WiWei* 71 (2008) 60–80.
Martina Kreidler-Kos / Niklaus Kuster, *Christus auf Augenhöhe. Das Kreuz von San Damiano,* Kevelaer 2008.
Niklaus Kuster, *Wegkundige Gefährtin statt Krieger oder Schnitter. Franziskus und Schwester Tod,* in *tauzeit* 10 (2008) Nr. 38, 2–4.
Jan Hoeberichts, *Francis' understanding of mission. Living the gospel, going through the world, bringing peace,* in *ZMR* 92 (2008) 280–297.
Leonhard Lehmann, *Franziskanische Mission als Friedensmission. Ein Vergleich der frühen Quellen,* in *ZMR* 92 (2008) 238–271.
Anton Rotzetter, *Mystik und Mission bei Franz von Assisi,* in *ZMR* 92 (2008) 272–279.

Pietro MARANESI, *L'eredità di Frate Francesco. Lettura storico-critica del Testamento,* Assisi 2009.

La grazia delle origini. Studi in occasione dell'VIII centenario dell'approvazione della prima regola di san Francesco d'Assisi (1209–2009), a cura di Paolo MARTINELLI, Bologna 2009.

Theo ZWEERMAN / Edith VAN DEN GOORBERGH, *Franz von Assisi – gelebtes Evangelium. Die Spiritualität des Heiligen für Heute,* Kevelaer 2009.

Martín CARBAJO NÚÑEZ, *Francesco d'Assisi e l'etica globale,* Padova 2011.

Leonhard LEHMANN, *Francesco d'Assisi: La lode di Dio come ponte tra le religioni,* in *Italia Franciscana* 86 (2011) supplemento 35–56.

Leonhard LEHMANN, *Francesco incontra il sultano: L'inizio di una missione di pace. Studio comparativo delle più antiche fonti,* in *MiscFranc.* 112 (2012) 504–556.

Maschile e femminile, vita consacrata, francescanesimo. Scritti per l'VIII centenario dell'Ordine di Santa Chiara (1212–2012), a cura di Paolo MARTINELLI, Bologna 2012.

Gelobte Armut. Armutskonzepte der franziskanischen Ordensfamilie vom Mittelalter bis in die Gegenwart, hg. von Heinz-Dieter HEIMANN / Angelica HILSEBEIN / Bernd SCHMIES / Christoph STIEGEMANN, Paderborn 2012, 37–65.

Niklaus KUSTER, *Eine reiche Klosterlandschaft als Kontext der novitas franciscana. Assisis Mönchsabteien, Klöster und Hospitäler um 1200,* in *WiWei* 75 (2012) 3–79.

Pietro MARANESI, *La clausura di Chiara d'Assisi. Un valore o una necessità?,* Assisi 2012.

Niklaus KUSTER, *Von Bischof Rufins Traktat „De bono pacis" zu Assisis Pakt „pro bono pacis". Friedensvisionen und Friedenswege in der Stadt des jungen Franziskus (1181–1210),* in *WiWei* 76 (2013) 163–196.

Niklaus KUSTER, *Der eine Gott und die vielen Religionen. Die universale Vision des Franz von Assisi,* in *Franziskanische Impulse zur interreligiösen Begegnung,* Tagungsakten des Symposiums an der Universität Fribourg 4.–5. Mai 2012, hg. von Adrian HOLDEREGGER / Mariano DELGADO, Stuttgart 2013, 13–34.

Personenlexikon

Der Reichtum einer Biografie und die Lebensfülle einer Spiritualität spiegeln sich auch in Beziehungen, die eine Person lebt. Franziskus' Weg ist mit Personen unterschiedlichster Herkunft und Bedeutung verknüpft. Die folgende Zusammenstellung nennt Namen, die für den Poverello, seine Welt und seine Bewegung direkt oder indirekt eine Rolle spielen. Viele dieser Persönlichkeiten hat er selbst getroffen. Freundschaftliche Beziehungen spannen das Spektrum sozial vom Aussätzigen bis zum Papst und von der liebsten Freundin Jacoba bis al-Kâmil, dem glanzvollen Oberherrscher des islamischen Orients.
Die Geburts- und bisweilen auch die Todesjahre mittelalterlicher Persönlichkeiten lassen sich aufgrund der Quellenlage oft nur annähernd bestimmen. Approximativ sind denn auch viele Datierungen des folgenden Lexikons zu verstehen:

Weltliche Persönlichkeiten

Friedrich I. Barbarossa, 1122–1190, glanzvoller Herrscher der Stauferdynastie, seit 1152 deutscher König, ab 1155 Kaiser. Er privilegiert Assisi als staufische Grafschaft und lässt die mächtige Burg über der Stadt bauen.

Christian I. von Mainz, 1130–1183, Graf von Buch und Erzbischof von Mainz, seit 1167 Erzreichskanzler an der Seite Friedrich Barbarossas. Als Feldherr erobert er Assisi 1174 und zwingt es wieder unter die kaiserliche Kontrolle.

Konrad von Urslingen, 1153–1202, schwäbischer Edelfreier aus Urslingen bei Rottweil. Konrad kommt 1172 mit Christian von Mainz nach Italien. Seit 1174 Legat im Herzogtum Spoleto, wird er 1176 Herzog von Spoleto und Graf von Assisi. Franziskus muss ihm 14-jährig den Untertaneneid schwören. 1196/97 Reichsverweser in Sizilien, wird er nach dem Tod Heinrichs VI. vom Papst exkommuniziert und verlässt Italien im Frühling 1198.

Orlando Catani, Graf von Chiusi della Verna und Feudalherr über das Quellgebiet des Tibers. Er trifft Franziskus 1213 in der Burg San Leo der

Grafen von Montefeltro und überlässt ihm den Felsrücken des Monte Penna auf La Verna für eremitische Zeiten der Stille.

Sultan al-Kâmil, 1180–1238, Al-Kâmil Muhammad al-Malik, ab 1218 vierter Sultan der Ayyubiden in Ägypten und Neffe Saladins. Einer der bedeutendsten Herrscher der islamischen Orients und Freund der Sufimystik wird Gesprächspartner des Franziskus 1219. Sein Angebot eines Waffenstillstands über 30 Jahre und Rückgabe des Königreiches Jerusalem in christliche Hand wurde vom päpstlichen Feldherrn Kardinal Pelagius abgelehnt.

Friedrich II. von Hohenstaufen, 1194–1250, Enkel Barbarossas und glanzvollster Kaiser des Hochmittelalters. Vom Vater Heinrich VI. als Kleinkind dem Herzog von Spoleto anvertraut, hat Friedrich möglicherweise auch Zeiten in Assisis Burg verbracht. Nach dem Tod des Vaters 1198 zunächst König von Sizilien, wird er fünfjährig Vollwaise und erhält Innozenz III. zum Vormund. 1212 wird er deutscher König und 1220 Kaiser. Der aufgeklärte Herrscher lebt meist in Sizilien oder Apulien, schließt 1228 mit al-Kâmil den Friedensvertrag von Jaffa und kämpft in Italien gegen Gregor IX., der ihn mehrmals exkommuniziert (erstmals 1227). Bruder Elia von Assisi vermittelt als Freund von Kaiser und Papst bis zum eigenen Sturz 1239 zwischen den beiden mächtigsten Männern des Abendlandes.

Kirchliche Persönlichkeiten

Guido I. von Assisi, Bischof von Assisi bis ca. 1212. Kirchlicher Oberhirte der Diözese schon zur Zeit des Burgensturms, erlebt Guido I. die Konversion des Kaufmannssohns, leitet den öffentlichen Prozess im Frühjahr 1206, berät Franziskus in der Frühzeit der *fraternitas* und vermittelt den zwölf ersten Brüdern 1209 den Zugang zur römischen Kurie, versagt ihnen danach jedoch eine eigene Kirche in Assisi. Wahrscheinlich stirbt Guido I., nachdem er auch Klaras Aufbruch am Palmsonntag 1211 und die Gründung ihrer Gemeinschaft in San Damiano geschützt hat.

Guido II. von Assisi, Bischof von Assisi von 1212 bis 1228. Im Gegensatz zu seinem Vorgänger Guido I. ein ausgesprochener Machtpolitiker. Heftige Konflikte mit den Mönchen von San Benedetto und zwei Hospitälern

Assisis ziehen Kreise bis Rom. Quellen nennen ihn jähzornig. Franziskus versöhnt ihn 1225 mit dem Podestà. Guido II. stirbt zwei Wochen nach der Heiligsprechung des Poverello.

Giovanni von San Paolo, Benediktiner der römischen Abtei San Paolo fuori le Mura, seit 1193 Kardinal, ab 1205 Kardinalbischof von Santa Sabina. Mit Bischof Guido II. von Assisi bekannt, empfängt er Franziskus' Gruppe im Frühling 1209 und vermittelt den Brüdern den Zugang zu Papst Innozenz III. Der Benediktinerkardinal wird in Franziskus-Filmen und -Literatur fälschlicherweise der mächtigen Colonna-Familie zugeordnet. Er stirbt 1215 kurz vor dem Laterankonzil.

Innozenz III., 1160–1216, Lotario aus dem Geschlecht der Segni-Grafen, Jurist, 1189 Kardinal, 1198 Papst (Walther von der Vogelweide kommentiert: „Owê der babest ist ze junc"). Der mächtigste Papst des Mittelalters unterstützt den franziskanischen Aufbruch 1209 (Urregel) ebenso wie Claras evangelische Lebensweise mit dem „Armutsprivileg". Franziskus begegnet dem Papst wiederholt, ein letztes Mal in den Tagen seines Todes in Perugia.

Valdes, geboren um 1140, trennt sich als reicher Kaufmann in Lyon sich von Frau und Töchtern und zieht ab 1177 als Wanderprediger durch Südfrankreich. Er liest und verkündet die Bibel in der okzitanischen Volkssprache und lebt mit Frauen und Männern nach dem Ideal der Apostel Jesu in Galiläa. 1182 überwirft Valdes sich mit Erzbischof Jean Bellesmains von Lyon und wird exkommuniziert. Verketzert und verfolgt, gründet er mit seinen „Armen von Lyon" die Waldenserkirche. Der Name Petrus wird dem Kirchengründer erst im 14. Jh. zugeschrieben. Sein Todesjahr ist unbekannt (vor 1206, nach anderen vor 1218).

Durandus von Huesca, 1160–1224, spanischer Waldenser, der sich 1208 mit seinen „Armen Katholiken" durch Papst Innozenz III. wieder in die Großkirche integrieren ließ.

Pelagius Galvani, 1165–1230, portugiesischer Benediktiner, Kirchenrechtler und Kardinal, leitet als Legat den Fünften Kreuzzug. Franziskus kann den kompromisslosen Feldherrn 1219 im Nildelta nicht für seine Friedensinitiative gewinnen. Pelagius wird nach einer vernichtenden Niederlage gegen al-Kâmil von Honorius III. für seine aggressive Politik kritisiert.

Jacques de Vitry, 1160–1244, Augustinerchorherr aus Reims, 1216 in Perugia zum Kreuzfahrerbischof geweiht, 1228 Kardinal. Der Freund der ersten Begine bewundert und beschreibt in Briefen und in seiner Historiografie die Bewegung des Franziskus, die er in Umbrien kennen lernt und auch im Orient antrifft.

Dominikus de Guzmán, 1170–1221, spanischer Adeliger und Augustinerchorherr in Burgos. In Begleitung seines Bischofs Diego de Acebo lernt er in Südfrankreich die Katharer kennen und wird zum Wanderprediger, der die Häresie mit einer apostolisch armen Lebensweise und fundiertem Wissen zu überwinden sucht. Er gründet 1215 in Toulouse den Predigerorden (Dominikaner) und nimmt am Vierten Laterankonzil teil, wo er vermutlich erstmals mit Franziskus zusammentrifft. Als Priester- und Predigerorden werden die Dominikaner den Wandel der Franziskaner zu einem gelehrten Seelsorgeorden nach Franziskus' Tod modellhaft leiten. Dominikus stirbt 1221 in Bologna, wo er auch sein Grab findet.

Hugolin / Gregor IX., 1167–1241, Sohn eines Segni-Grafen und mit Innozenz III. verwandt, beginnt Ugolino 1198 seine steile Karriere als Kurienkaplan und wird 1206 als Bischof von Ostia Dekan des Kardinalskollegiums. Als Freund der Benediktiner von Subiaco und der Florenser Zisterzienser fördert der Kardinal die monastische Erneuerung, nimmt sich ab 1217 auch der Brüder des Franziskus und ab 1218 der weiblichen Armutsbewegung an. Sein Biograf preist ihn als Gründer dreier Orden, indem er die „Armen Klausurnonnen" sammelte und regulierte, die Franziskaner in institutionelle Bahnen wies und der Laienbewegung im *Memoriale propositi* eine Lebensform gab. Als Papst berief er sich auf seine persönliche Freundschaft zu Franziskus, um den Brüderorden stärker dem klerikalen Seelsorgeprogramm des Laterankonzils dienstbar zu machen und das persönliche Vermächtnis des Heiligen zu relativieren. Sowohl Franziskus wie auch Klara rufen in Schriften zu respektvollem Ungehorsam ihm gegenüber auf.

Honorius III., 1148 in Rom geboren, wird Cencio Savelli 1188 päpstlicher Kämmerer, 1193 Kardinal und 1216 als Nachfolger Innozenz III. Papst. Er krönt den Staufer Friedrich II. 1220 zum Kaiser und approbiert die drei bedeutendsten Bettelorden: die Dominikaner 1216, die Franziskaner 1223 und die noch eremitische Lebensordnung der Karmeliten. Mehrere persönliche Begegnungen mit Franziskus sind bezeugt, darunter auch eine prophetische Predigt des Heiligen vor der römischen Kurie, die von modernen Franziskusfilmen fälschlicherweise in die Erstbegegnung mit Innozenz III. 1209 verlegt wird. Honorius III. stirbt 1227.

Lando von Subiaco, Benediktiner von Subiaco, ab 1208 Kaplan Ugolinos, 1227–1243 Abt in Subiaco. Lando lässt dem neuen Papst Gregor IX. an der Wiege des benediktinischen Mönchtums die Gregorskapelle ausmalen und ehrt ihn mit Fresken, die Hugolin mit Franziskus in Beziehung setzen. Als Kaplan im Gefolge Ugolinos mit Franziskus wie mit der Politik des neuen Papstes vertraut, inspiriert der Abt programmatische Fresken, die im Frühling 1228 entstehen und die ältesten erhaltenen Franziskusbilder sind: Wie Gregor I. den Mönchsvater Benedikt von Nursia historisch wirkmächtig propagierte, wird Franziskus durch Gregors IX. Förderung zum „neuen Benedikt" der bürgerlich-städtischen Welt werden.

Familienmitglieder des Franziskus

Bernardone di Pietro, Großvater des Franziskus, zusammen mit Rustico (†1135) Sohn eines Pietro. Neben seinem eigenen Sohn Pietro zeugt er Angelo (†1213) und Benincasa di Bernardone (†1182).

Pietro di Bernardone, Sohn des Bernardone, Großkaufmann aus Assisi. Mit seiner Frau „Pica" hat er zwei Söhne. International tätig, importiert er französische Luxusstoffe aus der Champagne und steigert den Familienbesitz in Assisi auf mindestens vier Stadthäuser, zwei Bauernhäuser und zehn Landgüter. Nach Franziskus' Ausstieg aus Zunft und Familie führt sein Sohn Angelo das Handelshaus weiter. Pietro stirbt – wohl unversöhnt mit seinem älteren Sohn – zwischen 1215 und 1228.

„Pica" Giovanna, Gattin Pietros und Mutter von Franziskus und Angelo. Sie ist adeliger Abstammung und vermutlich lokaler, sicher italienischer Herkunft. Ein französischer Ursprung wird erst im 17. Jahrhundert auf fragwürdige Indizien gestützt. Der Rufname „Pica" erklärt sich vom italienischen Wort für Elster und nicht von der Picardie in Nordfrankreich. Um 1160 geboren, wird sie auf Giovanna getauft. Quellen nennen sie „domina":

Ihre Heirat mit einem Bürger bedeutete einen sozialen Abstieg und zugleich einen Gewinn an Entfaltungsfreiheit. „Pica" Giovanna stirbt betagt 1236 und wird in der Basilica di San Francesco beigesetzt.

Angelo, jüngerer Bruder Francescos. Er übernimmt das Handelshaus der Familie und hat zwei Söhne, Giovannetto und Piccardo. Letzterer (1229–1284) bewundert seinen heiligen Onkel sehr, tritt in die Bruderschaft der *Continentes* ein und wird Ökonom des Sacro Convento in Assisi. Der ältere führt den Familienbetrieb weiter und heiratet die reiche Assisanerin Bonagrazia. Angelo selbst stirbt 1229 nur wenige Monate nach der Heiligsprechung seines Bruders.

Gefährten und Freundinnen des Franziskus

Pietro von San Damiano, Priester der Landkirche San Damiano, den das Streiflicht der Geschichte nur kurz erfasst. Die einzige Quelle, die seinen Namen nennt, ist AP 7. Er lebt im Frühling 1206 bei der einsturzgefährdeten Kirche in Armut, versteckt Franziskus vor dem wütenden Vater und nimmt ihn als *oblatus* in den Dienst der Kirche, worauf der junge Kaufmann nicht mehr der städtischen Gerichtsbarkeit untersteht. Ab Sommer 1206 lebt Franziskus als Kirchenbauer bei ihm zusammen mit anderen Randständigen. Der Priester verschwindet danach aus dem Licht der Geschichte. Bei Klaras Ankunft im Frühling 1211 ist er nicht mehr in San Damiano.

Bernardo da Quintavalle, 1175–1242/45, erster Gefährte des Franziskus, der sich ihm im Frühling 1208 anschloss. Angesehener Rechtsgelehrter, der an der jungen Universität Bologna ziviles und kirchliches Recht studierte und dann Assisis Stadtregierung beriet. Auf der ersten Romreise im Mai 1209 zum *vicarius Christi* der zwölf Brüder bestimmt, sammelt er schwierige Missionserfahrungen im Winter 1209 in Florenz und 1211 in Bologna. Er begleitet Franziskus 1214–15 auf die Spanienreise und leitet da ab 1217 das Fußfassen des Ordens als Provinzial (bis 1219). In den letzten Jahren an der Seite des kranken Franziskus, wird er von ihm 1226 zum lebendigen Testament eingesetzt. Nach 1232 in Opposition zu Elia, zieht er sich 1237 für zwei Jahre in eine Einsiedelei des Monte Sefro (Nordumbrien) zurück. Bernardo stirbt zwischen 1242 und 1245 im Konvent von Siena.

Pietro Cattani, oder Pietro di Cattanio. Als Doktor beider Rechte ein Berufskollege von Bernardo da Quintavalle in Assisi, stößt er mit ihm am 16. April 1208 zu Franziskus. Nicht viel älter als der Poverello, war er entgegen traditioneller Meinung nicht Priester von San Rufino, vielleicht jedoch Rechtsberater der Chorherren. 1219–20 begleitet er Franziskus auf der Orientreise und kehrt zusammen mit ihm, Cäsar von Speyer und Elia aus Syrien nach Italien zurück. Ende September 1220 tritt Franziskus die Ordensleitung an ihn ab. Pietro stirbt Monate später am 10. März 1221 in der Portiuncula, wo er begraben liegt.

Egidio von Assisi, oder Bruder Ägidius, dritter Gefährte des Heiligen. Als Handwerker aus Assisi tritt er am 23. April 1208 in die entstehende Bruderschaft ein, durchwandert dann mit Franziskus die Mark Ancona, steht im Mai 1209 mit vor Papst Innozenz III., ist mit Bernardo im Winter 1209/10 in Florenz und verweilt 1211 längere Zeit in Rom. 1212 pilgert er zum Heiligtum des Erzengels Michael in Apulien und weiter nach Jerusalem. 1214 scheitert er mit einer missionarischen Gruppe in Tunesien. Ab 1215 lebt Egidio in der Einsiedelei Favarone. 1225 ist er in Rieti bei Kardinal Niccolò Chiaramonti und lebt ab Frühling 1226 in einer Einsiedelei bei Deruta. Nach der Bestattung des Franziskus in Assisi wechselt er in die Einsiedelei Cetona westlich des Trasimenischen Sees, ab 1227 ist er Einsiedler bei Spoleto. Spätestens 1234 lässt er sich auf dem Monteripido bei Perugia nieder, wo er ab 1240 mit den Gefährten Gratian, Iacopo und André de Bourgogne nach der Zusatzregel für Einsiedeleien lebt. Er stirbt da als angesehener und viel besuchter Eremit im April 1272 und wird im städtischen Konvent bestattet. Egidio hinterlässt eine Sammlung weiser Sprüche, die *Dicta*.

Filippo Longo di Atri: Philipp „der Lange" stammt aus Atri in den Abruzzen und ist der siebte Gefährte. Mit ihm öffnet sich die Bruderschaft über Assisi und Umbrien hinaus. Ohne größere Bildung fällt Filippo durch sein rhetorisches Talent und seine Vertrautheit mit der heiligen Schrift auf. Er begleitet Franziskus im Winter 1210/11 zu den heimlichen Treffen mit Klara, die ihre Flucht vorbereiten. Bei der folgenden Odyssee Klaras gehört er mit Franziskus und Bernardo da Quintavalle zum brüderlichen Trio, das die Schwester zur Nonnenabtei San Paolo und dann weiter zu den Waldschwestern von Sant'Angelo di Panzo begleitet. Als Freund der Schwestern provoziert er 1220 einen Konflikt mit Franziskus, als er sich von Kardinal

Ugolino für dessen Nonnenpolitik vereinnahmen lässt. 1228–1246 wirkt er als Visitator des entstehenden „Ordo sancti Damiani", in dem Ugolino alias Papst Gregor IX. neue Frauengemeinschaften sammelt und klösterlich regelt. Filippo soll 1259 gestorben sein.

Angelo Tancredi: Als Ritter aus der Stadt Rieti schließt sich mit ihm der erste Adelige den Brüdern an, als Franziskus im Herbst 1208 von der Einsiedelei Poggio Bustone aus in der Stadt predigt. Er ist der elfte und letzte Gefährte, der vor der Romreise zur Bruderschaft stößt und dann im Frühling 1211 vor Innozenz III. steht. Franziskus trifft Angelo bei einer Romreise nach 1220 im Haus des Kardinals Leo Brancaleone in Santa Croce. Mit Bruder Leo singt er dem sterbenden Franziskus 1226 den Sonnengesang. Im August 1246 verfasst er den Brief der Dreigefährten von Greccio mit. Als Freund von Klaras Gemeinschaft steht er im August 1253 am Sterbebett der Heiligen und stirbt am 13. Februar 1258 in der Portiuncula.

Rufino degli Offreduccio, Sohn des adeligen Scipione di Offreduccio, eines Onkels von Klara väterlicherseits. Er schließt sich Franziskus kurz nach dessen Romreise 1209/10 an. Seine Rolle im Vorfeld von Klaras Flucht im Frühling 1211 ist nicht bekannt. Rufino gehört zum engsten Gefährtenkreis um Franziskus. Er ist mit ihm und Leo auf La Verna, als Franziskus im Herbst 1224 die Stigmata empfängt, und pflegt den Heiligen in den letzten Jahren. Im Sommer 1246 schreibt er mit Leo und Angelo den Brief der Drei Gefährten in der Einsiedelei Greccio. Rufino stirbt am 14. November 1278 in Assisi.

Clara von Assisi, die Tochter von Ortolana und Favarone di Offreduccio wird 1194 als älteste Tochter einer der zwanzig Adelsfamilien Assisis geboren. Der Bürgerkrieg zwingt die Familie ab 1199 ins Exil auf ein Landkastell und nach Perugia, bis sie 1205 in die neu aufgebaute Oberstadt zurückkehren kann. Klara lebt als adelige Büßerin solidarisch mit den Armen Assisis, wird ab 1208 auf die entstehende *fraternitas* des Franziskus aufmerksam und tritt nach Rufinos Eintritt mit den Brüdern in Kontakt. Am Palmsonntag 1211 flieht sie aus dem Wohnturm, feiert mit den Brüdern in der Portiuncula den Beginn ihrer „armen Nachfolge" und rettet sich in der Benediktinerinnenabtei San Paolo delle Abbadesse vor der Gewalt ihres Clans. Bei den Waldschwestern von Sant'Angelo di Panzo stoßen erste

Gefährtinnen zu ihr, mit denen sie im Frühling 1211 eine eigene Gemeinschaft in San Damiano gründet. Folgen die Brüder dem Wanderleben der Apostel, so leben Klaras Schwestern nach dem Vorbild Martas und Marias, die in Betanien stadtnah ein offenes Haus hatten. 1214 drängt Franziskus Klara die Leitung ihrer Gründung auf. Kurz darauf erreicht sie von Innozenz III. ein Armutsprivileg. Ab 1220 widersetzt sie sich mit Franziskus der Nonnenpolitik Kardinal Ugolinos, dem sie – nun Papst Gregor IX. – im August 1228 ins Angesicht widersteht. 1230 droht sie erfolgreich mit einem Hungerstreik, als Gregor IX. San Damiano und die Brüder trennen will. Ab 1235 verbündet sich die böhmische Königstochter Agnes mit ihrem Prager Kloster mit Klara. San Damiano hält unbeirrbar an seiner Berufung fest. Zwei Tage vor ihrem Tod 1253 erreicht Klara die Anerkennung ihrer Lebensform durch Innozenz IV., der die erste von einer Frau verfasste Ordensregel für Frauen bestätigt.

Bruder Leo: Als einer der ersten Priester tritt Leo um 1211/12 in die Bruderschaft ein und wird nach 1220 Sekretär und Beichtvater des Heiligen. Seine Herkunft ist je nach Tradition Assisi oder Viterbo. Leo begleitet Franziskus durchs Montefeltro, als Graf Orlando ihm 1213 den Berg Verna als Rückzugsort schenkt. Er ist mit Franziskus auf diesem Berg, als im September 1224 die Stigmatisation geschah, und erhält da den als Autograf erhaltenen „Lobpreis Gottes". Leonhard Lehmann nennt die Kutte Leos das erste „Archiv des Ordens", indem der Vertraute des Heiligen dessen einzige beiden original erhaltenen Schriften jahrzehntelang mit sich trägt. Zuvor ist Leo 1222/23 mit Bonizio da Bologna und dem Heiligen in Fontecolombo, um die definitive Regelfassung zu erarbeiten. Er gehört dann zu jenen engsten Vertrauten, die den kranken Franziskus in den letzten zwei Jahren begleiten und pflegen. Zusammen mit Angelo singt er dem Sterbenden im Oktober 1226 den Sonnengesang vor. Am 11. August 1246 gehört Leo zu jenen drei Gefährten, die ein Paket mit gesammelten Aufzeichnungen über Franziskus und die frühe Bruderschaft beglaubigen und an den Generalminister senden. 1253 steht er mit Angelo Tancredi auch am Sterbelager Klaras in San Damiano und gehört dann zur Kommission, die die Zeuginnenbefragung im Heiligsprechungsprozess vornimmt. 1259 trifft Bonaventura Leo mit Angelo und Egidio auf La Verna. Nach Egidios Tod 1272 verfasst Leo eine Biografie des Gefährten. Er selbst stirbt hoch betagt ein Jahr nach Rufino im November 1279 in Assisi und wird in San Francesco bestattet.

Jacoba Frangipani de Settesoli, Freundin des Franziskus. Als Tochter der deutschstämmigen Normanni-Familie in Rom geboren und etwas jünger als Franziskus, heiratet Jacoba nach 1200 den Römer Adeligen Graziano Frangipani. Der Herr des Albanerstädtchens Marino wohnt in einem Teil des ehemaligen Kaiserpalastes von Septimius Severus beim römischen Circus Maximus, Septizonium genannt, der diesem Familienzweig den Namenszusatz *de Settesoli* gab (der Name hat nichts mit „sieben Sonnen" zu tun). Vor 1204 wird sie Mutter von Giovanni, dem der Bruder Graziano-Giacomo folgt. Um 1210 stirbt der Gatte. 1212 lernt Jacoba vermutlich Franziskus nach seinem zweiten Besuch bei Innozenz III. kennen. Franziskus pflegt danach bei seinen Romaufenthalten (datierbar sind Besuche 1215, 1219, 1223) auch bei Jacoba zu weilen. 1226 kommt sie mit großem Gefolge an sein Sterbelager. Kurz darauf verliert sie ihren Sohn Giacomo-Graziano und erzieht dessen Sohn Angelo, der früh stirbt. Ab 1237 lebt Jacoba in Assisi, wo sie 1239 in der Basilica San Francesco ihr Grab findet.

Elia von Assisi, nach seinem Sterbeort auch „von Cortona" genannt. Um 1180 in einfachen Verhältnissen geboren, arbeitet Elia als *scriptor* in Bologna. Er tritt vor 1215 in die Bruderschaft ein und leitet ab 1217 den Aufbau der Kustodie Syrien. Unter seiner Ägide fassen die Brüder in Konstantinopel, Akkon, Antiochien, Tripolis, Beirut und Tyrus Fuß. 1220 kehrt er mit Franziskus nach Italien zurück, folgt im Frühling 1221 Pietro Cattani als Leiter des Ordens. 1227 wählt das erste Generalkapitel nach dem Tod des Gründers den Römer Juristen Giovanni Parenti zum Generalminister. Elia konzentriert sich in Assisi auf den Bau der Grabeskirche, büßt für Ausschreitungen bei der Translation und beim Generalkapitel 1230 zwei Jahre in der Einsiedelei Celle di Cortona und wird 1232 in Rieti zum Generalminister gewählt. Als solcher fördert er die Studien und den Ausbau der Provinzen, schafft sich jedoch mit seinen Visitatoren, der Finanzpolitik und seinem aufwändigen Lebensstil Feinde im Orden. 1239 vom Generalkapitel in Rom unter päpstlicher Leitung abgesetzt, zieht sich Elia nach Cortona zurück, wird wegen seiner Kontakte zu den Klausurschwestern exkommuniziert und begleitet in der Folge Feldzüge des Kaiser, für den er 1243 auch eine diplomatische Mission im Orient wahrnimmt. Ab 1244 baut er die Franziskuskirche in Cortona, wird erneut exkommuniziert und baut dann für Friedrich II. Festungen in Süditalien und Sizilien. Ab 1251 lebt er wieder in Cortona, wo er sich kurz vor seinem Tod 1253 mit Orden und Kirche aussöhnt.

Thomas da Celano: Der Sohn aus dem Grafengeschlecht von Celano in den Abruzzen wird um 1190 geboren und erhält eine ausgezeichnete Ausbildung in Bologna oder an der päpstlichen Kurie. 1215 nimmt ihn Franziskus in der Portiuncula vermutlich bereits als Priester in den Orden auf. 1221 beteiligt sich Tommaso an der Deutschlandmission, wo er ab 1223 als Kustos der Brüder in den Rheinstädten Köln, Mainz, Worms und Speyer wirkt. 1228 kehrt er zur Heiligsprechung des Franziskus nach Assisi zurück und verfasst darauf in päpstlichem Auftrag die offizielle Vita des Heiligen. Nach 1230 folgt die Kurzfassung davon für das Chorgebet, im Auftrag des Generalkapitels 1246/47 das *Memoriale*, ein biografisch-spirituelles Handbuch für eine neue Büchergeneration, und nach 1250 der ergänzende Wundertraktat. Tommaso wird auch offizieller Biograf der heilig gesprochenen Klara (1255/56) und dichtet liturgische Texte. Er stirbt 1260 als Kaplan Armer Schwestern in San Giovanni di Val dei Varri in den heimatlichen Abruzzen. 1516 werden seine Gebeine ins nahe Franziskanerkloster Tagliacozzo unweit Celano übertragen, wo Tommaso als Seliger verehrt wird.

Cäsar von Speyer: Der Bibelgelehrte hat in Paris studiert und im Albigenserkreuzzug gepredigt, bevor er sich 1219 im Orient durch Elia, den Kustos der Brüder in Syrien, für das franziskanische Ideal begeistern lässt. Er lernt da Franziskus kennen, den er im Krisensommer 1220 zurück nach Italien begleitet. Im folgenden Winter hilft er dem Heiligen, die Regel (NbR) mit Bibeltexten auszustatten. Nach dem Mattenkapitel 1221 führt er die zweite Deutschlandmission als Provinzial der entstehenden Teutonia zum Erfolg. 1223 bittet er Franziskus nach dem Generalkapitel um Entlastung von seinem Dienst, um sich in einer umbrischen Einsiedelei dem kontemplativen Leben zu widmen. Von den Brüdern hoch geschätzt, provoziert er in den Dreißigerjahren das Misstrauen des Generalministers Elia, wird laut zuverlässigen Quellen der Spiritualen in Klosterhaft genommen und bei einem Fluchtversuch von einem Bruder erschlagen.

Jordan von Giano: Giordano stammt aus dem umbrischen Bergdorf Giano zwischen Montefalco und den Monti Martani. Zwischen 1190–95 geboren, tritt er vor 1219 als Diakon in den Orden ein und stößt 1221 zur Deutschlandexpedition. Er gehört zum ersten Team, das in jenem Herbst Salzburg erreicht. Im Frühling 1223 wird er zum Priester geweiht und pendelt fortan zwischen Worms, Mainz und Speyer. 1224 zieht er mit den ersten Brüdern nach

Thüringen und eröffnet eine Niederlassung in Erfurt. 1225 wird er Kustos der Thüringer Brüder. 1230 wird er nach Assisi ans Generalkapitel entsandt und 1238 überbringt er eine Klage gegen Generalminister Elia an die Römische Kurie in Anagni. 1242–43 leitet er die Provinz Sachsen als Provinzvikar. Danach schweigt er über die eigenen Tätigkeiten. Nach dem Provinzkapitel von Halberstadt macht er sich 1262 an das Verfassen einer Chronik über die ersten Brüder in Deutschland (1221–1262): eine unschätzbare Quelle für die Frühgeschichte der Franziskaner im deutschen Sprachraum, die Jordan als einziger über vierzig Jahre miterlebt und -geprägt hat. Er stirbt vermutlich kurz nach 1262.

Glossar

Comune – Gemeindeordnung, die sich kleine und größere italienische Städte im Lauf des 12./13. Jahrhunderts erkämpfen. Sie bricht die Feudalherrschaft des Adels und errichtet republikanische Strukturen: Volksversammlungen, gewählte Stadtregierungen (in Assisi: > Konsuln, > podestà), dominante Zünfte.

Eremo – Einsiedelei (von griech. „éremos" = Wüste): die frühen Gefährten des Poverello ziehen sich zeitweise auf stille Berge oder Inseln zurück, die den Blick auf die Welt weit öffnen und meist aus Höhlen oder Holzhütten um ein altes Oratorium (Kapelle ohne geweihten Altar) bestehen.

Exhortatio – Aufruf zur Umkehr oder lebenspraktische Mahnpredigt, welche von der Amtskirche neben der Lehrpredigt des Klerus im frühen 13. Jahrhundert auch religiösen Laien zugestanden werden konnte.

fraternitas – Franz von Assisi beabsichtigte nicht, einen religiösen Orden zu gründen. Seine Gefährten bilden in den ersten Jahren eine Bruderschaft spezieller Art: laienhaft lebende „Männer der Umkehr", die dem kirchlichen Büßerstand angehören und ein radikales Wanderdasein nach dem Beispiel der Apostel führen. Erst um 1217 bildet die schnell wachsende „fraternitas" erste Strukturen eines Ordens (lat. „ordo", „religio") aus.

Fratres Minores – oder „Minderbrüder" ist die Selbstbezeichnung der ersten Gefährten, die nach ihrer Romreise von 1209 und der Begegnung mit Papst Innozenz III. aufkommt. Als „fratres" begegnen sie einander und Menschen jeden Standes brüderlich, „minores" drückt ihren sozialen und spirituellen Standortwechsel aus: ganz unten in Gesellschaft wie Kirche und „im Dienst aller" (Test).

Geschlechtertürme – hohe Wohntürme, die der Adel sich in mittelitalienischen Städten errichtete: leicht zu verteidigen, demonstrierten sie den wehrhaften Stolz der aristokratischen Geschlechter. San Gimignano ist als toskanisches Hügelstädtchen berühmt für eine ganze Reihe solcher Türme, die es bis heute bewahrt.

Kardinalprotektor – von Franziskus 1220 angeregtes neues Kirchenamt, das bald auch auf andere Mendikantenorden angewendet wird: Zentral organisierte oder direkt dem Papst unterstellte Gemeinschaften sollen statt dem vielbeschäftigen Oberhirten der leitenden Sorge und schützenden Aufsicht eines eigens bestimmten Kardinals anvertraut werden.

Konsuln – mit der Einführung der Comune-Ordnung wird Assisi 1198–1212 von zwei *Consoli* regiert. Sie werden jährlich im Mai von der Volksversammlung gewählt, führen die Stadtverwaltung, befehligen Assisis Truppen und sprechen Recht bei Zivil- und Strafprozessen. Ihr Sitz war der erste Häuserkomplex, der bergwärts an der Gasse von Piazza San Rufino nach Maria delle Rose liegt.

Konzil – von lat. „concilium“: hochrangige Kirchenversammlung, die zur Klärung von Glaubens- und Pastoralfragen, zur Reform der Kirche und zu politischen Entscheidungen zusammentritt. Auf höchster Ebene der abendländisch-lateinischen Kirche werden „ökumenische Konzilien“ vom Papst einberufen und von Bischöfen der Gesamtkirche getragen. Für Franziskus bedeutsam ist das Vierte Laterankonzil, das im November 1215 in Rom tagt. Für die franziskanische Frühgeschichte sind auch die drei folgenden ökumenischen Konzilien schicksalsträchtig, die als einzige der Kirchengeschichte in Frankreich tagen: zwei in Lyon (1245 und 1274) und eines in Vienne (1311/12).

Legat – hoher Prälat, meist ein Kardinal, der als Sondergesandter des Papstes wichtige kirchliche oder politische Missionen wahrnimmt. Im Leben des Franziskus sind Kardinal Hugolin von Ostia als Legat in Mittel- und Norditalien (ab 1217) und Legat Pelagius Galvani als päpstlicher Feldherr im Kreuzzug (1219) bedeutsam.

Mendikanten – oder Bettelorden: neuer Typus religiöser Ordensleute, die ab 1210 aus der Armutsbewegung erwachsen und ein Leben in evangelischer Armut führen. Anfänglich ohne eigene Klöster, verzichten sie auf monastische Strukturen (mönchische Sesshaftigkeit, Weltabkehr und geregeltes Leben unter einem Abt), um sich stattdessen gelebter Predigt, der Caritas oder der Seelsorge zu widmen. Die Dominikaner werden zum Modellorden neuer Gemeinschaften, die ihr pastorales Wirken in Predigt, Seelsorge und Lehre mit dem Betteln (mendicare) des Lebensunterhalts verbinden.

Das Zweite Konzil von Lyon lässt 1274 Dominikaner und Franziskaner als einzige Mendikanten zu. Die Aufhebung aller anderen Bettelorden oder -brüder werden dank päpstlicher Gunst auch die Karmeliten, Augustiner-Eremiten und Serviten überleben.

Minister – Amtsträger in der franziskanischen Gemeinschaft (wie „custos" und „guardianus" = „Hüter" oder „Wächter" einer Anzahl anvertrauter Brüder). Mit der Aufteilung der Wanderbruderschaft in geographische Einheiten (Provinzen) entsteht das Ministeramt als „Dienst", den Franziskus mütterlich versteht. Minister haben die Brüder in ihrem Teil Europas zu bestärken, regelmäßig zu versammeln und in Leben, Glauben und Wirken zu nähren.

Podestà – Assisi löst die Konsuln im Mai 1212 durch eine neue Form der Exekutive ab: Künftig übernimmt ein Podestà oder Bürgermeister die Regierung der Stadt als Gegenüber zum Bischof als kirchliches Oberhaupt der Stadt. Franziskus gelingt es 1225 mit seiner Menschenstrophe im Sonnengesang, einen schweren Konflikt zwischen den beiden zu schlichten.

Propositum – (lat. für Vorsatz oder Vorhaben): meist schriftlich formuliertes Lebensprogramm eines kirchlichen Neuaufbruchs, das dessen Selbstverständnis und Kernanliegen ausdrückt. Von der kirchlichen Obrigkeit (Bischof, Papst) bestätigt, entfaltet es sich bei erfolgreichen Gemeinschaften im Lauf der Jahre zu einer eigentlichen Regel oder in Verbindung mit einer traditionellen Regel zu Konstitutionen eines neuen Ordens.

Ruminatio – Meditatives oder betend stilles Wiederholen einzelner Schriftverse oder Gebetsworte: Bereits in biblischer Tradition greifbar und von den Wüstenvätern gelehrt, findet es in Aufbrüchen der Armutsbewegung, die anfänglich ohne teure Bücher auskommen müssen, einen breiten Raum in der Gebetskultur.

Semireligiose – Männer oder Frauen, welche eine religiös radikale Lebensform wählen, ohne in kirchlich anerkannte Orden („religiones") einzutreten. Viele Neuaufbrüche bewegen sich in den ersten Jahren zwischen dem Laienstand und klösterlichen Strukturen: um 1200 sind es Eremiten, Waldschwestern, Beginen, caritative Bruderschaften und Wandergruppen der Armutsbewegung.